W0048192

LUDWIG V. GEIGER

ÜBERLASTUNGS-
SCHÄDEN IM SPORT

LUDWIG V. GEIGER

ÜBERLASTUNGS-SCHÄDEN IM SPORT

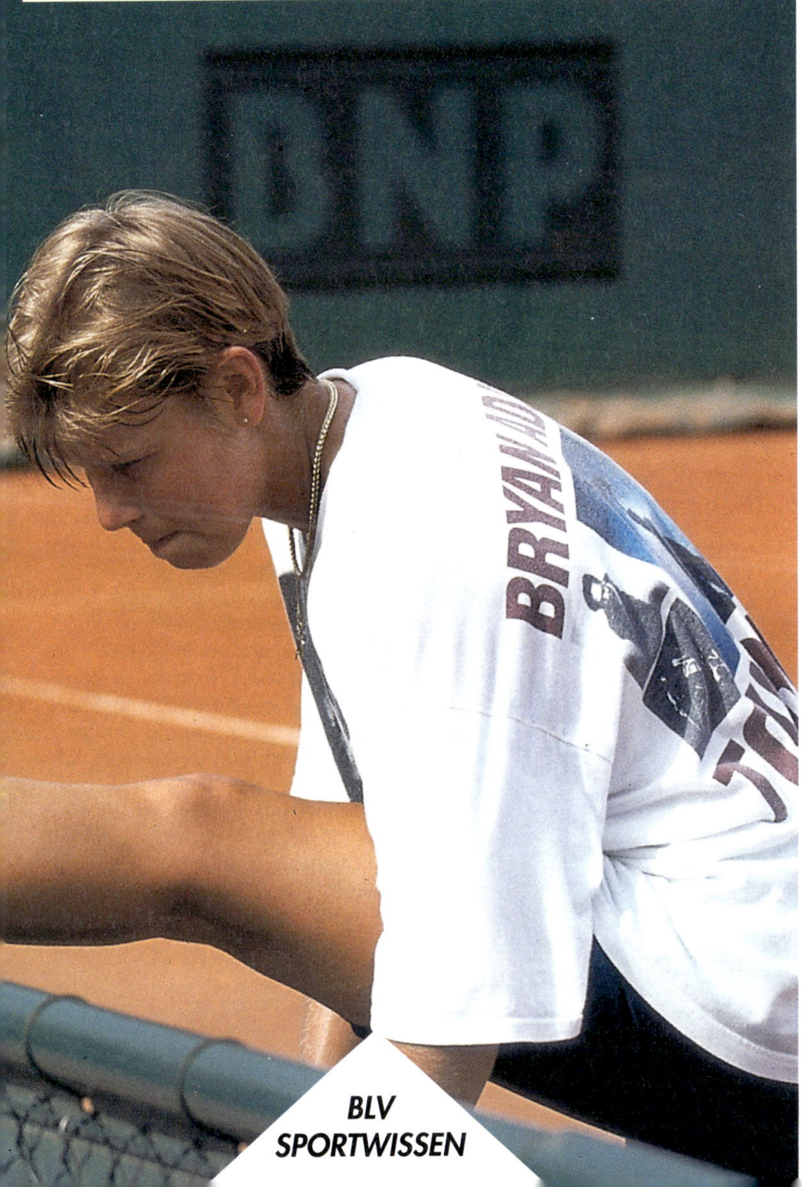

BLV
SPORTWISSEN

BLV

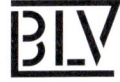

Die Deutsche Bibliothek – CIP-Einheitsaufnahme

Geiger, Ludwig:
Überlastungsschäden im Sport / Ludwig V. Geiger. –
München ; Wien ; Zürich : BLV, 1997
    (BLV Sportwissen)
    ISBN 3-405-15149-X

Bildnachweis

Titelfoto: Beiersdorf AG, Hamburg
S. 2/3: Exler/Hasenkopf
Grafiken: Ludwig V. Geiger
Umschlaggestaltung: Julius Negele

Herstellung: Friedrich Wilhelm Bonhagen

BLV Verlagsgesellschaft mbH
München Wien Zürich

80797 München

BLV Sportwissen

© BLV Verlagsgesellschaft mbH, München 1997

Gesamtherstellung: Pustet, Regensburg

Gedruckt auf chlorfrei gebleichtem Papier

Printed in Germany · ISBN 3-405-15149-X

Dr. med. Ludwig Vincent Geiger,
geb. 1946, medizinisches Staatsexamen
1974, Promotion in Psychiatrie/Drogenbera-
tung 1975, Approbation 1976, Ausbildung
in Allgemein- und Unfallchirurgie, innere
Medizin, Intensivmedizin, Psychiatrie und
Sportmedizin. Mehrjährige freie Tätigkeit
als Arzt für Allgemeinmedizin und Sportmedizin. Facharzt für physikalische und
rehabilitative Medizin. 1987 Gründung und
Leitung der Sportmedizinischen Untersuchungsstelle Blumenhof in Bad Feilnbach.
Leitung der Abteilung für Sportrehabilita-
tion an der Blumenhofklinik.
Verbandsarzt im Bayerischen und Deutschen Skiverband, Mitglied im Sicherheits-
kreis des DAV, medizinischer Leiter der
Olympia-Stützpunkt-Außenstelle Berchtes-
gaden. Inhaber der B-Lizenz nordisch,
sportliche Laufbahn als alpiner Skirennläufer, Volksskiläufer und seit über 25 Jahren als extremer Fels- und Eiskletterer.
Buchautor, medizinische Untersuchungen,
Veröffentlichungen und Vorträge über Endorphine, Überlastungsschäden, Trainingssteuerung und Ausdauersport.

Inhalt

5 Bekleidung 41

6 Ernährung 43

7 Schwachstellen im Muskel-, Sehnen- und Gelenksystem 52

8   Die überlastete Schulter   77

9   Der fehlbelastete Ellenbogen   91

7

10 Der Knorpelschaden des Kniegelenkes 114

11 Fehlstatische Behandlungen im Unterschenkel- und Fußbereich 138

Überlastungsreaktion der Wirbelsäule   167

Einleitung

In den modernen Industriegesellschaften haben Intensität und Dauer der körperlichen Arbeitsleistung ständig abgenommen. Parallel dazu finden wir in den letzten Jahren eine zunehmende Dynamisierung der Freizeit durch sportliche Betätigung innerhalb breiter Bevölkerungsschichten.

Diesem an sich positiven Trend steht leider auch eine zunehmende Zahl an Sportverletzungen und Überlastungsschäden gegenüber. Die direkten Sportverletzungen, im Sinne von Weichteilverletzungen, Frakturen usw., sind häufig beschrieben und stellen den Betroffenen und seinen Arzt im Hinblick auf ursächlichen Zusammenhang, Diagnose und therapeutisches Vorgehen vor keine allzu großen Schwierigkeiten. Anders verhält es sich mit den eher schleichend verlaufenden Überlastungsschäden, die in ihrem ursächlichen Zusammenhang zumeist sportartspezifisch sind und den sich nicht mit Sport befassenden niedergelassenen Kollegen vor Probleme stellen können. Deshalb wird hier versucht, aus den Erfahrungen unserer sportmedizinischen Untersuchungsstelle die allgemeinmedizinisch relevanten Aspekte darzustellen sowie die Anforderungen, die in der Betreuung von Freizeit- bis hin zu Leistungssportlern gestellt werden.

Dies sollte sich nicht nur auf die Therapie von Überlastungsschäden beschränken, sondern auch deren Vermeidung beinhalten.

Ziel dieses Buches ist es,
- diese Überlastungssyndrome im Sport im Hinblick auf Entstehung, Diagnose und Therapie in unkomplizierter Weise darzustellen,
- dem Trainer und den Heilberufen eine Argumentationshilfe im Gespräch mit dem Sporttreibenden anzubieten,
- eine vernünftige medizinische Steuerung für die Sportausübung zu gewährleisten, ohne gleich Sportverbot erteilen zu müssen.

Die systematische Aufteilung des Gesamtgebietes erfolgt in folgende Themenkomplexe:
- Training und Übertraining
- Schwachstellen im Muskel-, Sehnen-, Gelenksystem
- Überlastete Schulter
- Fehlbelasteter Ellenbogen
- Knorpelschaden des Kniegelenkes
- Statische Fehlbelastungen im Unterschenkel- und Fußbereich
- Überlastungsreaktion der Wirbelsäule

Die Thematik wurde bewußt auf häufige Krankheitsbilder beschränkt. Unter Beachtung der verschiedenen ätiologischen Faktoren wurde aber deren Entstehung beispielhaft dargestellt, so daß eine Übertragung auf seltenere krankheitsbedingende Zusammenhänge leichter fallen sollte.

Die aufgezeigte multifaktorielle Betrachtungsweise erleichtert und erweitert den therapeutischen Ansatz. Zudem wurde versucht, den einzelnen Überlastungssyndromen nach biomechanischen Gesichtspunkten und statistischen Erfahrungen häufig korrelierende Sportarten gegenüberzustellen.

Die Kapitel »Training« und »Übertraining« bieten wichtiges sportmedizinisches Grundwissen. Sie gliedern sich in einem ersten Abschnitt in medizinisch-physiologische Bedingungen des Trainings und Übertrainings und geben in einem zweiten Abschnitt Hinweise zum Training im Alter und bei Krankheit, zu Bekleidung und Ernährung. Sie stellen somit die Grundlage für die weiteren Kapitel dar.

Definition

Unter Überlastungsschäden (-syndromen) im Sport versteht man in der Regel eine mehr oder weniger chronische Überschreitung der Belastungstoleranz der sportlich beanspruchten funktionell-anatomischen Strukturen des Bewegungsapparates, seiner Steuerorgane (Hormon-, Nervensystem) und gelegentlich sogar des Immunsystems.
Die Überlastungsursachen sind zumeist multifaktoriell und im Gegensatz zur direkten Verletzung als Einzelreize unterschwellig, führen aber in Summation zum Sportschaden.

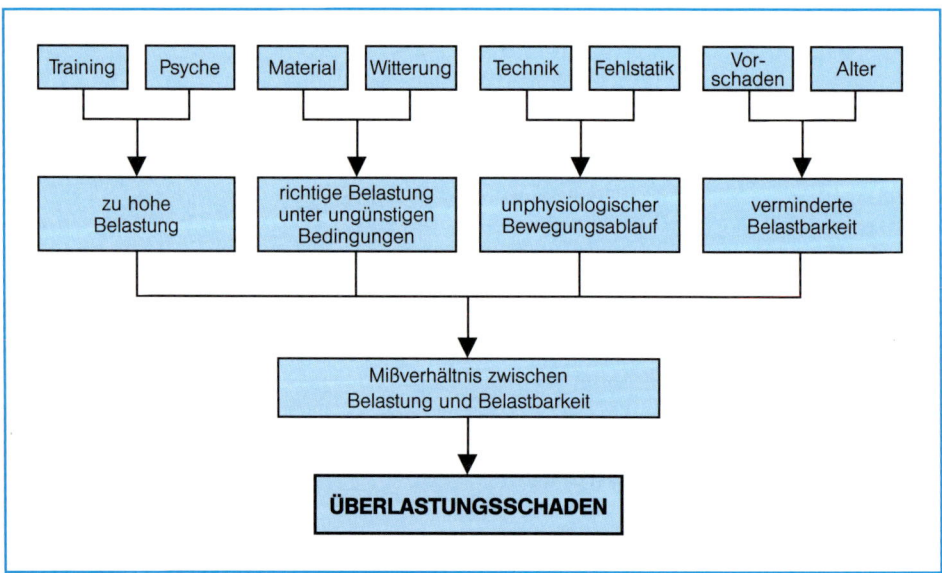

Training

Jede sportliche Betätigung ist für den menschlichen Körper ein Anpassungsreiz (Training).
Falsche Trainingsbedingungen sowie ein Zuviel an Training (= Übertraining) führen neben sportlichem Mißerfolg häufig zu Überlastungsschäden des Bewegungsapparates und zu Funktionsstörungen im Bereich psychomotorischer und psychovegetativer Abläufe.
Deshalb ist für die sportgerechte Durchführung der gewählten Sportart richtiges Training eine unabdingbare Voraussetzung.

Zum Begriff des Trainings

Beim sportlichen Training handelt es sich um einen Übungsprozeß mit dem Ziel der Verbesserung der sportartspezifischen Leistungsfähigkeit.
Dieser Übungsprozeß umfaßt die mehr peripher gesteuerten Beanspruchungsformen

- Kraft
- Ausdauer
- Schnelligkeit
- Beweglichkeit und
- Koordination

sowie die mehr zentral gesteuerten Beanspruchungsformen

- Technik
- Taktik und
- affektives Verhalten

Zur Physiologie des Trainings

Der Trainingsreiz regt eine biologische Anpassungsreaktion des Körpers an (Adaptationsphänomen), wobei eine gewisse Reizintensität Voraussetzung ist (überschwelliger Reiz).

Überschwelliger Trainingsreiz → Adaptationsphänomen

Die Reizantwort des Körpers ist dabei von der Art der Trainingsbelastung abhängig:

- Ausdauerbelastung der Muskulatur → Erhöhung der Zuckerspeicher (Glykogen) in der Muskulatur, Verbesserung der Sauerstoffverbrennung (aerobe Energiebereitstellung)
- Kraftbelastung der Muskulatur → Querschnittszunahme (Hypertrophie) der Muskulatur, Verbesserung der sauerstofflosen (anaeroben) Energiebereitstellung

Die biologische Antwort des Körpers auf den Trainingsreiz ist in Abb. 1 zusammengestellt.

Auf ein individuell unterschiedliches Leistungsniveau ① wirkt der Trainingsreiz ② mit einer bestimmten Zeitdauer ein, was zwangsläufig zu einer Ermüdungsphase ③ führt, auf die nach Belastungsende die Erholungsphase ④ folgt. Als Trainingseffekt kommt es nun gegen Ende des Erholungszeitraumes zu einer überschießenden Wiederherstellung des Ausgangsniveaus, zur Überkompensation ⑤ (Superkompensation). Diese Überkompensation ist die Grundlage für die sportliche Leistungssteigerung.

Wichtig zu wissen ist hierbei, daß die verschiedenen strukturellen Systeme des menschlichen Körpers, die durch den Trainingsreiz angesprochen werden, unterschiedlich lange Erholungszeiten aufweisen.

So unterscheiden wir beispielsweise eine schnelle Resynthese von Glykogen (Brennstoffspeicher) und kontraktilen Proteinen (Aktin, Myosin) innerhalb mehrerer Stunden bis zweier Tage von einer langsamen Resynthese von Mito-

Abbildung 1
Prinzip der biologischen Adaptation auf den Belastungsreiz

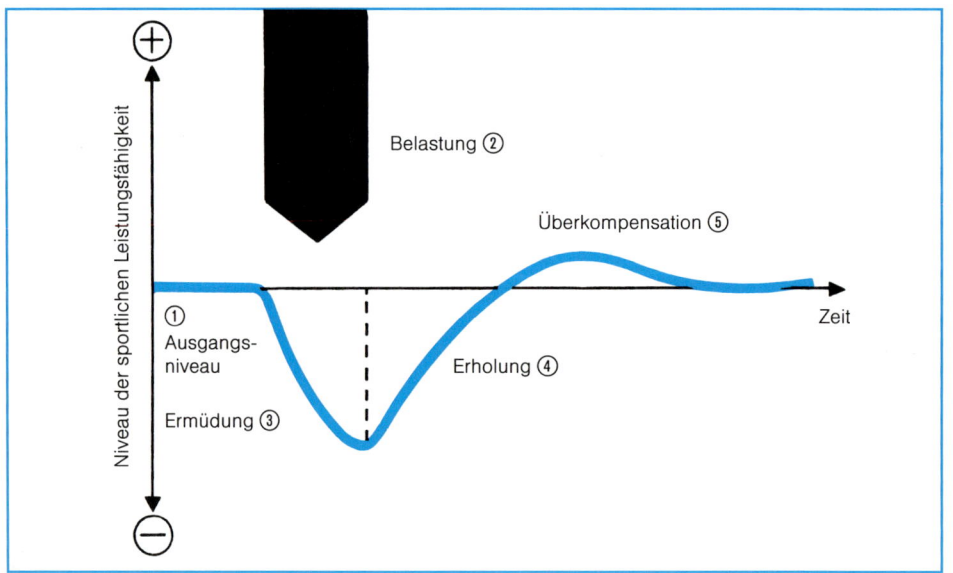

chondrienprotein, die bis zu acht Tage in Anspruch nimmt (siehe dazu auch Abb. 7).

Entscheidend für einen adäquaten Trainingserfolg sind Trainingsintensität, -dauer und -häufigkeit. Optimal wird die erneute Trainingsbelastung in der Phase der Superkompensation gesetzt, so daß wiederholte Trainingsreize zu einem höheren Niveau (Leistungsverbesserung) führen (Abb. 2). Ist der Abstand zwischen den einzelnen Trainingsreizen zu groß, so bleibt die Leistungsverbesserung aus (Abb. 3).

Abbildung 2
Leistungsverbesserung durch optimal gesetzte Trainingsreize

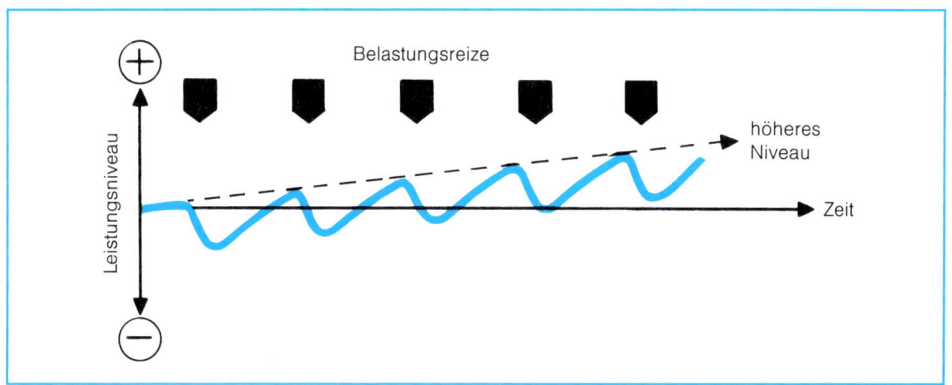

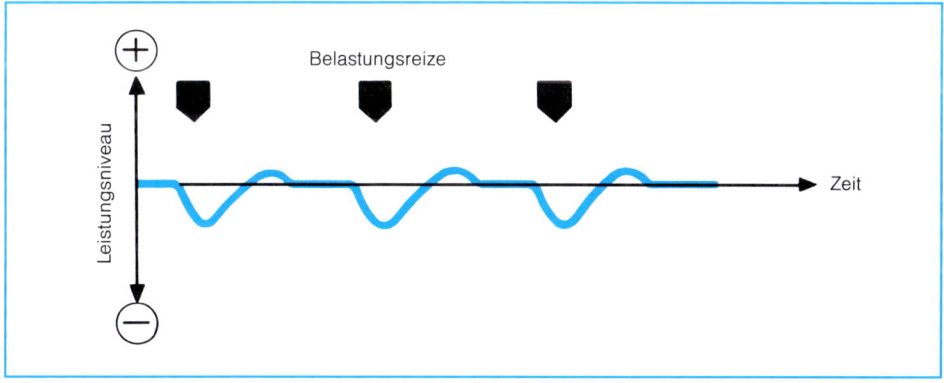

Zu häufig, zu lang und/oder zu intensiv gesetzte Trainingsbelastungen verhindern die vollständige Erholung nach dem Training. Der nächste Trainingsreiz fällt in einen unerholten Funktions- und Baustoffwechsel. Als Summationseffekt resultiert eine Abnahme der sportlichen Leistungsfähigkeit (Abb. 4). Bei der Trainingsplanung im Breiten-, Leistungs- und Hochleistungssport hat es sich bewährt, die muskulären Regenerationszeiten als Basis für die Reiz-

Abbildung 3
Leistungsstagnation durch zu seltene Trainingsreize

15

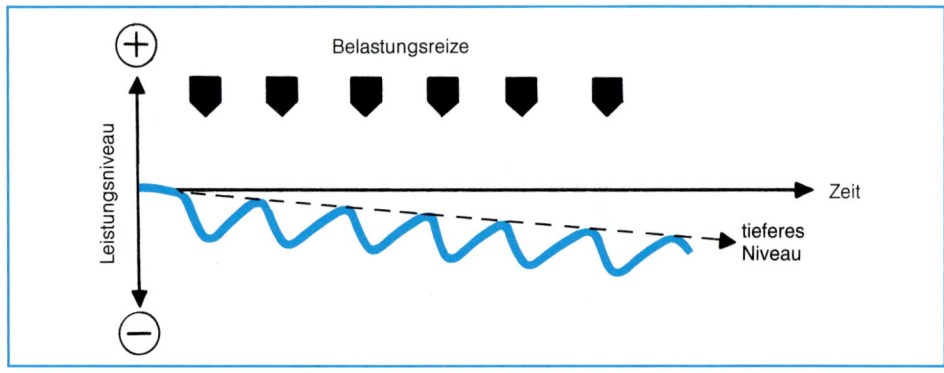

Abbildung 4
Leistungsver-
schlechterung
durch zu häufige
Trainingsreize

intensität, -dauer und -häufigkeit einzusetzen. In folgenden Tabellen sind sie für verschiedene Ausdauer- und Krafttrainingsformen bei Untrainierten und Trainierten angegeben.

Ausdauertraining	untrainiert	trainiert
extensiv Pulsbereich: 180 – Lebensalter z. B. 1–2 Std. Lauf/Waldlauf/Jogging	24 Std.	12 Std.
intensiv Pulsbereich: 200 – Lebensalter z. B. Tempodauerlauf 30 Min., Berglauf 40 Min.	48 Std.	24 Std.

Tabelle 1
Muskuläre Rege-
nerationszeiten für
Ausdauertraining

Krafttraining	untrainiert	trainiert
Kraftausdauertraining z. B. Hantelübungen mit hohen Wiederholungszahlen (10–50) und geringen Widerständen	48 Std.	24 Std.
Maximalkrafttraining z. B. niedrige Wiederholungszahlen (1–5) mit hohen Widerständen	72 Std.	36 Std.

Tabelle 2
Muskuläre Rege-
nerationszeiten für
Krafttraining

Diese Zahlen gelten für das Hochleistungsalter zwischen 18 und 35 Jahren. Ober- und unterhalb dieser Altersgrenze verlängern sich die muskulären Regenerationszeiten noch.

Anmerkung
Auch Alkohol, innerhalb der ersten vier Stunden nach dem Training genossen,

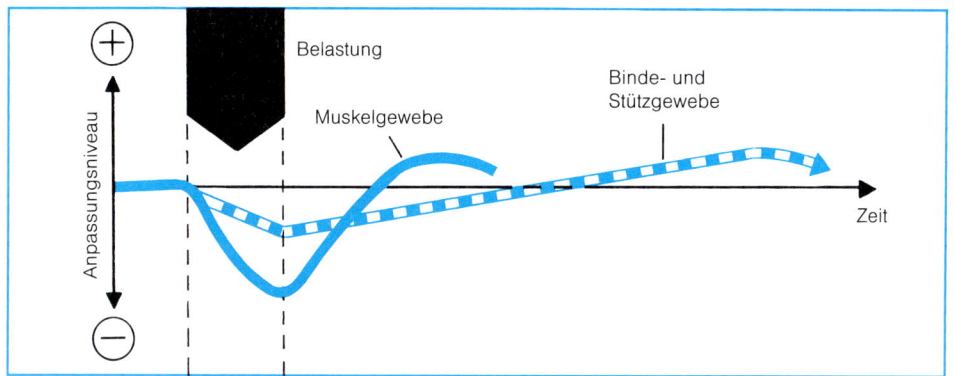

verlängert die Regenerationszeit, da hierdurch die anabole Reaktion des Körpers durch eine hormonale Minderausschüttung (Testosteron) ungünstig beeinflußt wird.

Von hervorragender Bedeutung ist auch die physiologische Gegebenheit, daß kraftübertragende Bindegewebestrukturen wie die Sehnen weitgehend gefäßfrei sind und deren Ernährung durch Diffusion erfolgt. Dadurch ist die Regenerationszeit gegenüber dem gut durchbluteten Muskelgewebe verlängert (Abb. 5).

Auch richtig gesetzte muskuläre Trainingsreize können also langfristig das Binde- und Stützgewebe schädigen, wenn diese physiologische Besonderheit nicht berücksichtigt wird. Deshalb sollten in jeden vernünftigen Trainingsplan plateauartige Stabilisierungsphasen eingebaut werden, damit u. a. die Binde- und Stützgewebestrukturen in ihrer Anpassungsreaktion nachziehen können (Abb. 6).

Diese Stabilisierungsphasen sollten um so länger sein, je intensitätsbetonter die vorausgehende muskuläre Entwicklungsphase war.

Abbildung 5
Unterschiedliche Regenerationsdauer von Muskel- und Binde-/Stützgewebe auf einen Belastungsreiz

Abbildung 6
Notwendige Stabilisierungsphasen im Trainingsablauf

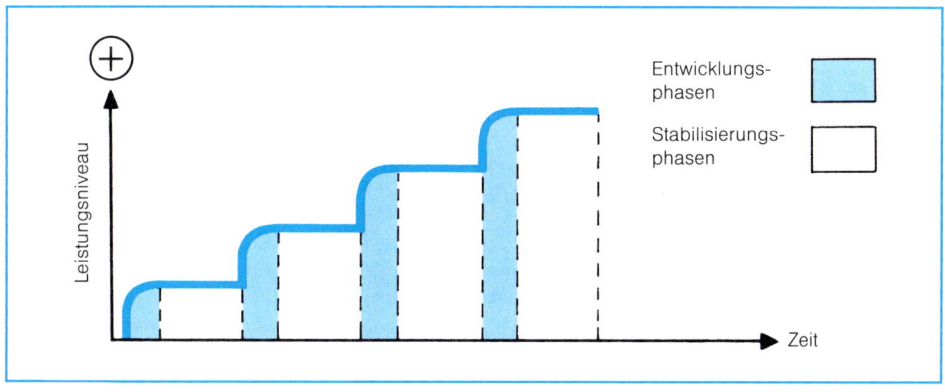

Falsches, im medizinischen Sinne schädliches Training

Unabhängig vom sportlichen Erfolg oder Mißerfolg können sowohl im Breiten- als auch im Leistungssport fehlerhafte Trainingsprogramme zu gesundheitlichen Störungen führen.

Wie bereits dargestellt, stellt die unvollständige Regeneration nach zu häufigen oder zu harten Trainingsreizen das zentrale Problem im Bereich der biochemisch-physiologischen Funktionsebene dar.

So finden sich unmittelbar nach Beendigung des Trainings in der belasteten Muskulatur:

Azidose (Übersäuerung), Elektrolytverschiebungen, Wasserdefizit, verminderte Energiespeicher, »verbrauchte« kontraktile Proteine und beschädigte Zellorganellen, deren Reparation unterschiedlich lange dauert (Abb. 7).

Das Ausmaß der katabolen Ermüdungsreaktion ist abhängig von Reizhäufigkeit, -intensität und -dauer.

Abbildung 7
Unterschiedliche Regenerationszeiten verschiedener Ermüdungsreaktionen

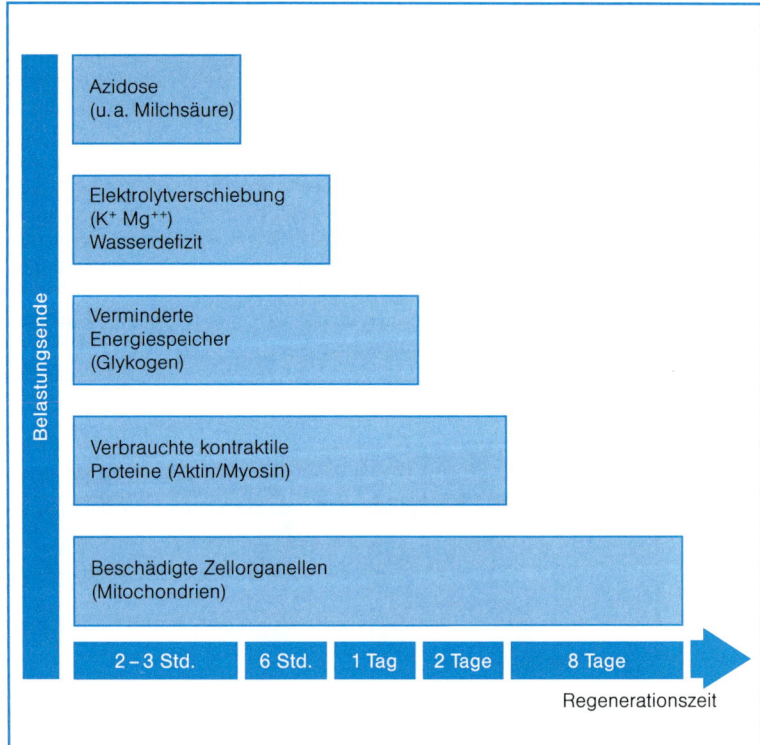

18

Die Abbildung links zeigt einen maximalen Trainingsreiz in bezug auf die angegebenen Regenerationszeiten. Sie soll veranschaulichen, daß neuerliche Belastungen in Abhängigkeit vom Zeitpunkt in bestimmte Phasen »biochemischer« Reparation fallen können.

Ein Marathonlauf stellt z. B. für die Muskelzelle einen maximalen Ausdauerreiz dar, der je nach Trainingszustand eine Regenerationszeit von 1–2 Wochen erfordert. Das Wechselspiel von Training und Regeneration ist deshalb so zu gestalten, daß es Phasen unterschiedlicher Intensität enthält, die sich mit aktiven Regenerationseinheiten, wie Stretching, Regenerationstraining niedrigster Intensität usw., abwechseln.

Durch aktive Regenerationsmaßnahmen, wie Auslaufen, Ausrudern, Ausfahren usw., sowie Stretching und im verminderten Maße auch passive Maßnahmen, wie Entmüdungsbäder, Massagen usw., lassen sich die Regenerationszeiten verkürzen.

Die Mißachtung von Regenerationszeiten und -maßnahmen ist häufig Ausgangspunkt für das im folgenden Kapitel beschriebene Übertraining und für Überlastungssyndrome im Bereich des Bewegungsapparates.

Neben diesen zellulären Mechanismen spielen aber ganz banale Fehlbedingungen im Vor- und Umfeld, insbesondere beim Breitensport, eine negative Rolle.

Die Auswahl der betriebenen Sportart erfolgt häufig mehr nach modischen, weniger nach rationalen Gesichtspunkten. Sicher ist es aber auch möglich, unter Beachtung des Bewegungszieles, der körperlichen Voraussetzungen und einiger Bedingungen, wie Ernährung, Bekleidung und Material, eine attraktive und typgerechte Sportart zu finden. Dem Arzt fällt hier eine wichtige beratende Funktion zu.

Bewegungsziel und körperliche Voraussetzungen

In der ärztlichen Praxis treten drei Fragestellungen auf:
- Es wird bereits ein bestimmter Sport betrieben, und ein Ausschluß gesundheitsschädigender Effekte dieser Sportart soll bestätigt werden (meist Jugendliche, von Eltern oder Verein geschickt).
- Eine bestimmte Sportart wird anvisiert, und es wird nach der körperlichen Eignung für diese Sportart gefragt.
- Es besteht bereits eine Grunderkrankung, und es geht um die Frage, inwieweit Sport mit dieser Erkrankung verträglich ist.

19

Vor der Beantwortung dieser Fragen steht grundsätzlich die medizinische Untersuchung!

Körperliche Untersuchung
(Minimalprogramm):
Blutdruckmessung, Herz-Lungen-Auskultation, Inspektion des Hals-Nasen-Rachenbereiches, Beurteilung des Bewegungsapparates (nur am entkleideten Patienten möglich, Abb. 8)

Technische Untersuchungen
Ruhe-EKG: obligat
Belastungs-EKG:
■ in jedem Fall bei Patienten mit »Herzanamnese« oder Befund
■ bei allen über 40jährigen
■ bei allen Sportarten mit Ausdauerkomponente

Labor: routinemäßig nur BKS-Blutbild-Urin, ansonsten gezielt bei besonderer Fragestellung

bei Übergewicht:
■ Blutfettstatus
■ Harnsäure
■ Blutzucker
■ Leberwerte

Abbildung 8
Inspektion des Bewegungsapparates und Beispiele häufiger statischer Fehlhaltungen

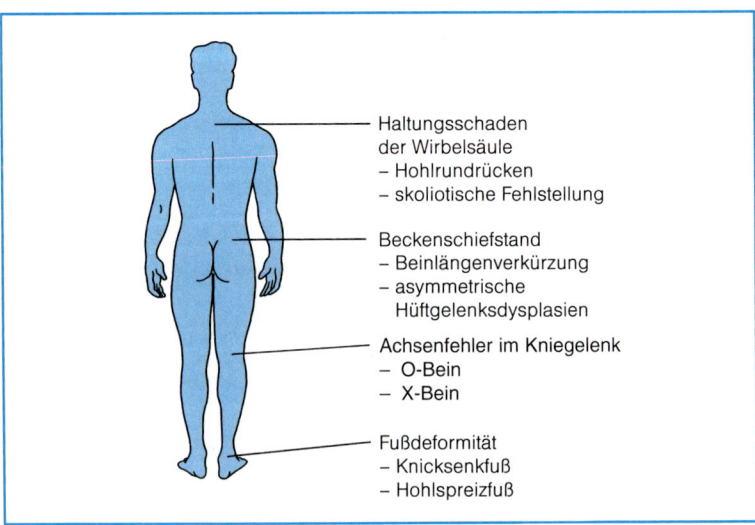

Haltungsschaden der Wirbelsäule
– Hohlrundrücken
– skoliotische Fehlstellung

Beckenschiefstand
– Beinlängenverkürzung
– asymmetrische Hüftgelenksdysplasien

Achsenfehler im Kniegelenk
– O-Bein
– X-Bein

Fußdeformität
– Knicksenkfuß
– Hohlspreizfuß

bei Sportarten mit hoher Ausdauerkomponente:
- Elektrolyte: Kalium, Magnesium

bei menstruierenden Frauen:
- Serum-Eisen
- besser noch Ferritin (Eisenspeicher)

Weiterführende Untersuchungen nach Indikation oder erhobenem Befund:
- Spiroergometrie zur Bestimmung wesentlicher respiratorisch-metabolischer Parameter, z. B. maximale Sauerstoffaufnahme
- Laktatdiagnostik zur Erfassung der muskulären Belastungsreaktion etc.

Nach Erhebung der Befunde und bei realistischer Zielsetzung des Sporttreibenden läßt sich in den allermeisten Fällen eine adäquate sportliche Belastungsform finden oder auch durch Trainingsumstellung ein irreparabler Überlastungsschaden vermeiden.

2 Übertraining (synonym: Überforderung)

Anmerkung zum Übertrainingsbegriff im angloamerikanischen Sprachgebrauch: Ein kurzzeitiges Übertraining (Overreaching) ist im Trainingsprozeß des Hochleistungssports gelegentlich erwünscht (Overload Principle) und bei entsprechendem Regenerationszyklus auch kompensierbar. Im folgenden wird ausschließlich auf das sogenannte Langzeitübertraining (Staleness) mit Krankheitswert eingegangen.

Definition

Unter Übertraining versteht man das Nachlassen der sportlichen Leistungsfähigkeit im Trainingsprozeß über einen längeren Zeitraum (> 14 Tage) in Verbindung mit objektiven und subjektiven Symptomen. Übertraining besitzt einen Krankheitswert und ist fast ausschließlich im Leistungs- und Hochleistungsbereich zu finden. Hier bedeutet es allerdings eine »Katastrophe« mit erheblichen Auswirkungen auf den Athleten, seine Umwelt und die Einschätzung durch die Verbandsfunktionäre.
Während sich das Übertraining bei Ausdauersportarten in einer generalisierten Reaktion mit Einschluß der neurovegetativen Funktionen bemerkbar macht, äußert es sich bei den mehr kraft-, schnellkraft- und schnelligkeitsbetonten Sportarten zuerst in einer Häufung von Verletzungen und Überlastungsschäden und erst sekundär mit psychoreaktiven Auffälligkeiten.

Ursachen des Übertrainings

Sie sind in der Regel sehr komplex, es handelt sich meist um die Summe übermäßiger Reize: zu hartes Training, private oder berufliche Streßbelastung, Krankheitsfolgen und/oder falsche Lebensweise (Abb. 9). Eine akute Erkrankung sollte in jedem Falle ausgeschlossen werden.

Hauptfehler im Trainingsprozeß
- vernachlässigte Regeneration
- zu schnell gesteigerte Anforderungen
- zu großer Belastungsumfang maximaler und submaximaler Intensität
- zu hohe Intensität im Ausdauertraining
- zu rasche Erhöhung der Belastung nach Verletzung oder Krankheit

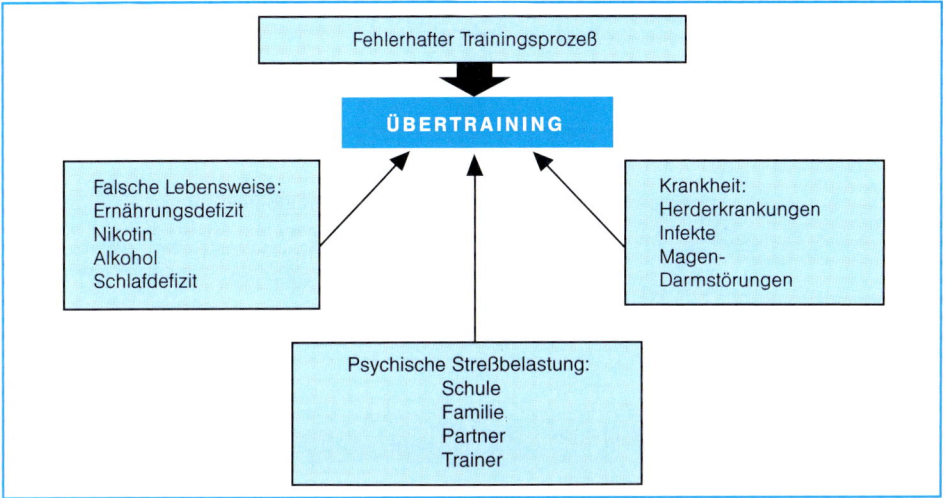

- übermäßig forcierte Technikschulung ohne ausreichende aktive Erholung
- Übermaß an Wettkämpfen
- Häufung von Mißerfolgserlebnissen
- übersteigerte Zielsetzung

Abbildung 9
Ursachenkomplex
Übertraining

Ungünstige psychische Voraussetzungen
- hoher Erwartungsdruck mit Versagensangst (häufig geht dieser Konflikt von überehrgeizigen Eltern oder Trainern aus)
- Partnerschaftsprobleme (das Hochleistungsalter ist gleichzeitig auch der Zeitabschnitt der Partnersuche und der Partnerbindung)
- Schwierigkeiten in der Schule oder im Beruf bei mangelnder psychosozialer Absicherung

Krankheiten mit eher schleichendem Verlauf
- Herderkrankungen im Nasen-Rachen-Bereich, z. B. chronische Neben-höhleninfekte, Zahnherde
- Viruserkrankungen ohne dramatischen Verlauf, z. B. Pfeiffersches Drüsen-fieber
- chronische Magen-Darm-Störungen mit Elektrolyt- und Flüssigkeitsver-lusten, z. B. intestinale Unverträglichkeitsreaktionen, die bei Leistungssport-lern auffallend häufig vorkommen

Falsche Lebensweise
- chronisches Schlafdefizit, z. B. bei Sportarten mit häufig wechselnden Wett-kampforten
- unzureichende Ernährungsbedingungen, z. B. in exotischen Ländern

23

- Alkohol, Nikotin, Psychostimulantien, Anabolika, z. B. mit der Folge einer inkompletten Regeneration

Symptome des Übertrainings

Sie ergeben sich aus der Fehlfunktion folgender Systeme:

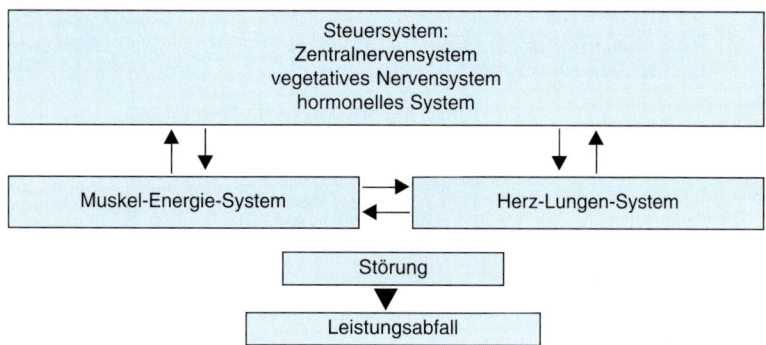

Symptome infolge Fehlfunktion des Steuersystems
- Affektlabilität: starke Stimmungsschwankungen mit zeitweise aggressiver, aber auch fatalistischer Verhaltensweise
- Antriebslosigkeit: depressive Grundstimmung, erniedrigter oder fehlender Leistungswille
- Schlafstörungen: in der Regel Einschlafstörungen, seltener Durchschlafstörungen
- Konzentrationsstörungen: auffällige Verschlechterung in der Ausführung technischer Bewegungsabläufe, z. B. vermehrte Sturzneigung im Skilanglauf, schlechte Schießergebnisse im Biathlon
- Verschiebung hormoneller Reaktionen: Das Verhältnis aufbauender (Testosteron) zu abbauenden Hormonen (Kortisol) verschiebt sich zugunsten der abbauenden Hormone. Die Katecholamine (Streßhormone) können entweder übermäßig erhöht oder stark erniedrigt sein.

Symptome infolge Fehlfunktion des Muskel-Energie-Systems
- Muskelschwäche: vorzeitige Ermüdung bereits bei relativ niedrigen Belastungen
- Krampfneigung: während des Trainings und vor allem nach dem Training harte Muskulatur bis echte Krämpfe
- Verletzungsneigung: insbesondere Muskelfaserrisse
- Überlastungschäden: häufig Sehnenansatzentzündungen (Insertionstendinosen)

- Koordinationsstörungen im Muskelzusammenspiel (intermuskuläre Koordination): »eckige« Bewegungsabläufe und fehlerhafte Bewegungsausführung
- Gewichtsabnahme: durch Wasserverluste und leere Energiespeicher
- Veränderung von Laborparametern:
  - Elektrolytverschiebungen mit Kalium- und Magnesiumerniedrigung
  - Veränderungen im Säure-Basen-Haushalt mit pH-Abfall und Milchsäureanstieg bereits bei geringen Belastungen
  - Anstieg der Muskelenzyme bereits unter Ruhebedingungen (CK-Nac über das 2–3fache)
  - erniedrigtes Ausbelastungslaktat im Laktatleistungstest (z. B. um weniger als 30% zum Vortest)
  - konstante Harnstofferhöhung unter standardisierten Bedingungen über mehrere Tage
  - hormonelle Verschiebungen (siehe links)

Symptome infolge Fehlfunktion des Herz-Lungen-Systems

- Veränderungen im Ruhepulsverhalten: auffällig hoher Ruhepuls; es wird aber auch ein sehr niedriger Ruhepuls gefunden, der sich nicht vom vagotonen Normalzustand eines guten Ausdauerleistungssportlers unterscheidet.
- vermehrte Neigung zu Kollapszuständen: beim plötzlichen Lagewechsel vom Liegen zum Stehen (orthostatische Dysregulation)
- erhöhte Ruheatmung (Hyperventilation):
  - Die Ruheatmungsfrequenz liegt deutlich über 14/Min.
  - Zeitweilig findet man auch eine sogenannte »Seufzer«-Atmung mit stark vertieftem Atmungsvorgang, der gelegentlich von Seufzern begleitet wird (depressive Reaktion!).

Anmerkung

EKG-Interpretation und spiroergometrische Untersuchungen bieten keine Hilfestellung in der Diagnostik des Übertrainings.

> Die Erkennung des Übertrainings stützt sich nie auf nur eines der angegebenen Symptome, sondern stellt eine Art diagnostisches »Puzzle« dar, in das alle gefundenen Werte eingebracht werden sollten.

Zur Erleichterung der oft verwirrenden Symptomenfülle unterscheidet man nach ISRAEL zwei Erscheinungsformen des Übertrainings: basedowoides und addisonoides Übertraining (in Anlehnung an die Krankheitsbilder Morbus Basedow: Überfunktionserkrankung der Schilddrüse und Morbus Addison: Unterfunktionserkrankung der Nebenniere). Beim basedowoiden Übertraining, das auch als sympathikoton bezeichnet wird, überwiegen die »Erregungs«-Symptome, beim addisonoiden, auch als parasympathikoton bezeichnet, überwiegen die »Hemmungs«-Symptome.

Im folgenden sind beide Formen zum besseren Verständnis einander gegenübergestellt:

Übertraining

basedowoid (sympathikoton):	**addisonoid (parasympathikoton):**
■ Überwiegen der »Erregungs«-Symptome	■ Überwiegen der »Hemmungs«-Symptome
■ häufig jugendliche Sportler auf kürzeren Ausdauerstrecken	■ häufig erfahrene, ältere Sportler auf langen Ausdauerstrecken
■ leicht erkennbar	■ schwer erkennbar
■ »dramatischer« Verlauf	■ »schleichender« Verlauf
■ häufig Verletzungen	■ häufig Überlastungsschäden
■ kurzfristige Behandlung	■ langfristige Behandlung

Behandlung des Übertrainings

Die Behandlung des Übertrainings muß immer individuell auf den einzelnen abgestimmt werden.
Die nachfolgende Übersicht soll lediglich eine Hilfestellung in der Vorgehensweise anbieten.
Unmittelbar nach der Diagnosestellung ist folgender Weg einzuschlagen:

Wettkampfpause
je nach Schweregrad 2–6 Wochen, manchmal auch länger.

Trainingsreduktion
in bezug auf Anzahl und Intensität der Reize, Verringerung der technischen Anforderungen; keine völlige Trainingspause wegen der Gefahr des akuten Entlastungssyndroms mit funktionellen Erkrankungen wie Herzstechen usw.; Neuaufbau durch Änderung des Trainingsplans.

Arztbesuch/Beratung
Diagnostik von Verletzungen und Überlastungsschäden und Ausschluß zusätzlicher organischer Erkrankungen.

Aktive Erholung
Gymnastik, Spiele, Regenerationsläufe, Schwimmen, vollwertige Kost, Milieu-, Klimawechsel.

Physikalische Therapie

dämpfend, entspannend bei Übererregung, z. B. Sedativbäder, Massagen	anregend, aktivierend bei Hemmung, z. B. Reizgüsse, CO_2-Bäder, UV-Reize, durchgreifende Massagen

Medizinische Therapie
- Behandlung von Verletzungen und Überlastungsschäden
- Ausgleich von verletzungsdisponierenden Faktoren, z. B. Fehlstatik bei Fußdeformitäten
- Substitutionsbehandlung bei vermehrtem Verschleiß, z. B. Elektrolyte
- medikamentöse Therapie, symptomorientiert
- Psychotherapie, z. B. autogene Trainingsformen

Sonderformen des Übertrainings

Der »leere« (glykogenverarmte) Athlet
Während Trainingsphasen mit hoher Intensität (Vorwettkampf- und Wettkampfzeit) und fast ausschließlicher Kohlenhydratverbrennung (siehe Kapitel »Ernährung«) kann bei ungenügend kohlenhydratreicher Nahrungsaufnahme zunächst eine Glykogenverarmung der Arbeitsmuskulatur, später auch der nicht beanspruchten Muskulatur einschließlich des Leberreservoirs auftreten. Betroffen sind erfahrungsgemäß hauptsächlich leichtathletische Laufdisziplinen der Mittel- bis Langstrecke, nordische Skilangläufer und alpine Skirennsportler im Herbst bei gleichzeitigem Gletschertraining und intensivem Trockentraining.

Symptomatisch sind:

muskulär
- mangelndes Beschleunigungsvermögen bei Belastungen über 8 Sek.
- Schmerzen in den Armen beim Laufen
- hingegen langsames »Joggen« (Energie weitgehend über Fettverbrennung) und Kurzsprints bis 8 Sek. (Energie über ATP/Kreatinphosphat) unverändert möglich

zentralnervös
- häufiges Gähnen
- Heißhungergefühl
- Stimmungslabilität
- Konzentrationsstörungen
- Einschlafstörungen

27

Bei der Laktatleistungsuntersuchung fällt eine geringere (fälschlich bessere) Laktatentwicklung bei schlechterer Endleistung auf. Die maximale Laktatentwicklung ist deutlich erniedrigt (unter 30% des individuell erreichten Maximalwertes).

Die Therapie der Wahl ist eine Trainings-/Wettkampfreduktion für mindestens 10–14 Tage bei gleichzeitiger Kohlenhydratmast, auch unter Zufuhr von glykogenanreichernden Konzentraten, Kalium und vermehrter Flüssigkeitsaufnahme (z. B. Maltodextringetränke).

Athlet und Trainer sollten zur besseren Akzeptanz dieser Maßnahmen in jedem Falle über die physiologischen Zusammenhänge aufgeklärt werden.

Das Immunsuppressionssyndrom im Hochleistungssport

Während regelmäßiges Ausdauertraining unter Beachtung ausreichender Regeneration das Immunsystem stärkt, was auch im Tierversuch nachvollziehbar ist, kann extremes körperliches Training zu einer passageren Immunsuppression führen. Viele Spitzenathleten leiden in Phasen erhöhter Trainings- und Wettkampfbelastung z. B. an hartnäckigen Infektionen der oberen Luftwege und Nebenhöhlen. Als meßbares Substrat finden sich in der sportmedizinischen Immunologieforschung Funktionseinschränkungen im Bereich der unspezifischen wie auch der spezifischen Immunabwehr (Abb. 10).

Dieser für Mikroorganismen dargestellte Immundefekt im Übertraining ist auch für andere Antigene (z. B. Arzneimittel) denkbar. Die genauen pathogenetischen Zusammenhänge für diese überlastungsbedingte Suppression des Immunsystems sind noch nicht wissenschaftlich abgesichert. Wahrscheinlich besteht eine Funktionsstörung des Streßhormonsystems sowohl auf peripherer (z. B. Kortisol) als auch auf zentraler Ebene (z. B. Opioidpeptide).

Therapeutisch stehen neben einer drastischen Intensitätsreduzierung der sportlichen Belastung regenerative Maßnahmen im Vordergrund. Die zusätzliche Gabe von Immunmodulatoren, z. B. Echinacin, scheint einen positiven Effekt zu haben. Nur so greifen weitere symptomorientierte Medikamente.

Bedenklich erscheint in diesem Zusammenhang auch die im Sportbereich häufig zu findende Polypragmasie in der Behandlung von Sportverletzungen und Überlastungsschäden, bei der in einer Sitzung zahlreiche Arzneimittel mit allergener Potenz injiziert werden. Beim Risiko einer inadäquaten Reaktion (bis hin zur Agranulozytose) des Immunsystems wird hier der muskulären Insuffizienz möglicherweise noch eine immunologische hinzugefügt.

Abschließend sei zum Komplex des Übertrainings noch eine persönliche Bemerkung erlaubt. Bei der heute erforderlichen Gesamttrainingsbelastung im Leistungssport bewegt sich der Athlet auf einem sehr schmalen Grat zwischen Unter- und Übertraining, um einen Trainingsfortschritt zu erreichen. Die Gefahr des Abrutschens ins Übertraining ist sehr groß. Häufig sieht sich der Sportler dann zusätzlich zu seinem Leistungsknick einer vermehrten Kritik sei-

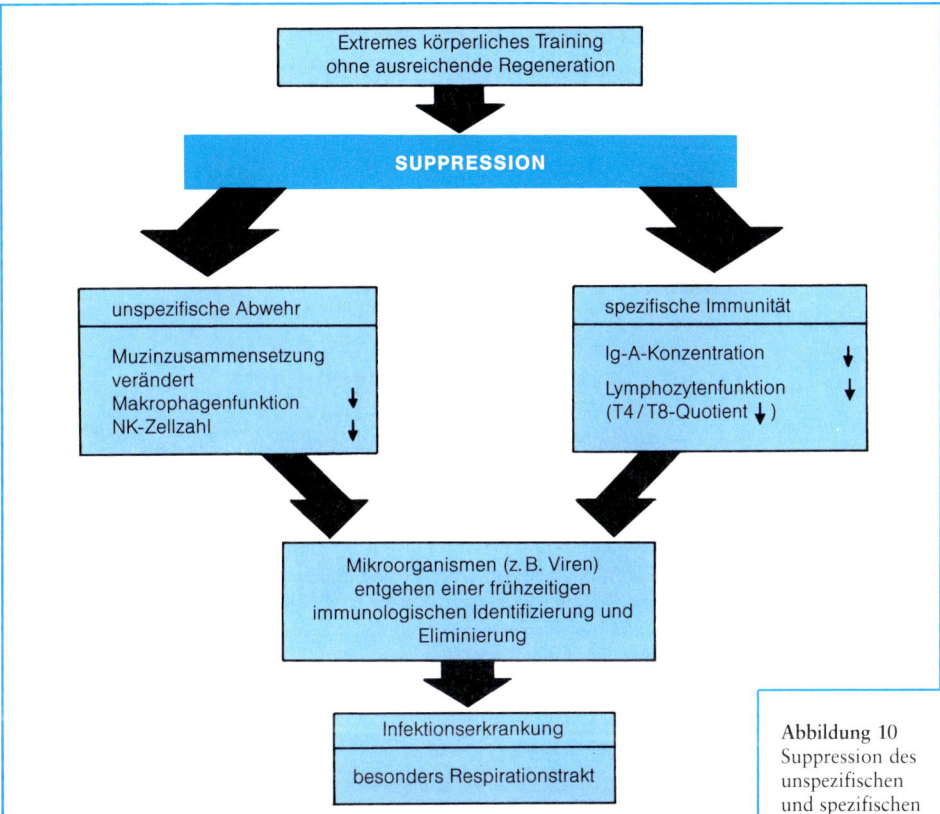

```
┌─────────────────────────────────────┐
│   Extremes körperliches Training      │
│   ohne ausreichende Regeneration      │
└─────────────────────────────────────┘
                    ▼
┌─────────────────────────────────────┐
│            SUPPRESSION                │
└─────────────────────────────────────┘
        ▼                       ▼
┌──────────────────┐    ┌──────────────────┐
│ unspezifische    │    │ spezifische      │
│ Abwehr           │    │ Immunität        │
│                  │    │                  │
│ Muzinzusammen-   │    │ Ig-A-Konzen-  ↓  │
│ setzung          │    │ tration          │
│ verändert        │    │ Lymphozyten-  ↓  │
│ Makrophagen-  ↓  │    │ funktion         │
│ funktion         │    │ (T4 / T8-Quotient ↓) │
│ NK-Zellzahl   ↓  │    │                  │
└──────────────────┘    └──────────────────┘
        ▼                       ▼
┌─────────────────────────────────────┐
│   Mikroorganismen (z. B. Viren)       │
│   entgehen einer frühzeitigen         │
│   immunologischen Identifizierung und │
│   Eliminierung                        │
└─────────────────────────────────────┘
                    ▼
┌─────────────────────────────────────┐
│        Infektionserkrankung           │
├─────────────────────────────────────┤
│     besonders Respirationstrakt       │
└─────────────────────────────────────┘
```

Abbildung 10
Suppression des unspezifischen und spezifischen Immunsystems unter Übertrainingsbestimmungen (Muzin = Schleim, z. B. im Luftwegesystem, Makrophagen = Freßzellen, NK = natürliche Killerzellen, Ig-A = Immunglobulin Typ A, Lymphozyten = Immunzellen)

tens seines Umfeldes (Trainer, Verein, Eltern usw.) ausgesetzt. Der Leistungsdruck steigert sich, die Trainingsbelastung wird zur Beseitigung des vermeintlichen Trainingsdefizites sogar noch erhöht, und es kommt schließlich zur völligen Dekompensation.

Neben gehäuften Verletzungen und Überlastungsschäden finden sich dann nicht selten neurotische Entwicklungen wie somatisierte Depression, Anorexia nervosa (Magersucht) oder Bulimie (Freßsucht).

Dies stellt an die Eltern, Trainer, Funktionäre und Ärzte, die die Athleten in physische und psychische Grenzbereiche begleiten, die Verpflichtung, in guten und schlechten Zeiten Verantwortung zu übernehmen.

Es ist sehr leicht, sich im Umfeld eines guten Athleten sozusagen im »gemeinsamen« Erfolg zu sonnen, aber es ist äußerst schwer, auch Mißerfolge mittragen zu können, zumal sich hier auch zwischen Athlet und betreuender Person erhebliche Spannungsfelder aufbauen.

3 | Alter und Sport

Nach den grundsätzlichen medizinischen Hinweisen zum Training und Übertraining in Kapitel 1 und 2 wird in diesem Teil auf die sogenannten Rahmenbedingungen des Trainings, also Lebensalter, Krankheit, Ernährung, Bau- und Betriebsstoffwechsel der Muskulatur, eingegangen.

Training im Kindes- und Jugendalter

Prinzipiell findet man bei Kindern die gleichen Anpassungserscheinungen an das Training wie beim Erwachsenen, was die Ausbildung aerober Fähigkeiten (Ausdauer) betrifft. Dies gilt auch für ein kraftausdauerbetontes kind- bzw. schülergerechtes Krafttraining mit einer für dieses Alter allerdings beachtenswert verlängerten Regenerationszeit und für Schnelligkeitsreize bis 8 Sek. Hingegen werden hochintensive kraftbetonte anaerobe Reize weniger beantwortet und toleriert, da der Milchsäureabbau im Vergleich zum Erwachsenen aufgrund einer noch ungenügenden Enzymausstattung stark verzögert ist. Erst in der Pubertät wird dieses Defizit ausgeglichen.

> Ein vielseitiges, ausdauerbetontes Training im Kindesalter stellt die beste Grundlage für alle später gewählten Sportarten dar, da es eine hohe Ermüdungswiderstandsfähigkeit gegenüber allen Belastungsformen schafft.

Auch auf eine zu frühzeitige Spezialisierung sollte verzichtet werden. Wie Untersuchungen zeigen, bringt z. B. eine vorschnelle Spezialisierung bei jungen Sprintern langfristig ein niedrigeres Leistungsniveau als ein ausdauerbetontes Basistraining mit wesentlich weniger Schnellkraft- und Schnelligkeitsübungen. Einen weiteren Grund für die Bevorzugung von aeroben Belastungsformen (z. B. langer Dauerlauf) zuungunsten von stark anaerob betonten Belastungen (z. B. intensive Intervallarbeit) stellt die im Vergleich zum Erwachsenen extrem hohe Streßhormonausschüttung (Adrenalin, Noradrenalin) während der anaeroben Belastung von Kindern dar. Dies deutet auf eine psychophysische Grenzbelastung hin, die im Trainingsprozeß dieser Altersgruppe unerwünscht ist. Hier sollte noch die Freude am Sport, nicht der Streß vorherrschen. Vermutlich sind die hohen Ausstiegsraten Jugendlicher, insbesondere aus den leichtathletischen Laufdisziplinen, damit zu erklären.

Pubertät

Den sensibelsten Zeitpunkt für eine überragende Weiterentwicklung der Ausdauerleistungsfähigkeit stellt zweifelsohne die erste Phase der Pubertät dar (Pubeszenz: Mädchen 11–14 Jahre, Jungen 12–15 Jahre). Die in diesem Abschnitt erhöhten Hormonspiegel (Testosteron) gewährleisten einen verstärkten gewebeaufbauenden Effekt, insbesondere auch hinsichtlich der Anlage eines Sportherzens, der Vermehrung der aeroben Zellkraftwerke (Mitochondrien), verstärkter Muskelgefäßausbildung (Kapillarisierung) usw. Ein gezieltes Training in dieser Altersstufe kann über die später maximal erreichbare Ausdauerleistungsfähigkeit entscheiden.

Die zweite Phase der Pubertät (Adoleszenz: Mädchen 14–18 Jahre, Jungen 15–19 Jahre) eignet sich dagegen zur Entwicklung der Kraft und der anaeroben Kapazität.

Probleme ergeben sich allerdings aus der hormonell bedingten besonderen Empfindlichkeit des Stütz- und Bewegungsapparates, deren Ermüdungsgrenze weit vor der allgemeinen körperlichen Erschöpfung liegt.

> Die Empfindlichkeit der Binde- und Stützgewebe verhält sich proportional zur Wachstumsgeschwindigkeit.

Die Gefahr des Überlastungsschadens ist deshalb während des puberalen Wachstumsschubes am größten.

Besonders betroffen sind:

- Wachstumsfugen
  Unter dem Einfluß der Hormone Somatotropin und Testosteron nimmt die mechanische Belastbarkeit des Wachstumsknorpels erheblich ab. Insbesondere gleichförmige Scherkrafteinwirkungen können die folgenden Schäden provozieren:
- Ablösungstendenz des Hüftgelenkkopfes (Epiphyseolysis capitis femoris) bei Sprungdisziplinen
- Entwicklungsstörungen und Haltungsschäden der Wirbelsäule (Scheuermannsche Krankheit, Kyphosen und Skoliosen) bei Turnern, Wurfdisziplinen und Kanuten

- Bandapparat, bevorzugt des Lendenwirbel-Kreuzbein-Übergangs
  Insbesondere bei jugendlichen Leistungssportlerinnen aus den Disziplinen Turnen, Leichtathletik und alpiner Skirennsport fallen auf:
- überbewegliche Lendenwirbelsäule (meist L_5/S_1)
- pseudoradikuläres Schmerzsyndrom (»fälschlicher« Nervenschmerz)
- Darmbein-Kreuzbein-Gelenkblockierung.

Häufig scheinen eine falsche Stretching-Technik (»Hürdensitz«) oder gymnastische Übungen (»Klappmesser«, »Entengang«) ursächlich daran beteiligt zu sein.

Ein Vorteil der Pubertät liegt aber auch in einer gesteigerten Regenerations- und Reparationsaktivität, so daß leichtere Überlastungsschäden allein durch Trainingsumstellung behoben werden können, ohne Sportverbot erteilen zu müssen.

Training im höheren Alter

Grundsätzlich zeichnet sich das mittlere (35–55) und noch mehr das höhere (55–80) Lebensalter durch eine verminderte Trainingsadaptation aus. Trotzdem ist auch z. B. bei 55–70jährigen durch altersangepaßte Trainingsformen eine deutliche Leistungsverbesserung möglich, wie zahlreiche Untersuchungen für das Ausdauertraining belegen.

Ausdauersport

Für den sportlichen Trainingsanfänger des mittleren und besonders des höheren Lebensalters sind Ausdauersportarten zu bevorzugen. Langläufer leben tatsächlich länger und besser.
Hier läßt sich eine Aussage von HOLLMANN (bezogen auf das Herz-Kreislauf-System) anwenden:

»Durch geeignetes körperliches Training gelingt es, 20 Jahre lang 40 Jahre alt zu bleiben.«

- Die Vorteile des Ausdauertrainings liegen vor allem in einer Verminderung des koronaren Risikos:
  - Ökonomisierung der Herzarbeit
  - Bluthochdruckprophylaxe
  - Stoffwechselverbesserung bezogen auf Blutfette und Blutzucker
  - Gewichtsreduktion
  - Streßabbau
- In jüngster Zeit finden sich sogar Hinweise für die vorbeugende Wirkung regelmäßigen Ausdauertrainings im Hinblick auf mögliche Tumorerkrankungen.
- Ausdauertraining in Breitensport und Laufgruppen beugt auch der in höheren Lebensabschnitten häufigen sozialen Isolation vor.

Ratschläge zum Ausdauertraining

Sportarten wie Laufen, Radfahren, Langlauf:
- mäßig, aber regelmäßig, mindestens zweimal pro Woche 30–45 Min.
- allmähliche Belastungssteigerung

- kein Wettkampfcharakter bei Untrainierten oder mäßig Aktiven
- Intensitätssteuerung über Pulsfrequenzmessung (Karotispuls oder Pulsmeß-gerät im Sportfachhandel)

Faustregel für die Pulsmessung beim Gesunden (Pulsschläge/Min):
- Hohe Intensität
  200 – Lebensalter:
  sollte nicht überschritten werden
- Mittlere Intensität
  180 – Lebensalter:
  guter Trainingseffekt
- Niedere Intensität
  160 – Lebensalter:
  sollte nicht unterschritten werden, wenn ein Trainingsfortschritt erwünscht ist; allerdings handelt es sich dabei um einen idealen Regenerations- und Fettverbrennungspulswert

Grundsätzlich gilt:

> Die Laufbelastung ist so zu wählen, daß man sich während des Laufens gerade noch mit einem mitlaufenden Partner unterhalten kann, ohne außer Atem zu kommen.

Überbelastungen im Ausdauertraining resultieren hauptsächlich aus Selbst-überschätzung und falschem Ehrgeiz (Konkurrenzverhalten innerhalb einer Gruppe).

Krafttraining

Krafttraining in höheren Lebensabschnitten wirft vorwiegend zwei Probleme auf:
- verzögerte Regenerationszeit, insbesondere des durch Diffusion verlangsamt ernährten Binde- und Stützgewebes
- Preßatmung mit Erhöhung des Druckes im Brustraum: Abnahme des venö-sen Blutrückstromes und damit Abnahme des Herzminutenvolumens (bis 55%) bis hin zu kritischem Abfall der Hirn- (Kollaps/Apoplexie) und Koro-nargefäßdurchblutung (Infarkt)

Im Gegensatz dazu stehen durch gezieltes Krafttraining aber auch wesentliche gesundheitliche Vorteile:
- Verbesserung der Muskelkoordination und der allgemeinen Beweglichkeit als Unfallprophylaxe
- Schutz vor vorzeitigem Haltungsverfall
- Osteoporoseprophylaxe
- subjektives Wohlbefinden

33

Als Kompromißlösung bietet sich an:

- Krafttraining nur maximal zweimal wöchentlich mit mindestens zweitägiger Regenerationszeit
- kleine Widerstände (Gewichte) bevorzugen
- dynamische, keine statische Muskelarbeit
- häufige Wiederholungen (Kraftausdauer)
- gutes Aufwärmen (Leergewichte, 15 Min. Dehnübungen)
- anschließendes »Auslaufen«, »Ausradeln« oder »Ausrudern« (10–20 Min.)

Anmerkung

Die allseits beliebten Klimmzüge und Liegestütze mit großen Anteilen an statischer Muskelarbeit und Preßatmung sind im höheren Alter ungünstige Belastungen! Wesentlich günstiger sind Belastungsserien mit zwei 1,5–5 kg schweren Hanteln. Wichtig ist dabei eine ruhige, gleichmäßige Atmung – nicht Luft anhalten und pressen! Sollten doch einmal höhere Belastungsintensitäten auftreten, so empfiehlt es sich, im Moment der höchsten Belastung auszuatmen.

Empfehlung

In höheren Altersstufen sind – entsprechend dem vorher Ausgeführten – Ausdauersportarten wie Wandern, Laufen, Radfahren usw. insbesondere für den Trainingsanfänger zu bevorzugen. Wird aber leidenschaftlich eine relativ anstrengende und »gefährliche« Sportart wie alpiner Skilauf, Turnen oder Klettern von Kindesbeinen an betrieben, so ist es sinnlos, dem Gesunden, nur weil er älter geworden ist, davon abzuraten: Hier gilt es für den Arzt, die Risiken aufzuzeigen und die sportliche Betätigung in vernünftige Bahnen zu lenken (z. B. häufigeres Pausieren, Minderung der Schwierigkeitsgrade, Hinwendung zur »genüßlichen« Sportausübung).

Krankheit und Sport

Übergewicht

Übergewicht für sich alleine gesehen ist zwar noch kein eigenständiges Krankheitsbild, disponiert aber für zahlreiche sogenannte Wohlstandskrankheiten:
- Diabetes mellitus (Zuckerkrankheit)
- Hyperlipoproteinämie (Fettstoffwechselstörung)
- Gicht (Harnsäureerhöhung)
- degenerative Erkrankungen des Bewegungsapparates
- Hypertonie (Bluthochdruck)
- Herzinsuffizienz (Herzschwäche)
- Leber-, Gallensteinleiden

Als Hauptursachen für die Fettsucht gelten neben den seltenen hormonell, genetisch oder psychisch bedingten Formen vorwiegend Bewegungsarmut und falsche Ernährungsweise.

Ausdauertraining und Ernährungsumstellung sind hier die kausale und sinnvollste Therapie.

Das Ausdauertraining zur Gewichtsabnahme sollte möglichst Sportarten mit Beteiligung großer Muskelgruppen umfassen:
- Laufen
- Radfahren
- Schwimmen
- Skilanglauf
- Bergwandern
- Rudern

Sollte das Ausgangsgewicht mehr als 20% über dem Durchschnittsgewicht (Körpergröße in cm – 100 = Durchschnittsgewicht in kg) liegen, ist es wenig sinnvoll, mit dem Laufen zu beginnen, da eine Gelenküberlastung vorwiegend im Knie- und Sprunggelenkbereich die Folge wäre. Hier hat es sich bewährt, zunächst Radfahren (auch Heimtrainer), Schwimmen oder Rudern zu bevorzugen, um nicht Folgeschäden am Bewegungsapparat zu provozieren.

Der Mechanismus der ausdauersportbedingten Gewichtsabnahme erfolgt über folgende Funktionen:
- vermehrte Fettsäureverbrennung zur Energiebereitstellung bei niedriger

Trainingsintensität, aber langer Trainingsdauer: mindestens 45 Min., da diese Energieform frühestens nach 15 Min. einsetzt
- Synthesehemmung der Fettzellen
- appetithemmende Wirkung des Ausdauertrainings
- Erhöhung des Stoffwechselumsatzes (Katecholamine, Schilddrüsenhormon)
- Verbesserung des Zuckerstoffwechsels (siehe dort)

Anmerkung
Eine signifikante Gewichtsabnahme durch sportliche Betätigung kann nur durch häufiges (mindestens zweimal pro Woche), langes (mindestens 45 Min.), aber wenig intensives Ausdauertraining erreicht werden.
Bezüglich Ernährungsumstellung sei auf Kapitel 6 und spezielle Literatur verwiesen.

Koronare Herzerkrankung (Durchblutungsstörung der Herzkranzgefäße)

Die koronare Herzerkrankung im Stadium der Kompensation stellt sowohl im Vor- als auch im Nachinfarktstadium keine absolute Kontraindikation für sportliche Betätigung dar.

Niedrig dosiertes, aber regelmäßiges Ausdauertraining ist hier angebracht.

Vorteile des Ausdauertrainings für das Herz
- Ökonomisierung der Herzarbeit durch vagotone Umstellung (Abnahme der sympathikotonen Aktivität)
- Vergrößerung des Schlagvolumens
- Stärkung des Herzmuskels
- Verminderung des myokardialen Sauerstoffverbrauchs
- Verbesserung der Kapillarisierung und Kollateralenbildung im Bereich der Koronargefäße
- Steigerung der Fibrinolyse (Auflösung von Blutgerinnseln)
- Erhöhung des Schutzfaktors HDL-Cholesterin

Nicht geeignet sind Sportarten mit hoher muskulärer Intensität (Springsportarten, Krafttraining), mit starkem Wettkampfcharakter (Fußball, Triathlon) oder hohem psychischem Streß (Klettern, Drachenfliegen).

Absolute Kontraindikationen sind
- frischer Myokardinfarkt (Herzinfarkt), Postinfarktstadium
- Herzwandaneurysma (Herzwandausbuchtung)
- instabile Angina pectoris
- dekompensierte Herzinsuffizienz

- belastungsabhängige Herzrhythmusstörung
- Herzfehler mit signifikanter hämodynamischer Wirksamkeit

Dem Ausdauertraining des Koronarkranken sollte immer eine eingehende körperliche und elektrokardiographische Untersuchung in Ruhe und während definierter Belastung am Fahrradergometer vorausgehen.

Belastungskriterien

Nach einer Empfehlung des Deutschen Sportärztebundes und der Deutschen Arbeitsgemeinschaft für kardiologische Prävention und Rehabilitation ist für die Aufnahme in eine Koronargruppe folgende Minimalforderung zu erfüllen:

- Fahrradergometertest in sitzender Position
- Belastungsbeginn 25 Watt
- Steigerung um 25 Watt alle 2 Min.
- Belastungsziel: mindestens 1 Watt/kg Körpergewicht, also mindestens 75 Watt ohne subjektive Beschwerden, elektrokardiographische Veränderungen oder Blutdruckanstieg über 200 mm Hg systolisch

Für ein individuelles Lauftraining empfiehlt sich erfahrungsgemäß eine Watt-Vorgabe von mindestens 100 Watt nach den obigen Kriterien.

Tip

Bewährt hat sich das Mitführen einer Pulsuhr, z. B. mit Fingersensor, besser noch mit drahtlosem Brustsender, Preislage zwischen 170–400 DM im Sportfachhandel, auf der durch optische und akustische Signalgebung verschiedene Pulsbereiche eingestellt werden können. So kann der Arzt dem Patienten die Pulsobergrenze angeben, bis zu der im Ergometertest noch keine Hinweise für eine myokardiale Ischämiereaktion auftraten. Ebenso kann mit der Pulsuntergrenze der Pulswert eingestellt werden, der gerade noch für einen Ausdauerreiz nötig ist.

Anmerkung

Diese Angaben relativieren sich, wenn der Patient unter herzfrequenzbeeinflussenden Medikamenten (z. B. Betablockern) steht.

Bluthochdruck

Bei den leichten Hochdruckformen (Schweregrad I und II) stellt das Ausdauertraining neben kochsalzarmer Diät und Medikamenten eine Therapieform dar. Auch hier führt die Verminderung der streßnervinduzierten (sympathikotonen) Aktivität über eine Abnahme der Gefäßverkrampfung (Vasokonstriktion) zur Blutdrucksenkung. Fixierte schwere Hochdruckformen mit systolischen Ruhewerten über 200 mm Hg und diastolischen Ruhewerten über 120 mm Hg sind als Kontraindikationen zur Sportausübung zu sehen.

Tip
Bei der medikamentösen Therapie des Ausdauersport treibenden Hypertonikers haben sich besonders Medikamente vom Typ der Kalziumantagonisten und ACE-Hemmer bewährt.

Eine gute diätetische und medikamentöse Blutdruckeinstellung des Hochdruckpatienten ist Voraussetzung für die Sportausübung. Sie sollte durch die ergometrische Belastungsuntersuchung ergänzt werden. Dabei eignet sich das bei der koronaren Herzkrankheit besprochene Verfahren mit zusätzlicher Blutdruckkontrolle auf den einzelnen Belastungsstufen. Bei maximaler Ausbelastung (subjektiv: Erschöpfung – objektiv: maximale Herzfrequenz) ist den Belastungsspitzenwerten weniger Beachtung zu schenken als der schnellen Rückkehr des belastungsbedingt erhöhten Blutdruckwertes am Belastungsende.

Stoffwechselerkrankungen

Auch hier stellt bevorzugt Ausdauertraining die Sportart der Wahl dar.

Zuckerkrankheit (Diabetes mellitus)
Antidiabetogener Effekt durch Ausdauersport:
- Glukoseverbrennung zur Energiebereitstellung
- Verbesserung der Glukoseaufnahme in die Zelle
- Erhöhung der Insulinsensitivität

Dieser Effekt bietet sich vom rein diätetisch eingestellten bis hin zum insulinpflichtigen Diabetiker an. Voraussetzung ist eine gute Einstellung, die besonders beim Insulinpflichtigen immer wieder unter und nach Belastungsbedingungen überprüft werden muß, um mögliche belastungsbedingte Unterzuckerzustände zu vermeiden.
Praktischerweise wird man beim schlanken insulinpflichtigen Diabetiker mit guter Einstellung in der ersten Trainingsphase so vorgehen, daß man zunächst durch eine leichte kohlenhydratangereicherte Mahlzeit unmittelbar nach dem Training die Broteinheiten- oder Kalorienzahl sogar etwas erhöht, um die zur Energieherstellung teilverbrannten Glykogenspeicher aufzufüllen. Erst nach ca. einem Monat sollte an eine vorsichtige Reduzierung der Insulindosis gedacht werden, die in den meisten Fällen nur etwa 4–8 IE/Tag beträgt.

Die Hauptgefahr beim sporttreibenden, insulinpflichtigen Diabetiker ist der Unterzucker (Hypoglykämie). Deshalb empfiehlt sich dringend die Mitnahme von Traubenzucker, z.B. beim Lauftraining, um einer drohenden Hypoglykämie begegnen zu können.

Die besten Erfolge lassen sich beim übergewichtigen, nicht insulinpflichtigen Diabetiker erzielen, da hier der antidiabetogene Effekt bei gleichzeitiger Gewichtsabnahme am besten erreicht wird. Akuter Gegengrund zum Ausdauertraining ist die diabetische Ketoazidose, eine durch Stoffwechselabfall bedingte Blutübersäuerung. Konsequente Überprüfung des Urins auf Ketonkörper mittels Teststreifen ist deshalb unabdingbar.

Blutfetterhöhung
Erhöhte Blutfette (Triglyzeride, Cholesterin) stellen einen wichtigen Risikofaktor für die Arteriosklerose dar. Niedrig dosiertes, aber regelmäßiges Ausdauertraining senkt das Erkrankungsrisiko über folgende Mechanismen:
- Triglyzeriderniedrigung durch aerobe Fettverbrennung zur Energiebereitstellung
- Anstieg des Schutzfaktors HDL-Cholesterin bei Abfall des gefäßschädigenden LDL-Cholesterins

Wichtig hierbei ist, daß die Fettverbrennung im Rahmen der Energiebereitstellung frühestens nach 15 Min. voll anläuft und nur bei niedrigen Trainingsintensitäten zum Tragen kommt.

Ausdauersport zur Fettstoffwechselverbesserung sollte also mindestens 30–45 Min. dauern, bei niedriger muskulärer Beanspruchungsintensität, aber unter Beteiligung großer Muskelgruppen!

Infektionskrankheiten

Nicht ausgeheilte bakterielle oder viröse Erkrankungen, gleich ob im akuten oder im subakuten Stadium, stellen immer eine Kontraindikation zur Sportausübung dar.

Die Mißachtung dieser Regel kann vom schwerwiegenden Rückfall bis hin zur tödlichen Herzmuskelentzündung führen. Ein weitverbreiteter Unsinn ist es, etwa eine Grippe durch sportliche Betätigung »herauszuschwitzen«.

Anmerkung
Die häufige, im Hochleistungssport übliche und nicht immer indizierte intramuskuläre Injektion von Gammaglobulinen (Antikörpern) führt gelegentlich zu schleichenden Krankheitsverläufen mit langer Dauer und erheblichem Leistungsknick ohne echte klinische Symptomatik. Zudem ist die serologische Diagnostik erschwert. Nur eine extensive Diagnostik, u.a. durch Abstrichpräparate, Differentialblutbild, fachärztliche Begutachtung von Nasennebenhöhlen usw., führt hier zum Ziel. Siehe dazu auch das Immunsuppressionssyndrom im Hochleistungssport (Kapitel 2).

39

Psyche und Sport

Seit langem ist die streß- und angstlösende, aber auch antidepressive Wirkung des Sports, insbesondere bei Ausdauersportarten, bekannt, die wohl im wesentlichen auf folgenden peripheren und zentralen Reaktionen beruht:

- Abbau des erhöhten sympathischen Ruhetonus (vermehrte Streßnervaktivität)
- Abreaktion des Stresses durch die »Ventilfunktion« Sport
- Erhöhung des Endorphinspiegels (u. a. tonisierender und euphorisierender Effekt)
- weitere nervös-hormonelle Reaktionen durch Lungendehnungsreiz
- psychosoziale Aspekte durch Gruppendynamik (Laufgruppen etc.)

Unter diesem Aspekt ist die ärztliche Empfehlung zur Sportausübung bei zahlreichen funktionellen Störungen (z. B. hyperkinetisches Herzsyndrom) neben übenden Verfahren (autogenes Training) an vorderster Stelle angebracht und weist zudem einen kostendämpfenden Nebeneffekt auf. Bei tiefergehenden psychischen Störungen bietet sie sich neben der fachärztlichen Betreuung als adjuvante Therapieform an.

5 Bekleidung

Sport ist prinzipiell bei jeder Witterung möglich, wenn man die richtige Bekleidung trägt.

Einschränkend sollte man noch hinzufügen, daß neben den Witterungsbedingungen auch die Tageszeit eine Rolle spielt. Es empfiehlt sich z. B. nicht, während extremer Mittagshitze zu laufen (schon gar nicht für den Koronar- oder Hochdruckkranken).

Im folgenden stichwortartig einige ärztliche Hinweise zur Bekleidungsfunktionalität und Erhaltung der körperlichen Homöostase während der Sportausübung. Den modischen Aspekten sind unter Einhaltung dieser Bedingungen kaum Grenzen gesetzt.

Kopfbedeckung

- Sonnenschutz, insbesondere bei Glatzenbildung: helle, atmungsaktive, leichte, nicht beengende Schirmmütze
- Kälteschutz: stirn- und ohrbedeckende Woll- oder Faserpelzmütze
- Schutzhelm, z. B. Radhelm: DIN-Normen bevorzugen, niedriges Gewicht, gute Belüftung

Unterwäsche

- Bei stark schweißtreibenden Sportarten empfiehlen sich neue synthetische Fasern (z. B. Dunova, Rhovylon) in Verbindung mit Netzanteilen (ungünstiger Nebeneffekt: gehäuft intertriginöse Ekzeme, Scheuerstellen)
- Normalerweise genügt Baumwollunterwäsche allen auftretenden Anforderungen.

Regenbekleidung

- Sie sollte aus atmungsaktivem, wasserundurchlässigem Material bestehen (z. B: Gore-Tex, Tactel).
- Wegen der Gefahr des Hitzestaus (feuchte Kammer!) keine beschichteten Nylon- oder Perlonmaterialien verwenden.

41

Kälteschutz

- Hier gilt grundsätzlich: Mehrere dünne Schichten sind besser als eine dicke.
- Faserpelz- oder Fleecematerial ergibt in Verbindung mit Gore-Tex o. ä. eine gute Kombination.

Laufschuhe

Besonders wichtig ist der Laufschuh, der folgende Eigenschaften haben muß, um eine Schädigung des Bewegungsapparates zu vermeiden (siehe auch Kapitel 11):

- optimale Dämpfungseigenschaften durch besondere Sohlenkonstruktion
- ausreichend hohe, gut sitzende Fersenkappe
- Fersenstabilisation zur Vermeidung von Innen- (Pronation) oder Außenknicken (Supination)
- Torsionsfestigkeit zur Führung der Abrollbewegung
- Flexibilität im Ballen- und Zehenbereich zum effektiven Abstoß
- griffige Sohle bei Training im natürlichen Gelände
- Sporteinlagenversorgung bei statischer Fußdeformität
- atmungsaktives Obermaterial
- gute Paßform mit ausreichendem Platz für die Zehen auch während der Abroll- und Abstoßphase (im Sportgeschäft mit Laufbewegung probieren!)

6 Ernährung

Nachfolgend wird kein Abriß über die gesamte Ernährung im Sport gegeben, sondern es werden lediglich häufige Ernährungsprobleme dargestellt, die eine Überlastungssymptomatik zur Folge haben können.

Flüssigkeits- und Elektrolytersatz

Bei Spiel- und Ausdauersportarten treten hohe Schweißraten auf, besonders unter Hitzebedingungen. Schweiß enthält, bezogen auf das Blutplasma, in hypotonischer Lösung Kochsalz und in annähernd isotonischer Lösung Kalium und Magnesium. Zudem wandert Kalium unter Arbeitsbedingungen bei der Glukoseeinschleusung in die Muskelzelle aus dem Blut in die Zelle ab. Neben einem ausreichenden Flüssigkeitsersatz ist also auch der Zufuhr von Mineralstoffen, insbesondere Kalium und Magnesium, Beachtung zu schenken. Defizite führen zu Leistungsminderung und körperlichen Beschwerden in Form von Überlastungsschäden (Abb. 11).

Abbildung 11
Leistungsminderung und Verletzungsneigung durch Wasser- und Elektrolytverluste

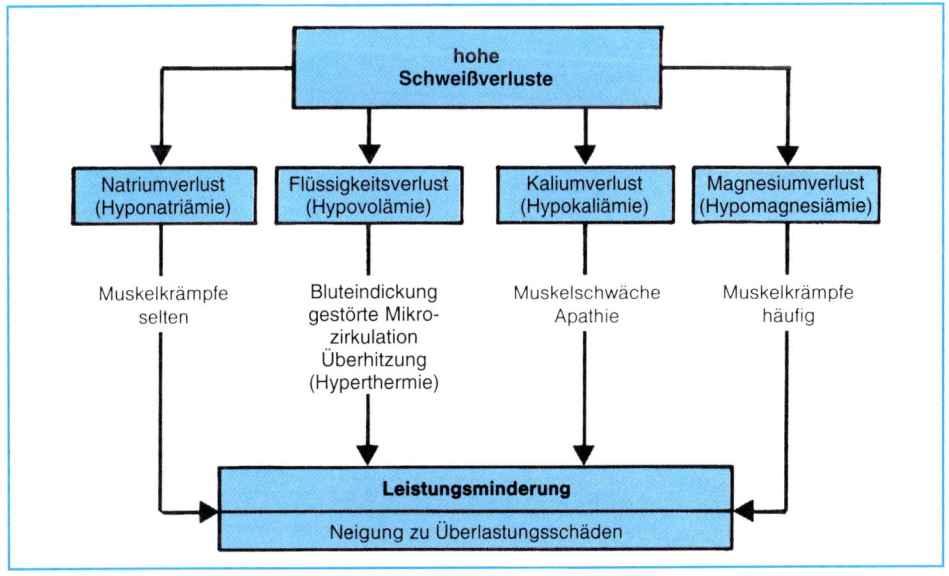

Flüssigkeitsersatz durch große Mengen reinen Wassers würde zu weiterem Absinken der Elektrolytkonzentration (Verdünnungseffekt), im Extremfall zur »Wasservergiftung« führen. Deshalb empfiehlt es sich, bei häufigen hohen Schweißverlusten, wie sie z. B. im Leistungssport üblicherweise auftreten, Elektrolytgetränke in isotonischer oder leicht hypotonischer Lösung zu trinken.

Zur Selbstherstellung bietet sich eine Mischung aus einem halben Liter gepreßtem Orangensaft, einem halben Liter Mineralwasser und einer Prise Kochsalz an (»Quick fix« nach DR. HAAS).

Salztabletten sind abzulehnen, da sie eine ungünstige osmotische Belastung des Magen-Darm-Traktes bewirken. Dem Wochenendsportler reicht bei ausreichender Trinkmenge die übliche bilanzierte, vollwertige Nährstoffmenge zur Deckung seines Mineralhaushaltes.

Die Spurenelemente Zink und Selen

Im Hochleistungssport kommt den Spurenelementen Zink und Selen eine besondere Bedeutung im Hinblick auf eine positive Beeinflussung der zellulären und immunologischen Regeneration nach intensiven Belastungen zu. Sie fungieren u. a. als »Radikalfänger« und schirmen damit auch die Muskulatur vor Überlastungsreaktionen ab.

In Phasen erhöhter Belastung (Vorwettkampf-, Wettkampfphase) ist eine niedrig dosierte Ernährungsergänzung mit an Hefe gebundenen Zink- und Selen-Präparaten zu empfehlen.

Der Eisenbedarf des Sportlers

Der Gelegenheitssportler hat sicher keinen erhöhten Eisenbedarf. Dagegen ist der Eisenumsatz des Leistungssportlers, insbesondere bei Ausdauersportarten, auf das Zwei- bis Dreifache erhöht. Ebenso weist die pubertäre und postpubertäre Phase, besonders bei Mädchen (Menstruation), einen vermehrten Eisenbedarf auf.

> Somit ergibt sich eine anämiegefährdete Gruppe:
> die jugendlichen Leistungssportlerinnen.

Um das Ausmaß eines Eisendefizites bestimmen zu können und als Therapiekontrolle bietet sich neben den Hämoglobin- und Erythrozytenwerten vor allem die Plasma-Ferritinbestimmung (Eisenspeicher) an.

Ein eventuelles Eisendefizit sollte in jedem Fall ärztlicherseits gesichert sein, eine rein prophylaktische Einnahme ist abzulehnen.

Die Vitaminbilanz

Wenngleich auch die Vitamine essentielle Nahrungsbestandteile sind, wird die Bedeutung der aufzunehmenden Vitaminmengen im Leistungssport häufig überschätzt. Bewährt haben sich:

- Verwendung sogenannter Vollwertkost
- Verzehr von Gemüse, Obst, Salat möglichst roh (gut waschen)

Wirkliche Engpässe finden sich höchstens beim Hochleistungssport bezüglich Vitamin B_1, B_2, Niacin, E und C. Eine entsprechende Zufuhr ist dann besonders bei unzureichender oder minderwertiger Ernährung erforderlich.

Zusätzliche hohe Vitamindosen wirken nicht leistungssteigernd.

Bei übermäßiger Zufuhr von Vitamin A und D können sogar toxische Nebenwirkungen auftreten.

Der Baustoffwechsel

Die Proteine stellen die Grundmatrix sämtlicher Zellverbände dar: »Ohne Eiweiß kein Leben!«
Besonders bei Kraftsportarten, in vermindertem Maß auch im Ausdauersport, ist der Eiweißumsatz durch Verschleiß von Baumaterial (z. B. Muskelfilamente) erhöht. Der tägliche Proteinumsatz von ca. 1–2 g/kg Körpergewicht erhöht sich dabei um über das Doppelte.

Verminderte Eiweißzufuhr bei erhöhtem Bedarf führt in eine katabole (abbauende) Stoffwechsellage und damit zu verminderter Leistung bei erhöhter Verletzungsgefahr (Überlastungsschaden).

Tierisches Eiweiß ist wegen des günstigeren Spektrums essentieller Aminosäuren prinzipiell biologisch hochwertiger als pflanzliches.
Fleisch, insbesondere Mastfleisch, birgt allerdings die Gefahr vermehrter Fett- und Purinaufnahme mit dem Risiko von Gefäßerkrankungen, Gicht und Nierensteinen. Zudem finden sich häufig pharmakologisch-chemische Zusätze.
Deshalb empfiehlt sich bei erhöhtem Eiweißbedarf durch Kraftsport in jedem Fall neben der Auswahl fettarmen Fleisches und dem Verzehr von Fisch und Geflügel die zusätzliche Aufnahme von hochgereinigten Proteinkonzentraten

45

in Pulverform (fettarmes Milcheiweiß, angereichert mit Mineralstoffen und Vitaminen aus dem Eiweißstoffwechsel).

Der vegetarisch orientierte Sportler kann problemlos durch Milch- und Eiprodukte die pflanzlichen Eiweiße aufwerten.

Reiner Vegetarismus führt in Sportarten mit erhöhtem Eiweißumsatz in eine katabole Stoffwechsellage.

Der Energiestoffwechsel

Der menschliche Körper verfügt nur über einen begrenzten Vorrat an Sofortenergie (ATP = Adenosintriphosphat und KrP = Kreatinphosphat). Diese Energieform reicht bei explosiver muskulärer Leistung (z. B. Sprint) für maximal 8 Sek. (submaximal bis 20 Sek.). ATP und Kreatinphosphat werden als Phosphagene, der Energiebereitstellungsmechanismus als anaerob-alaktazid bezeichnet.

Weitere Energie muß durch Nährstoffabbau erst erzeugt werden. Den »Hauptbrennstoff« liefern dabei die Kohlenhydrate (Zucker) und Fette. Proteine werden nur unter Ausnahmebedingungen (Hungerzustand, Übertraining) in vermehrtem Maße zur Energieproduktion herangezogen (Abb. 12).

Grundsätzlich unterscheiden wir zwei Produktionswege für Energie:

■ Unter Sauerstoffmangelbedingungen, d. h. bei hoher, intensiver muskulärer Beanspruchung mit vermindertem Durchblutungsgrad (z. B. 400-m-Lauf), wird Glukose (Traubenzucker = Einfachzucker) unter Energiefreisetzung zu Milchsäure (Laktat) abgebaut: anaerob-laktazide Energiebereitstellung. Die Anhäufung von Milchsäure wirkt durch pH-Wert-Erniedrigung in der Mus-

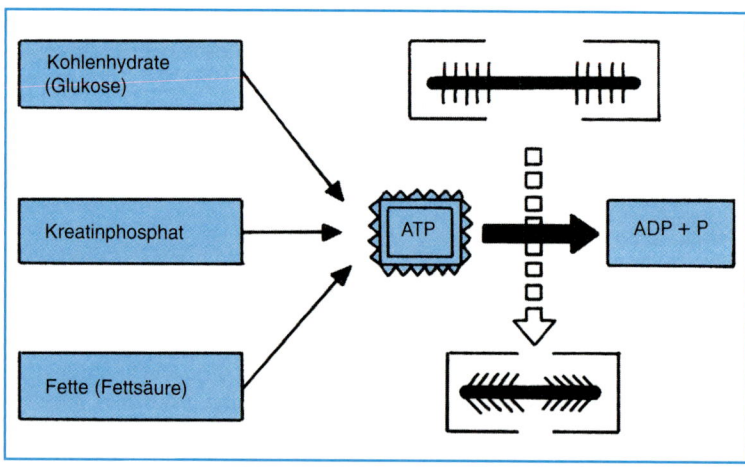

Abbildung 12
ATP-Zerfall in ADP + P liefert die Energie für die Muskelkontraktion; die ATP-Nachlieferung erfolgt aus dem Kreatinphosphat-Pool bzw. durch Energieherstellung aus Kohlenhydraten und Fetten

Kohlenhydrate (Glukose)

Kreatinphosphat

ATP

ADP + P

Fette (Fettsäure)

46

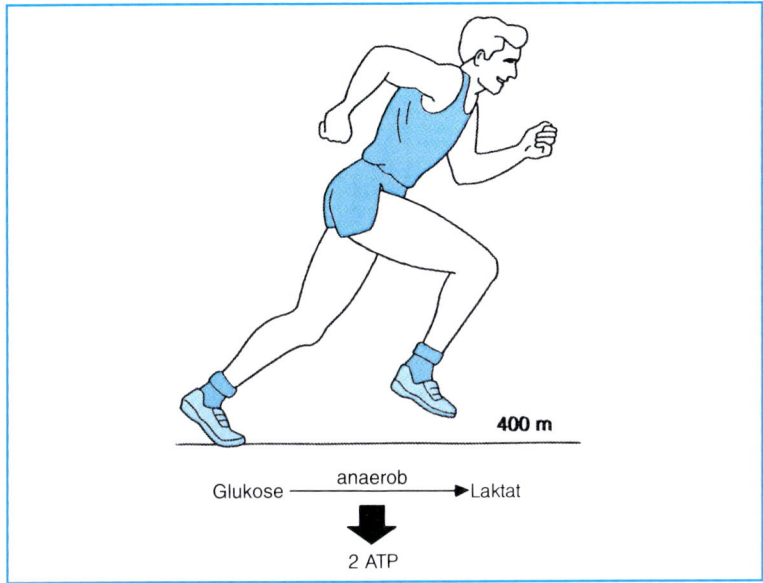

Abbildung 13
Anaerob-laktazide
Energiebereitstel-
lung (Glykolyse)

kulatur leistungsbegrenzend (Übersäuerung). Die maximale anaerobe Leistungsfähigkeit reicht daher nur für ca. 40–60 Sek. (Abb. 13).

■ Steht bei niedriger Belastungsintensität ausreichend Sauerstoff zur Verfügung, so werden Glukose und Fettsäuren unter Energiefreisetzung zu Kohlendioxid und Wasser verbrannt: aerobe Energiebereitstellung (Abb. 14).

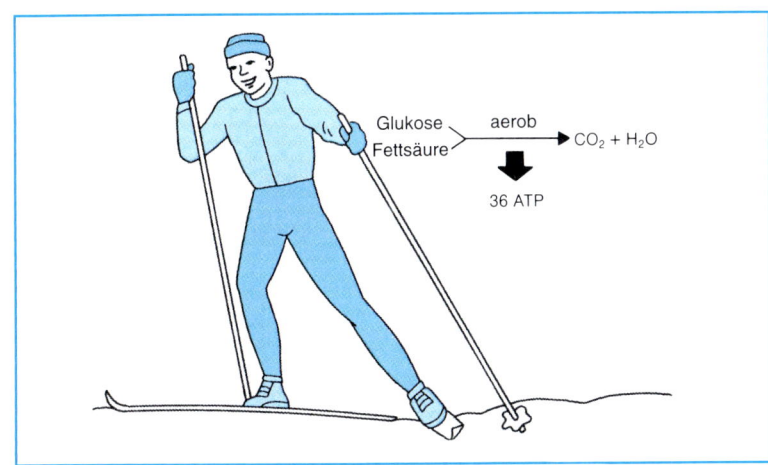

Abbildung 14
Aerobe Energie-
bereitstellung

47

Abbildung 15
Vereinfachte Dar-
stellung der bio-
chemischen Funk-
tionsabläufe des
anaeroben und
aeroben Meta-
bolismus

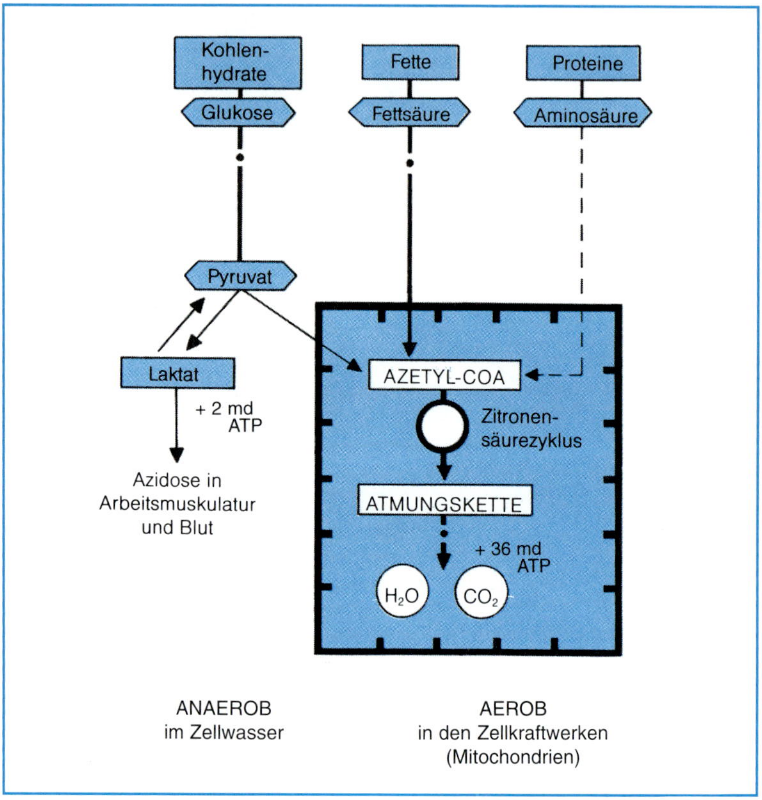

Kohlen-
hydrate → Glukose

Fette → Fettsäure

Proteine → Aminosäure

Pyruvat

Laktat

+ 2 md ATP

Azidose in
Arbeitsmuskulatur
und Blut

AZETYL-COA

Zitronen-
säurezyklus

ATMUNGSKETTE

+ 36 md ATP

H_2O CO_2

ANAEROB
im Zellwasser

AEROB
in den Zellkraftwerken
(Mitochondrien)

Abbildung 16
Fließgeschwindig-
keit und maxi-
male Wirkdauer
der einzelnen Ener-
giesysteme bei
maximaler Bean-
spruchung

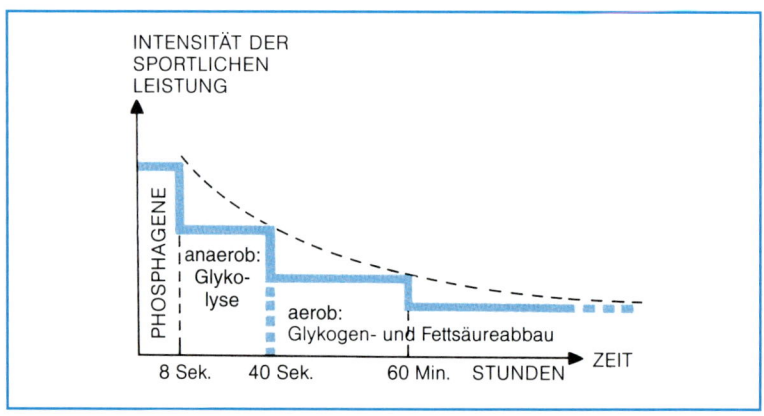

INTENSITÄT DER
SPORTLICHEN
LEISTUNG

PHOSPHAGENE

anaerob:
Glyko-
lyse

aerob:
Glykogen- und Fettsäureabbau

8 Sek.   40 Sek.   60 Min.   STUNDEN

ZEIT

48

Dabei gilt: Je intensiver die Belastung im aeroben Bereich, um so mehr Kohlenhydrate, je niedriger die Belastungsintensität, um so mehr Fette werden als Brennstoff gebraucht.

Aufgrund der großen Körperfettdepots kann daher die aerobe Energiebereitstellung mehrere Stunden anhalten (niedrige Intensität).

Der aerobe Kohlenhydratabbau (höhere Intensität) ist auf ca. 60 Min. begrenzt.

Die Vor- und Nachteile der anaeroben und aeroben Energieproduktionswege werden in Tab. 3 gegenübergestellt.

Die biochemischen Funktionsabläufe der anaerob-laktaziden und der aeroben Energiebereitstellung sind in Abb. 15 nochmals vereinfacht dargestellt.

Den Anteil sämtlicher Energiesysteme in bezug auf ihre Fließgeschwindigkeit und Wirkdauer bei theoretisch angenommener maximaler Beanspruchung jedes einzelnen Systems veranschaulicht Abb. 16.

anaerob im Zytoplasma	aerob in den Mitochondrien

Vorteile:
■ schneller Wirkungseintritt
 	
■ submaximale und maximale
  muskuläre Beanspruchung
	Nachteile:
	■ verzögerter Wirkungseintritt
	  (O_2-Schuld)
	■ nur leichte bis mittlere
	  muskuläre Beanspruchung

Nachteile:
■ kurze Wirkdauer
■ Gewebe- und Blutübersäuerung
■ leistungsbegrenzend
 	
■ geringer Wirkungsgrad
  (1 mol Glukose → 2 mol ATP)
■ Fett als Substrat nicht verwendbar
	Vorteile:
	■ lange Wirkdauer
	
	■ keine Belastungs- und Leistungs-
	  begrenzung durch Abfallprodukte
	■ hoher Wirkungsgrad
	  (1 mol Glukose → 36 mol ATP)
	■ große Fettdepots dienen als
	  Verbrennungssubstrat

Tabelle 3
Vergleichende
Gegenüberstellung
von anaerober
und aerober Energiebereitstellung

Der Kohlenhydratbedarf

Den wichtigsten Baustein stellt der Traubenzucker (Glukose) dar, daneben sind noch Fruktose und Galaktose von Bedeutung. Glukose ist als Glykogen (»tierische Stärke«) in Polysaccharidform vorwiegend in Muskeln und der Leber gespeichert. Der Kohlenhydratbedarf steht in direktem Zusammenhang mit der muskulären und auch zentralnervösen Aktivität, deren Verbrennungssubstrat er ist.

Als Kohlenhydratlieferanten sollten Zucker aus vollwertigen Nahrungsmitteln wie Vollkorn, Honig, Reis, Kartoffeln, Teigwaren und Obst bevorzugt werden,

49

da sie zusätzliche Mineralstoffe, Spurenelemente und Vitamine enthalten. Die raffinierten »leeren« Zucker als Süßigkeiten sind möglichst zu vermeiden.
Die Größe der Glykogenspeicher kann in Ausdauersportarten, insbesondere bei hohen Intensitäten, leistungsbegrenzend sein.

Zur Wiederauffüllung leerer Glykogenspeicher und besonders zur Vergrößerung der Glykogendepots (Superkompensation) hat es sich bewährt, nach längeren Ausdauerleistungen eine kohlenhydratreiche Mahlzeit (z. B. Spaghetti) mit ausreichender kaliumhaltiger Flüssigkeitsmenge (Obstsäfte) einzunehmen. Im Leistungs- und Hochleistungssport sind in jedem Falle kohlenhydratangereicherte Getränke (z. B. mit Maltodextrinen) unmittelbar nach und auch während längerer (> 90 Min.) Ausdauerbelastung zu empfehlen.

Anmerkung
Ohne vorausgehende Belastung ist dieser Mechanismus der Depotvergrößerung nicht möglich. Überschüssige Kohlenhydrate werden dann in Fett umgewandelt.

Der Fettbedarf

Da der Anteil an Fett in der üblichen Zivilisationskost mit 40% der zugeführten Gesamtnahrungsmenge ohnehin zu hoch ist, sollte der Sportler auf eine fettarme Kost (< 20%) und besonders auf verstecktes Fett in tierischem Eiweiß achten (Tab. 4).

Tabelle 4
Nahrungsmittel mit versteckten Fetten

Mastfleisch	Käse
Wurstwaren	Eier
panierte Speisen	Schokolade
Friteusenkost	Nüsse
Mayonnaisen	Gebäck
Saucen	

Gründe:
■ Erhöhtes Nahrungsfett stört die Kohlenhydrataufnahme.
■ Erhöhte Blutfette stellen einen Risikofaktor für Gefäßerkrankungen dar.

Trotzdem ist eine fettlose Ernährung abzulehnen, da die Fette im menschlichen Organismus wesentliche Funktionen innehaben.
■ Cholesterin: Baustein für Steroidhormone
■ Depotfett: Energiequelle, Thermoregulation
■ Freie Fettsäuren: Beteiligung am Aufbau von Zellmembranen

Ungesättigte Fettsäuren in pflanzlichen Ölen sind bei der Nahrungszubereitung zu bevorzugen, sofern sie, wie das hitzebeständige Olivenöl, die essentielle Linolsäure und die einfach ungesättigte Ölsäure enthalten, die beide sogar krankhaft erhöhte Cholesterinwerte im Blut zu senken vermögen. Pflanzliche Fette vom Typ des Kokos- oder Palmkernfettes enthalten kaum ungesättigte Fettsäuren (10%) und können den Cholesterinspiegel anheben.

Ein Übermaß an ungesättigten Fettsäuren kann allerdings schaden, da unter erhöhter Sauerstoffzufuhr (z. B. Ausdauersport) gerade die ungesättigten Fettsäuren vermehrt Peroxide und Radikale (Gewebereizstoffe) bilden, die entzündliche Reaktionen und Zellschädigungen hervorrufen können.

Zusammenfassung

In der Kausalkette von Überlastungsschäden können falsche Trainings- und Rahmenbedingungen einen wesentlichen erschwerenden Faktor darstellen.

Chronische Mißachtung der Regenerationszeiten nach sportlichem Training, falsche Ernährungsweise, untaugliches Material, aber auch bestimmte Grunderkrankungen können schwerwiegende Überlastungssyndrome provozieren. Aus diesen Gründen sollte der Sportpraktiker mit den beschriebenen Grundkenntnissen vertraut sein.

7 Schwachstellen im Muskel-, Sehnen- und Gelenksystem

Bevor man sich unter allgemeinen und sportmedizinischen Aspekten an die Thematik der Überlastungsschäden wagt, sollte man sich nochmals an die Problematik der verschiedenen Baustoffe des Bewegungsapparates erinnern.

Muskelgewebe (hier: Skelettmuskel)

Es handelt sich um eine aktive Struktur, die sich unter Energieverbrauch kontrahieren und entspannen kann (s. Energiestoffwechsel S. 46). Entsprechend aufwendig ist auch der Aufbau (Abb. 17), wobei hier der hohe Durchblutungsgrad und die gute Trainierbarkeit hervorzuheben sind.

Im Gegensatz dazu scheint die Minderausrüstung der reifen Skelettmuskelzellen mit Ribosomen (Orte der Proteinsynthese) zu stehen, die zwar einerseits auf die trainingsbedingte Hypertrophie spezialisiert, andererseits aber für die Reparation traumatisierter Muskelfasern nicht in genügender Menge einsetzbar sind. Zumindest nicht bei akuten Muskelverletzungen, da Muskelfaserrisse meist bindegewebig vernarben, was vielleicht an der häufig mangelnden Ruhigstellung liegt.

Konträr zur Muskelverletzung stehen die Überlastungsreaktionen der Muskulatur, die nach anatomisch funktionellen Gesichtspunkten voll reversibel sind, gelegentlich aber auch den Ausgangspunkt für die direkte Muskelverletzung bilden.

Abbildung 17
Quergestreifte
Muskulatur

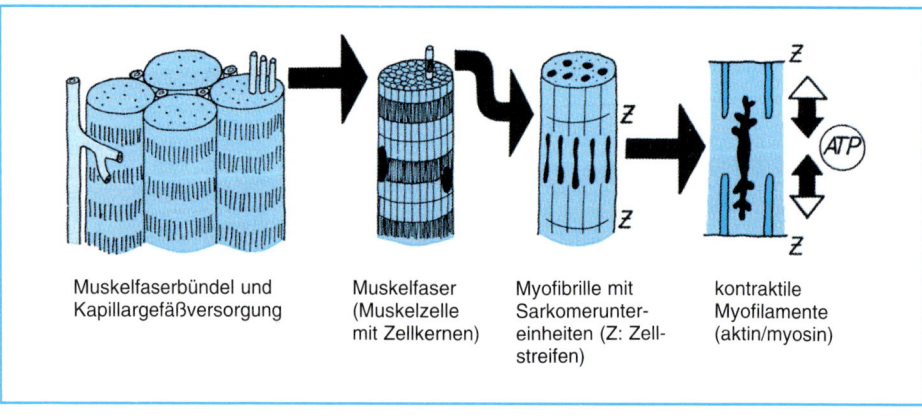

Muskelfaserbündel und
Kapillargefäßversorgung

Muskelfaser
(Muskelzelle
mit Zellkernen)

Myofibrille mit
Sarkomerunter-
einheiten (Z: Zell-
streifen)

kontraktile
Myofilamente
(aktin/myosin)

Der Muskelkrampf

Physiologisch gesehen, handelt es sich um eine spontane, tetanusartige elektrische Entladung der Muskelfasermembranen mit schmerzhafter Verkrampfung des gesamten überlasteten Muskels, häufig der Waden- und Adduktorenmuskulatur.

> Allgemein gesagt, ist die Reizschwelle hinsichtlich eines Kontraktionsreizes herabgesetzt: Bereits kleine Muskelbeanspruchungen lösen einen Muskelkrampf aus.

Ursächlich kommen in Frage (Abb. 18):

- Elektrolytverschiebungen, vorwiegend im Magnesium-, Kalzium-, Kalium- und Natriumbereich, insbesondere nach längeren Ausdauerbelastungen
- Flüssigkeitsdefizite infolge Ausdauerbelastungen, besonders unter Hitzebedingungen und bei Sportarten mit hohen Schweißraten
- metabolische Übersäuerung nach besonders intensiven Belastungen (z. B. leichtathletische Langsprintsportarten: 400 m)
- Durchblutungsstörungen infolge des osmotisch bedingten intrazellulären Druckanstiegs nach starker körperlicher Belastung
- verminderte Enzymaktivität unter Übersäuerungsbedingungen
- »exogene« Faktoren, wie ungünstige statische Voraussetzungen des Bewegungsapparates (z. B. Fußdeformitäten), falsche technische Bewegungsabläufe, mangelhaftes Material (z. B. Laufschuhe), schlechte Paßform der Bekleidung (z. B. Abschnürungen durch Gummizüge, zu enge Schuhe) und schädigender Untergrund (Schwingungen von Hallenböden, Teerbeläge etc.)

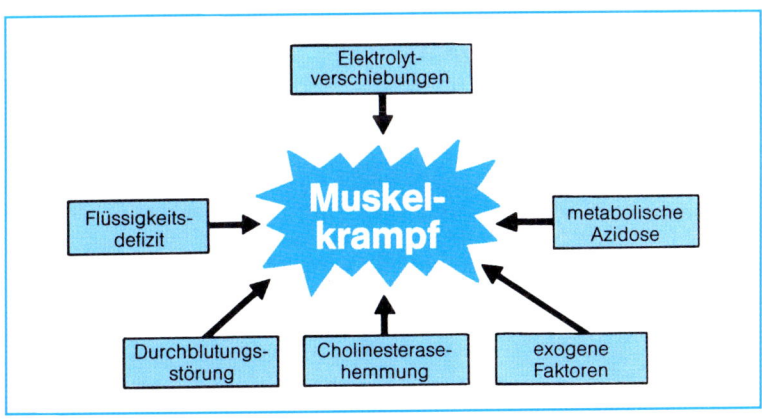

Abbildung 18
Ätiologische Gesichtspunkte des Muskelkrampfes

Abbildung 19
Eigendehnung
(Stretching) der
Wadenmuskulatur

Therapie
Als therapeutische Sofortmaß-
nahme ist die Dehnung des betroffenen Muskels durch Eigen-
(Stretching) oder passive Fremddehnung zu empfehlen (Abb.
19/20).

Die Erschlaffung des Muskels
wird dabei über eine Erregung
der Sehnenspindeln (Golgi-Or-
gan) erreicht (= autogene Hem-
mung).

Abbildung 20
Fremddehnung
der Wadenmus-
kulatur

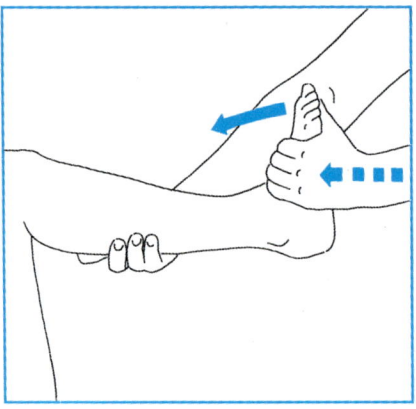

Wichtig dabei ist, daß der
Dehnreiz deutlich über
7 Sek., am besten bei 30–40
Sek. liegt, da ansonsten nur
eine Aktivierung der Mus-
kelspindeln mit gegenteili-
gem Effekt erreicht wird.

Im weiteren sollte ein rascher Ausgleich von Wasserdefizit, Elektrolyten und
ein beschleunigter Abbau der Gewebsübersäuerung durch aktive Regenerationsmaßnahmen wie Auslaufen, Stretching usw. erfolgen. Sogenannte Entmü-
dungsmassagen können unterstützend durchgeführt werden, wobei allerdings
zu sagen ist, daß diese passiven Maßnahmen den aktiven unterlegen sind. Magnesium erhöht die Reizschwelle hinsichtlich eines Muskelkrampfes und sollte
als gut resorbierbares Mg-Aspartat oder -Citrat grundsätzlich bei gehäuften
Krämpfen und zur Substitutionsbehandlung zum Einsatz kommen. Exogene
Noxen sollen, soweit möglich, durch Schaumstoffeinlagen, Verbesserung der
Bekleidung, Meidung von Problemböden etc. ausgeschaltet werden.

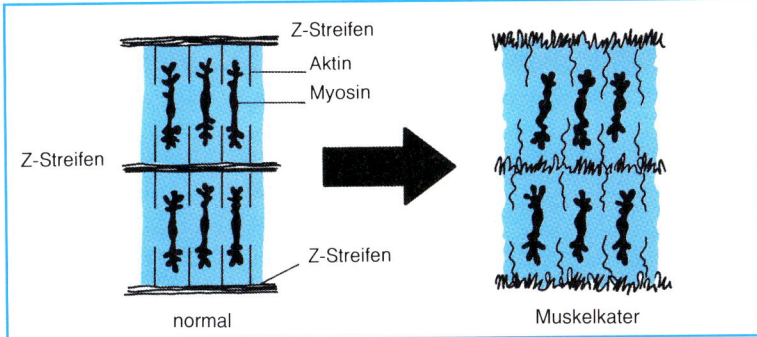

Z-Streifen
Aktin
Myosin

Z-Streifen

Z-Streifen

normal

Muskelkater

Abbildung 21
Muskelkater mit
elektronenmikro-
skopisch nach-
weisbarer Schädi-
gung der
Myofilamente

Der Muskelkater

Ein Muskelkater tritt frühestens mehrere Stunden, meist erst am Tag nach einer intensiven oder ungewohnten muskulären Belastung auf und kann bis zu einer Woche andauern. Dieser verzögerte Muskelschmerz hat nichts mit dem schwächeren Ermüdungsschmerz während der Belastung zu tun, der durch Ermüdungsstoffe, wie Milchsäure etc., ausgelöst wird.

Mikroskopisch gesehen, handelt es sich um Mikroverletzungen, die hauptsächlich die sogenannten weißen (schnellen) Muskelfasern (FT-Fasern) betreffen: Die Z-Streifen zeigen sich verbreitert, verquollen und zum Teil zerrissen, die Myofibrillen (Aktin, Myosin) weisen ein ungeordnetes Muster auf (Abb. 21). Das Zerreißen der Z-Streifen bewirkt zunächst einen Kraftverlust und erst in der Folgezeit eine Schmerzsymptomatik infolge reaktiven Einstroms von sogenannten Schmerzmediatoren und Ödembildung (Abb. 22).

Abbildung 22
Ursachenkette des
Muskelkaters

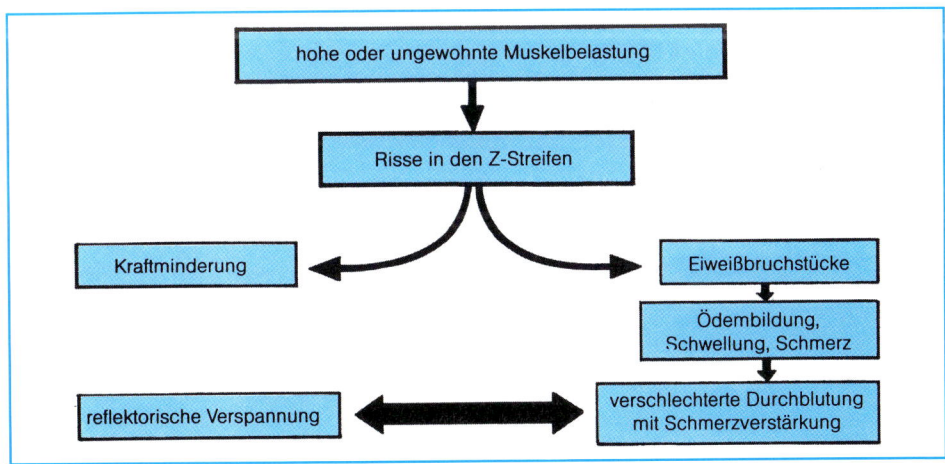

hohe oder ungewohnte Muskelbelastung

Risse in den Z-Streifen

Kraftminderung

Eiweißbruchstücke

Ödembildung,
Schwellung, Schmerz

reflektorische Verspannung

verschlechterte Durchblutung
mit Schmerzverstärkung

Verursacht wird der Muskelkater durch hohe mechanische Kräfte, wie sie z. B. bei exzentrischer Muskelarbeit wirksam werden (Bremsarbeit, Niedersprung-training oder Bergablaufen). Ebenso löst eine schlechte intramuskuläre Koor-dination beim Untrainierten Muskelkater aus.

> Muskelkater tritt gehäuft bei Kraftsportarten mit einer vermehrten Bean-spruchung der FT-Fasern auf, insbesondere bei negativ-dynamischer (ex-zentrischer) Muskelarbeit. Auch bei Trainingsanfängern oder nach länge-ren Trainingspausen kommt es infolge unzureichender intramuskulärer Koordination oft zu einem Muskelkater.

Vorbeugung und Behandlung

Ein vernünftiger Trainingsaufbau mit kontinuierlicher Belastungssteigerung und ausreichender Regeneration ist sicher der beste Weg zur Vermeidung eines Muskelkaters. Gründliches Aufwärmen und die Beseitigung koordinativer Mängel stellen eine weitere Rahmenbedingung dar.

Die Behandlung besteht in der Reduzierung der Belastungsintensität (aber kei-ner Ruhigstellung), passivem Dehnen (Stretching) bis an die Schmerzgrenze und leichter, dynamisch konzentrischer Muskelarbeit, wie z. B. Radfahren oder ähnliches.

Tiefgreifende Massagen sind kontraindiziert, da sie die mechanischen Schäden noch verstärken können. Durch die genannten Maßnahmen wird die Schmerz-symptomatik gelindert, die Heilungsdauer aber nicht verkürzt.

> Es erfolgt immer eine »restitutio ad integrum«, also eine vollständige Heilung.

Der Muskelkater ist harmlos, medikamentöse Maßnahmen (Vitamin C, Me-thionin, Prostaglandinsynthesehemmer usw.) sind sinn- und wirkungslos.

Die Muskelhärten (Myogelosen)

Die Muskelhärten stellen umschriebene strangartige Muskelverdichtungen dar, die parallel zum Faserverlauf, insbesondere im Bereich des Muskel-ursprungs bzw. -ansatzes zu tasten sind (Abb. 23).

Abbildung 23
Strangartig tast-bare Myogelosen-bildung

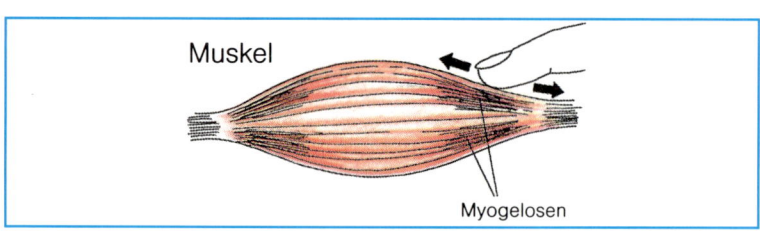

Muskel

Myogelosen

Hauptlokalisationsorte sind:
- Rumpfmuskulatur:
  z. B. M. trapezius bei Geräteturnern; M. erector trunci bei Ruderern
- Schultergürtelmuskulatur:
  z. B. M. deltoideus bei Gewehrschützen (»Schützenschulter«)
- Gesäßmuskulatur:
  z. B. M. piriformis bei Läufern und Skilangläufern
- Oberschenkelmuskulatur:
  z. B. M. quadrizeps bei alpinen Skirennfahrern
  z. B. Adduktorengruppe bei Fußballspielern

Ihre Diagnostik bereitet gelegentlich Schwierigkeiten:
Differentialdiagnostisch sind quer zur Muskelfaserrichtung verlaufende Muskelfaserrisse abzugrenzen. Im Bereich des Rumpfes ist ein Nervenwurzel-Reizsyndrom auszuschließen, wobei zu beachten ist, daß eine mechanische Nervenwurzelirritation und eine Myogelosenbildung häufig vergesellschaftet sind. Ursächlich wird eine Störung im Muskelstoffwechsel diskutiert, die letztlich zur sog. hyalinen Degeneration als histologischem Korrelat der Myogelosen führt. Insbesondere eine übermäßige statische (isometrische) Muskelbeanspruchung fördert die Ausbildung der Muskelhärten. Auch funktionelle Störungen der Wirbelsäule begünstigen ihre Ausbildung. Erschwerend kommen ungenügender Trainingszustand, Elektrolytdefizite und exogene Reize, wie Kälte, hinzu.

Therapie
Therapeutisch stehen lokale Infiltrationen mit Procain, Durchwärmung mit Fango-/Moorpackungen, Massage und physikalische Therapie, vor allem diadynamische Ströme und Ultraschall, im Vordergrund. Vorsichtige Dehnübungen (Stretching) unterstützen die Therapie.

Sehnengewebe

Zunächst handelt es sich bei der Sehne um eine passive Struktur, die aufgrund ihrer konstruktiven Merkmale eine Eigenelastizität besitzt: spiralige Anordnung der Fibrillenbündel ≙ Stahltrossenprinzip in der Technik (Abb. 24).
Dementsprechend gering ist auch ihr Durchblutungsgrad, was einerseits der höheren Zugfestigkeit dient, andererseits aber eine verringerte Adaptations- und Regenerationsfähigkeit einschließt.
- Die Anpassung der Sehne an Krafttraining, mit dem Effekt einer höheren Beanspruchbarkeit, bedarf mehr als der dreifachen Zeit der muskulären Hypertrophiereaktion.
- Das normale Verhältnis zwischen Sehnen- und Muskeldurchmesser beträgt 1:30 (Ausnahme: Achillessehne 1:120). Wird dieses Verhältnis zuungunsten der Sehne durch Training verschoben, so erhöht sich die Überlastungsanfälligkeit der Sehne.

57

Die Mißachtung dieser Fakten bei einem Muskeltraining ohne zwischengeschaltete Stabilisierungsphasen stellt einen der häufigsten Fehler im Krafttrainings- und Bodybuilding-Bereich dar, was Sehnenüberlastungssyndrome zur Folge hat.

Die Aufhängepunkte der Sehne im Muskel- und Knochengewebe sind beim Gesunden im Hochleistungsalter so konstruiert, daß die Ausreißfestigkeit deutlich über der Zugkraftverträglichkeit der Sehne liegt.
Die Sehne stellt also unter diesen Bedingungen den schwächsten Punkt im Muskel-Sehnen-Knochen-System dar. Mit zunehmendem Alter, aber auch durch chronische Über- oder Fehlbelastung im Sport nimmt ihre Dehnbarkeit und Zugfestigkeit weiterhin ab.

Entzündungen der Sehne (Tendinitis) oder Sehnenhüllen (Peritendinitis, Tendovaginitis)

Entzündungen im Sehnenbereich sollten für jeden Sportler, seinen Trainer und den behandelnden Arzt ein Alarmsignal sein.
Es ist immer eine Entlastung durch Trainingsumstellung und/oder Technikverbesserung erforderlich, da eine erhebliche Neigung zur Chronizität besteht.
Besonders betroffen sind: die Achillessehne, die Sehne des langen Bizepskopfes, die Sehne des M. supraspinatus, die Beuge- und Strecksehnen am Handgelenk und die Fußhebersehnen.
Diagnostisch auffällig sind der Belastungsschmerz, der allerdings bei chronischen Sehnenbeschwerden nach dem Aufwärmen wieder verschwinden kann, ein hörbares (Stethoskop) und fühlbares Sehnenreiben und die Funktionseinschränkung des zugehörigen Muskels.

Abbildung 24
Sehnengewebe

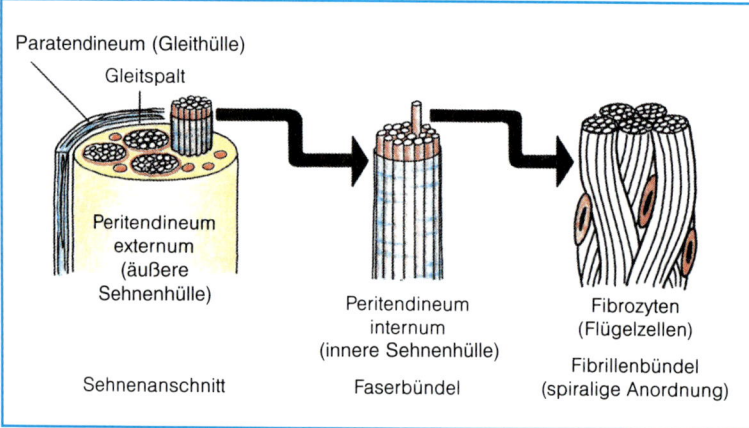

Paratendineum (Gleithülle)

Gleitspalt

Peritendineum externum (äußere Sehnenhülle)

Peritendineum internum (innere Sehnenhülle)

Fibrozyten (Flügelzellen)

Sehnenanschnitt

Faserbündel

Fibrillenbündel (spiralige Anordnung)

58

Therapeutisch stehen neben der bereits aufgeführten Belastungsumstellung je nach Schweregrad im Vordergrund:

akut:

■ streng paratendinöse Infiltration eines Phytotherapeutikums (pflanzliche Zubereitung) in Mischung mit einem Lokalanästhetikum durch den Arzt
■ lokale Anwendung von Kälte, entzündungshemmenden Gelen und/oder heparinhaltigen Salben
■ entlastende Tapeverbände
■ Ruhigstellung

chronisch:

■ krankengymnastisch-physiotherapeutische Übungsbehandlung
■ Elektro-/Ultraschallbehandlung
■ chirurgische Therapie

Anmerkung

Die Einnahme oder intramuskuläre Gabe von sogenannten nichtsteroidalen Antiphlogistika/Antirheumatika zeigt oft eine unbefriedigende Wirksamkeit, da es sich, wie bereits erwähnt, um ein ungenügend durchblutetes Gewebe handelt. Vor allem chronische Sehnenüberlastungsschäden sprechen kaum an. Eine Ausnahme stellt die akute, stark entzündliche Begleitreaktion des Sehnenhüllgewebes, insbesondere des Paratendineums, dar, da hier sogar eine überschießende Durchblutungssituation vorherrscht (reaktive Hyperämie).

Da bei Sportlern im Hochleistungsbereich eine gestörte Immunlage bestehen kann, sollten wegen der Gefahr immunologischer Fehlreaktionen nichtsteroidale Antiphlogistika/Antirheumatika nur mit Zurückhaltung eingesetzt werden. Hingegen ist der Einsatz von sogenannten Enzympräparaten, eventuell unter Zusatz von Rutosid, unter der genannten Indikation nahezu risikofrei möglich. Der Wirkmechanismus beruht hier vorwiegend auf einer Schwellungsverminderung, Gleitverbesserung, Gefäßabdichtung und einer Verringerung von Entzündungsmediatoren.

Der Empfehlung hochdosierter Vitamin-E-Gaben als »Radikalfänger« in der Prophylaxe von Überlastungsschäden stehen wir skeptisch gegenüber, da es hier unabhängig von der Frage der Wirksamkeit nur zu einer verhängnisvollen Problemverschiebung kommen kann: Erst die Vernunft, dann das Medikament!

Der Sehnen-Spontanabriß(-ruptur)

Im Folgenden sollen zwei häufige »spontane« Sehnenrupturen nach chronischer Überbeanspruchung stellvertretend für die zahlreichen Möglichkeiten vorgestellt werden (die traumatische Genese wird hier nicht thematisiert).

Die ursprungsnahe Ruptur der langen Bizepssehne

Der Abriß dieser Sehne am Kraft-, Wurf- oder Schlagarm bei Gewichthebern, Ringern, Kugelstoßern, Speerwerfern, Handballspielern und gelegentlich auch bei Tennisspielern ist nicht selten.

Die Prädilektionsstellen sind im Bereich des Sulcus intertubercularis (knöcherne Führungsrinne) oder nahe am Muskelbauch, seltener auch am Tuberculum supraglenoidale (Ursprungshöcker) lokalisiert (Abb. 25).

Die Achillessehnenruptur

Die klassische Sehnenruptur finden wir als überlastungsbedingten Schaden häufig bei Hallensportarten, Tennis, beim Kunstturnen (Boden, Abgang) und in der Leichtathletik (Zehnkampf).

Die bevorzugte Abrißstelle für spontane Rupturen ist in über 90% der Fälle die sogenannte Sehnentaille (Abb. 26), ca. 2,5–4 cm oberhalb des Ansatzes am Fersenbein, in 5–8% der Muskel-Sehnen-Übergang und nur in 1% am Fersenbein selbst.

Ursachen für diese beispielhaft angeführten Spontanrupturen ohne adäquates Trauma sind zumeist fortgesetzte Mikrotraumatisierungen durch:

- zu intensives Training ohne ausreichende Regeneration
- fehlerhafte technische Ausführung von Bewegungsabläufen
- fehlstatische körperliche Voraussetzungen: z. B. O-Bein, Außenrandlauf(!)
- ungünstiges Material: z. B. Schuhe, Hallenböden
- falsche Trainingsmittel: z. B. Bleiwesten beim Niedersprungtraining und bei Strecksprüngen
- vorausgegangene para- oder intratendinöse (!) Kortikoidinfiltrationen (obsolet!)

Die Diagnostik darf bei der Ruptur der langen Bizepssehne keine Schwierigkeiten bereiten.

Typisch sind:

- Abrißschmerz
- sichtbares Tiefertreten des betroffenen Muskelbauches bei Beugung im Ellenbogengelenk im Vergleich mit der gesunden Seite (Abb. 27)

Der Achillessehnenabriß kann unter Umständen diagnostische Schwierigkeiten bereiten, wenn dem Untersucher die anatomischen Besonderheiten der Fußbeugemuskulatur nicht bekannt sind:

- Trotz einer kompletten Achillessehnenruptur kann der Patient mit Hilfe der tiefen Fußbeuger und der Peronealmuskeln eine wirksame Fußbeugung ausführen.
- Erst der Zehenstand ist mit Hilfe dieser Muskeln nicht mehr möglich und damit ein diagnostisches Kriterium.
- Eine anfängliche Dellenbildung im Rupturbereich ist nach mehreren Stunden als Folge von Bluterguß und Schwellung oft nicht mehr tastbar.
- Im Zweifelsfalle gibt die Ultraschalluntersuchung eine eindeutige Antwort.

Die Therapie der überlastungsbedingten Sehnenrupturen erfolgt im Leistungssportbereich operativ mit einer entsprechenden spezifischen Nachbehandlung. Wenngleich auch für den speziellen Fall des Abrisses der langen Bizepssehne der effektive Kraftverlust gering ist, was für den Alltagsgebrauch toleriert werden kann, so ist im Hinblick auf sportliche Aktivitäten mit Extrembelastungen auch in diesem Fall eine operative Wiederherstellung unverzichtbar. Die Achillessehnenruptur stellt immer einen Operationsgrund dar.

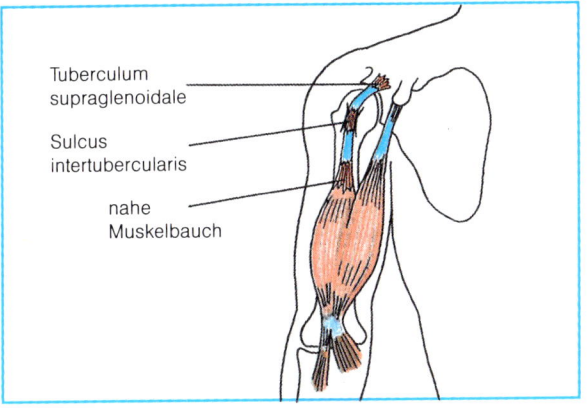

Tuberculum
supraglenoidale

Sulcus
intertubercularis

nahe
Muskelbauch

Abbildung 25
Prädilektionsstellen für einen überlastungsbedingten Abriß der langen Bizepssehne

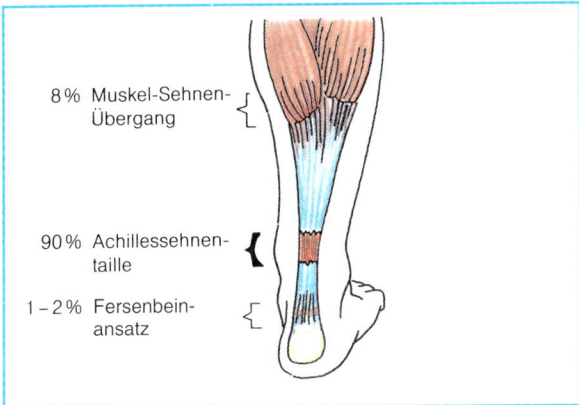

8% Muskel-Sehnen-
Übergang

90% Achillessehnen-
taille

1–2% Fersenbein-
ansatz

Abbildung 26
Bevorzugte Spontanrupturstellen im Bereich der Achillessehne

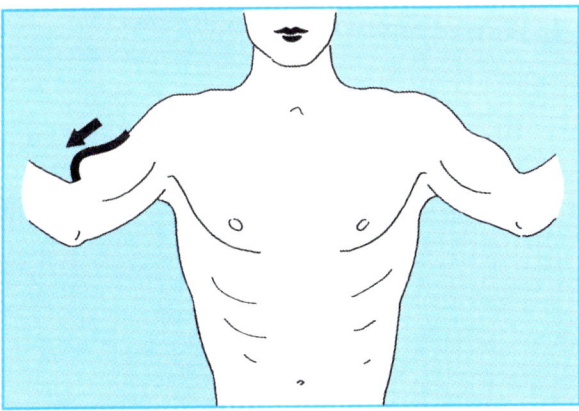

Abbildung 27
Kugeliges Tiefertreten des betroffenen Bizeps-Muskelbauches nach Abriß der langen Bizepssehne

61

Sehnenansatzprobleme

Da die Sehnenansatzzone am Knochen starker Zug- und Scherbeanspruchung ausgesetzt ist, weist sie eine spezielle Konstruktion auf, mit der diese Kräfte aufgefangen werden können (Abb. 28).

Die Einlagerung von Faserknorpeln in den Ansatzbereich der Sehne sorgt für eine federartige Belastungsminderung auf die Ansatzzone bei Zugbeanspruchung und dämpft gleichzeitig Scherbeanspruchungen (Abb. 29).

Trotz dieser technisch kräftepuffernden Konstruktion kommt es durch Fehlbelastung, insbesondere bei sich ständig wiederholenden, nicht axialen Zugspannungen, immer wieder zu Entzündungsreizen in diesen Sehnenansatzzonen (Mikrotraumatisierung).

Abbildung 28
Sehnenansatzzone
in Ruhe ① und
unter Zugbeanspruchung ②

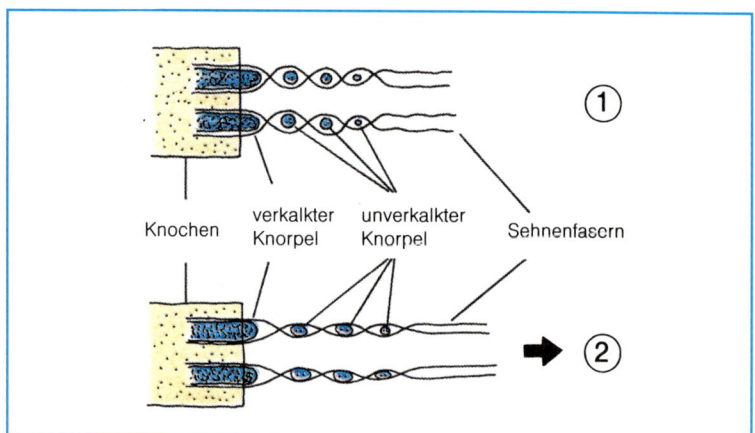

Abbildung 29
Schematisiertes
Modell zur
Dämpfung von
Scherwirkungen
auf die Sehnenansatzzone (nach
WILHELM)

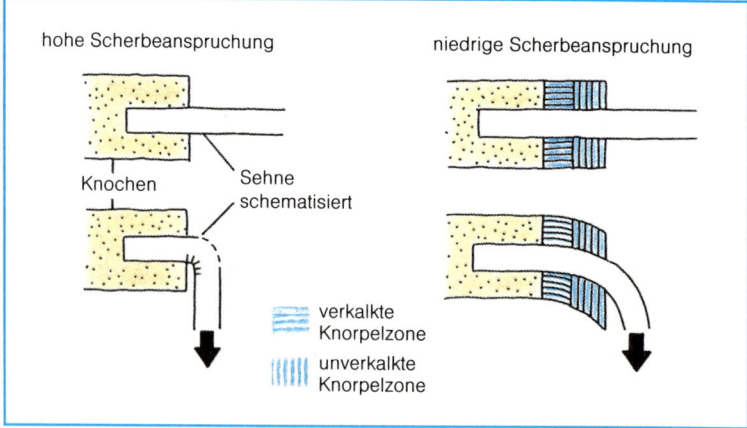

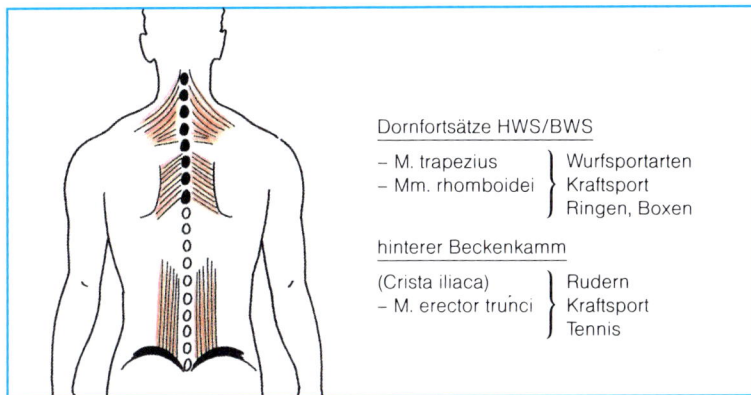

Abbildung 30
Häufige Sehnen-
ansatzentzündun-
gen der Wirbel-
säule und des
rückwärtigen
Beckens

Die typische Symptomatik besteht in:
- Schmerzen am Sehnenansatz
- Kraftlosigkeit des zugehörigen Muskels
- Verspannungen der Synergisten (bewegungsunterstützenden Muskelgruppen)

Die häufigsten Lokalisationen sind in folgenden Abbildungen aufgeführt: Abb. 30, 31, 32.

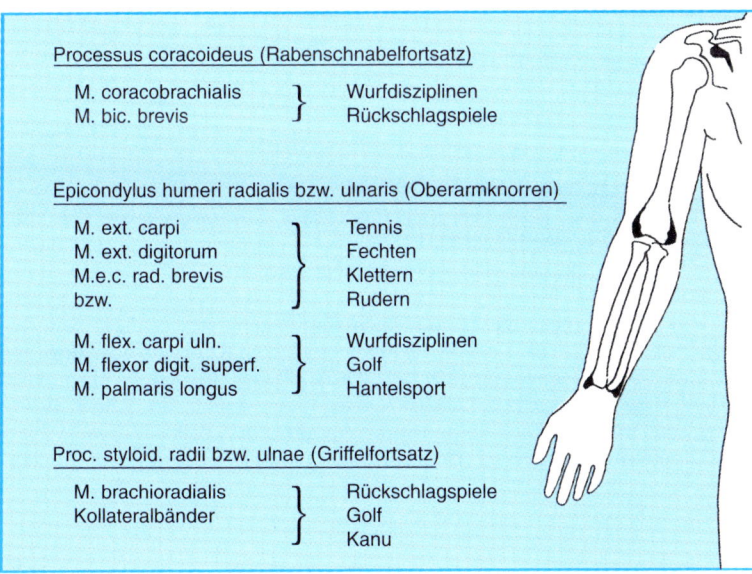

Abbildung 31
Häufige Sehnen-
ansatzentzündun-
gen der oberen
Extremitäten

63

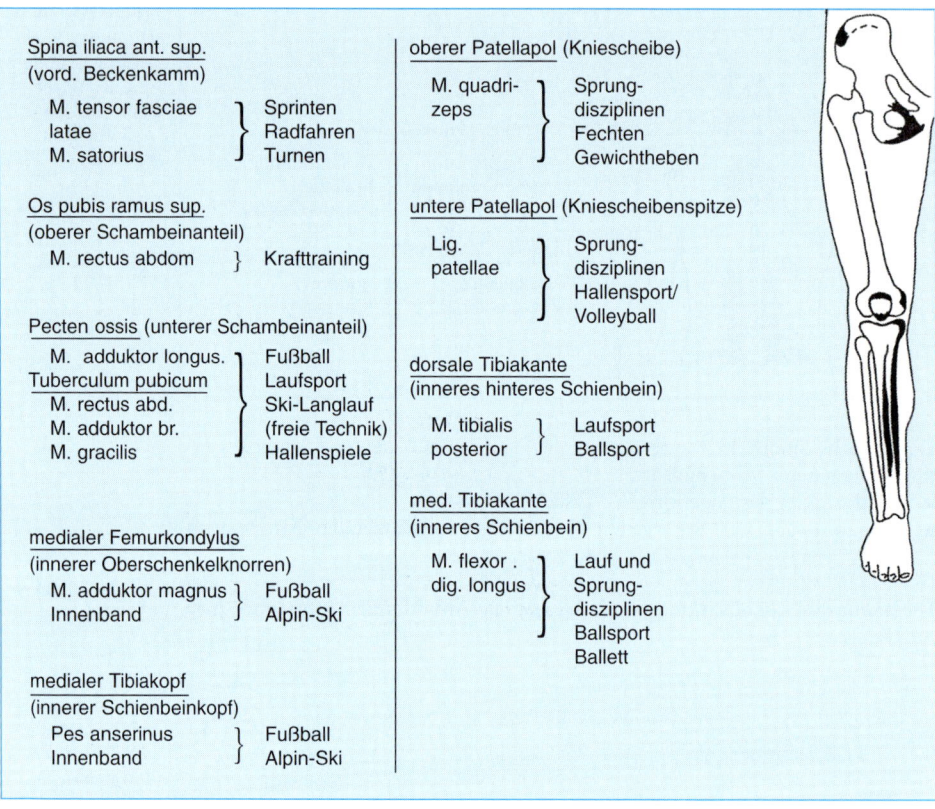

Spina iliaca ant. sup.
(vord. Beckenkamm)

M. tensor fasciae
latae ⎱ Sprinten
M. satorius ⎰ Radfahren
　　　　　　Turnen

Os pubis ramus sup.
(oberer Schambeinanteil)
M. rectus abdom ⎱ Krafttraining

Pecten ossis (unterer Schambeinanteil)
M. adduktor longus. ⎱ Fußball
Tuberculum pubicum ⎰ Laufsport
M. rectus abd. ⎱ Ski-Langlauf
M. adduktor br. ⎰ (freie Technik)
M. gracilis 　　Hallenspiele

medialer Femurkondylus
(innerer Oberschenkelknorren)
M. adduktor magnus ⎱ Fußball
Innenband ⎰ Alpin-Ski

medialer Tibiakopf
(innerer Schienbeinkopf)
Pes anserinus ⎱ Fußball
Innenband ⎰ Alpin-Ski

oberer Patellapol (Kniescheibe)
M. quadri-
zeps ⎱ Sprung-
⎰ disziplinen
Fechten
Gewichtheben

untere Patellapol (Kniescheibenspitze)
Lig.
patellae ⎱ Sprung-
⎰ disziplinen
Hallensport/
Volleyball

dorsale Tibiakante
(inneres hinteres Schienbein)
M. tibialis ⎱ Laufsport
posterior ⎰ Ballsport

med. Tibiakante
(inneres Schienbein)
M. flexor . ⎱ Lauf und
dig. longus ⎰ Sprung-
disziplinen
Ballsport
Ballett

Abbildung 32
Häufige Sehnen-
ansatzentzündun-
gen des vorderen
Beckens und der
unteren Extre-
mität

Therapeutisch gelten auch hier die gleichen Voraussetzungen und Empfeh-
lungen wie bei den reinen Sehnenentzündungen. Zusätzlich haben sich anti-
rheumatische Gele, die lokale Infiltration der Sehnenansatzregion mit Phytotherapeutika, Lokalanästhetika oder bei strenger Indikationsstellung
Kortikoid-Kristallsuspensionen bewährt.
Einen Sonderfall stellen die Apophysenentzündungen und -lösungen beim Jugendlichen dar. Bei den Apophysen handelt es sich um Knochenvorsprünge zur
Verankerung von Sehnen, die über eine eigene Wachstumsfuge verfügen. Hier
entzünden sich durch Überbeanspruchungen zumeist nicht die Sehnenansatzzonen, sondern die Wachstumszonen der Apophysen: z. B. M. Osgood-Schlatter, Apophysitis calcanei (Fersenbein) oder Apophysenabrisse im Becken-
bereich.

Knorpelgewebe

Je nach Anteilen an Knorpelzellen (Chondrozyten), Fasern (elastisch/kollagen) und Grundsubstanz unterscheidet man zwischen:

- hyalinem Knorpel (z. B. Gelenkknorpel)
- Faserknorpel (z. B. Menisken)
- elastischem Knorpel (z. B. Ohrmuschel)

Als Beispiel sei der anatomische Aufbau des Gelenkknorpels dargestellt, an dem sich das Bauprinzip besonders gut demonstrieren läßt (Abb. 33).

Die Überlastungsschäden im Sport infolge Mehr- und/oder Fehlbelastung betreffen hauptsächlich hyalinen Knorpel und Faserknorpel. Hierzu disponierend wirken folgende Eigenschaften des Knorpelgewebes:

- Bei einer fehlenden Nervenversorgung des Knorpelgewebes ist keine rechtzeitige »Warnung« über Schmerzrezeptoren (Fühlersystem) möglich.
- Fehlende Versorgung mit Blutgefäßen; die Ernährung erfolgt bevorzugt über die langsamere Diffusion aus randständigen feinen Blutgefäßen (Knochen) und/oder aus der Gelenkflüssigkeit. Damit ist durch die herabgesetzte Stoffwechselaktivität (bradytrophes Gewebe) die Regenerationsfähigkeit vermindert.
- Mit zunehmendem Alter nimmt der Wassergehalt des Knorpels und damit seine Eigenelastizität ab. Stoßbelastungen führen zunehmend zu Mikrotraumatisierung. Besonders kurze und harte Schwingungen ungeeigneter Hallenböden (z. B. beim Tennis) begünstigen diesen Effekt z. B. im Kniegelenksbereich.
- Während beim Kind und Jugendlichen bis in die Pubertät hyaline Knorpeldefekte noch eine vollständige Regeneration erfahren, lagert sich beim Erwachsenen nur ein minderwertiges Narbengewebe mit vermehrten Faseranteilen in diesem Bezirk ein. Damit können in der präpubertären Phase durch

Abbildung 33
Anatomie und
Bauprinzip des
Gelenkknorpels

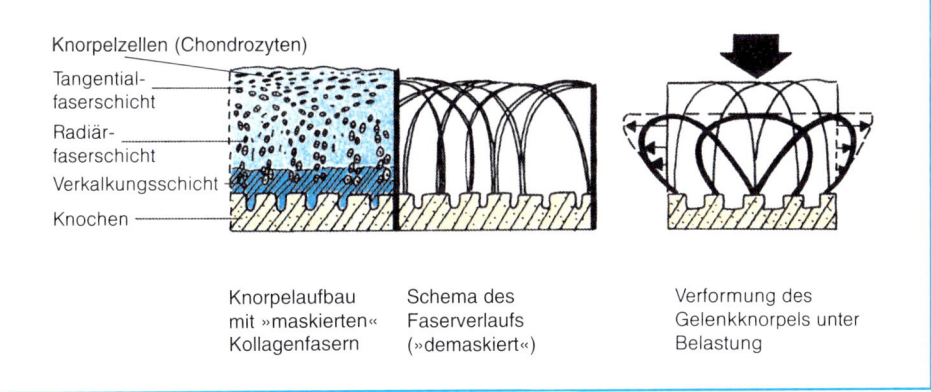

Knorpelzellen (Chondrozyten)

Tangential-
faserschicht

Radiär-
faserschicht

Verkalkungsschicht

Knochen

Knorpelaufbau
mit »maskierten«
Kollagenfasern

Schema des
Faserverlaufs
(»demaskiert«)

Verformung des
Gelenkknorpels unter
Belastung

den Ausgleich fehlstatischer Belastungsbedingungen, wie Überpronation etc., z. B. durch Schaumstoffeinlagen oder Laufschuhe mit sogenannten Pronationsstützen bleibende Schäden z. B. im Sprung- oder Kniegelenk vermieden werden, im Erwachsenenalter ist dadurch nur noch eine Teilreparation möglich.

Andererseits verdickt sich bei physiologischer Belastungsweise auch der Gelenkknorpelsaum als Anpassungsreaktion auf die sportliche Betätigung infolge erhöhter Grundsubstanz- und Kollagensynthese. So scheint z. B. die klassische Skilanglauftechnik am Hüftgelenk einen reparativen Reiz bei früharthrotischen Veränderungen auszuüben.

> Eine Ruhigstellung des Gelenkes durch chronische Inaktivität kann dem Knorpel in gleichem Maß wie eine Überlastung schaden: Mangelernährung durch fehlende Druck-Sog-Belastung (Unterstützung des Diffusionsprinzips) und Inaktivitätsatrophie.

Der Knorpelschaden (Chondropathie, Chondromalazie)

Der Knorpelschaden (synonym: Chondropathie, Chondromalazie) manifestiert sich als Überlastungssyndrom im Sport nur, wenn die dort auftretenden gehäuften Belastungsreize die Reparationsfähigkeit des Knorpelgewebes übersteigen (mangelnde Regenerationszeit) und/oder wenn schwere fehlstatische körperliche (endogene) Bedingungen und/oder äußere (exogene) Einflüsse mit Dauerirritation auf das Knorpelgewebe einwirken (Abb. 34).

Pathologisch-anatomisch werden drei Schweregrade der Chondromalazie unterschieden (s. a. Abb. 87 a–c):

Grad I:
Elastizitätsminderung mit braungelb verfärbter Aufweichung der Knorpeloberfläche und nachfolgender »Faltenbildung«. Der Proteoglykangehalt der Grundsubstanz nimmt ab.

Grad II:
Beginnende oberflächliche Rißbildung an mechanisch besonders beanspruchten Bezirken und Abschuppung degenerierten Knorpelmaterials. Histologisch finden sich Knorpelzelldefekte und eine Demaskierung der fibrillären Strukturen.

Grad III:
»Brechen« des Knorpels bis auf die knöcherne Basis in Form von tiefer Riß- und Höhlenbildung. Mikroskopisch fallen Brutnester (cluster) vermehrter, aber erfolgloser Regenerationstätigkeit und eine hypertrophe entzündliche Gelenkhaut auf.

> Grad III bildet im fortgeschrittenen Stadium den Boden für die Arthrose des betroffenen Gelenkes.

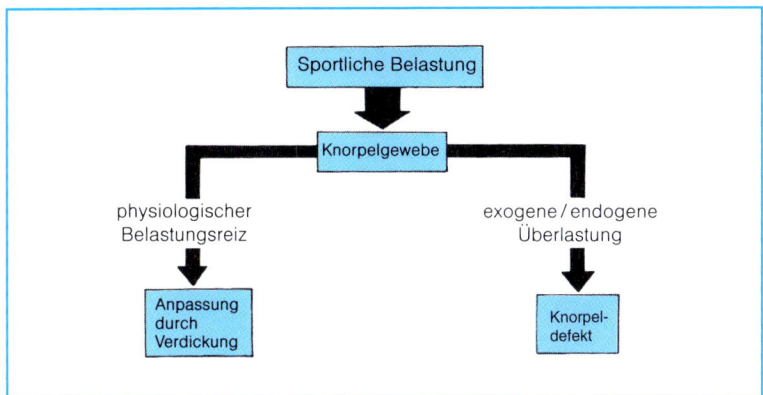

Abbildung 34
Die sportliche Belastung als physiologischer Anpassungsreiz oder als Schädigungsmöglichkeit des Knorpelgewebes

Die Diagnose der im Sport sehr häufigen Chondromalazie (s. Chondropathia patellae S. 119) erfolgt zumeist aufgrund der bereits angeführten fehlenden Nervenversorgung verzögert. Einziges diskretes subjektives Symptom kann ein fühlbares Gelenkreiben sein, das auch objektiv durch Auflegen der Hand des Untersuchers auf das betroffene Gelenk während des Bewegungsablaufes zu ertasten ist. Schmerzen, wie Anlaufschmerz, Belastungsschmerz und insbesondere Schmerzen in der Ruhephase nach Belastung, häufig mit Ergußbildung einhergehend, deuten bereits auf ein fortgeschrittenes Stadium der Chondromalazie hin. Deshalb sollte eine Therapie in Form von Belastungsumstellung bereits in einem früheren Stadium einsetzen, wo Gelenkreiben, disponierende Faktoren einzelner Sportarten und Gelenkachsenfehler noch den einzigen Hinweis bilden. Die einfache Röntgenuntersuchung ergibt nur indirekte Hinweise, wie Gelenkspaltverschmälerung im Vergleich zur Gegenseite. Fallen subchondrale Veränderungen im Knochen auf, wie Sklerosierung, zystische Defekte und Randzackenbildung, handelt es sich ebenfalls bereits um ein fortgeschrittenes Stadium. Eine Tangentialaufnahme ist in jedem Fall anzustreben. Ähnlich verhält es sich mit der Sonographie, da der hyaline Knorpel zu wenig echogen ist. Dem erfahrenen Untersucher sind hier allerdings schon wegweisende Befunde in einem früheren Stadium auffällig.

Die früher sehr häufig durchgeführte Arthrographie, also die Gelenkdarstellung mit Hilfe von Kontrastmittel- und Luftinsufflation, wird bei gut zugänglichen Gelenken zugunsten der Arthroskopie (operative Gelenkspiegelung) wegen der Möglichkeit der chirurgischen Intervention (z. B. Knorpelglättung) zunehmend verdrängt.

Ein sehr gutes, nicht invasives bildgebendes Verfahren stellt die Kernspintomographie dar, die aber wegen der erheblichen Kosten nur bestimmten Fragestellungen vorbehalten werden sollte.

Therapie

Die Therapie des überlastungsbedingten Knorpelschadens im Sport sollte sich zunächst danach richten, die Noxe möglichst gering zu halten (eine völlige Vermeidung wird allerdings im Hochleistungssport nicht möglich sein):

- Verbesserung der Rahmenbedingungen,
  z. B. Vermeidung von gelenkschädigenden Hartplätzen bei Ballspielarten
- Verbesserung des Materials,
  z. B. Beachtung sportart- und laufstilspezifischer Eigenheiten beim Sportschuhkauf: Dämpfungselement bei Mittelstreckenspikes oder Laufschuhe mit Pro- und Supinationsstützen
- Ausgleich von Achsenfehlern im Gelenkbereich
  z. B. durch Schaumstoffeinlagenversorgung bei Knickfuß oder X-Bein
- Umstellung des Trainings,
  z. B. Vermeidung hoher Anpreßdrucke auf die Kniescheibenrückfläche bei bestehender Chondropathia patellae im Krafttraining der Oberschenkelmuskulatur, wie sie beispielsweise bei Kniebeugen mit der Langhantel, aber auch beim Bergablaufen auftreten können.

Erst nach Beachtung dieser Vorbedingungen werden weitere therapeutische Maßnahmen wirken. Zuvorderst steht die konservative Behandlung, die aber eine aktive Therapie sein sollte. Eine absolute Ruhigstellung durch Gipsbehandlung o. ä. ist nicht angezeigt.

In Frage kommen:

- krankengymnastische Übungsbehandlung mit Dehn- und Kräftigungstherapie der gelenkführenden Muskulatur
- unterstützende physikalische Maßnahmen wie Iontophorese, Ultraschall und Kälte- (akut) oder Wärmeapplikation (chronisch)
- Anlegen von funktionell verbessernd wirkenden Tapeverbänden und Bandagen
- Knorpelschutztherapie, oral für die Dauer von mehreren Monaten, z. B. D-Glucosaminsulfat
- lokale Applikation von antirheumatischen Gelen
- Im akuten Stadium kann auch die gezielte Gelenkinjektion von Lokalanästhetika/Phytotherapeutika o. ä. angezeigt sein. Die Injektion von Kortikosteroidpräparaten ist Einzelfällen vorbehalten. Grundsätzlich empfiehlt sie sich auch unter dem Druck hochleistungssportlicher Gesichtspunkte nicht, da einerseits die Stoffwechselaktivität der Knorpelzelle gehemmt wird, andererseits die zugegebenermaßen prompte Wirkung kein Problembewußtsein beim Sportler aufkommen läßt und dadurch die weitere Verschlechterung und der Dauerschaden programmiert sind.
- Grundsätzlich ist gegen die kurzfristige systemische Gabe eines Antirheumatikums bei entsprechender Abwägung der Nutzen-Risiko-Problematik im hochakuten Stadium nichts einzuwenden. Allerdings gilt es, die bereits früher erwähnte sensible Immunlage im besonderen Fall des Hochleistungssportlers zu beachten.

Erst nach dem Versagen der konservativen Therapiemaßnahmen steht das operative Vorgehen bei der Chondromalazie zur Diskussion.

Eine kausale operative Behandlungsform gibt es derzeit nicht. Allerdings kann durch Glätten der oberflächlichen Knorpelarrosionen, Abtragung von Knorpelgeschwüren und Pridiebohrungen, aber auch durch Transplantation autologer fetaler Chondrozyten in vielen schwerwiegenden Fällen ein beachtliches Operationsergebnis erzielt werden.

Auf den Sonderfall der Osteochondrosis dissecans, einer letztlich noch unklaren spontanen Ablösung von Knochen-Knorpelgewebefragmenten, wird in diesem Zusammenhang nicht eingegangen.

Kapsel-Band-Apparat

Gelenkkapsel

Neben der Gelenkführung (unterstützt durch Bänder) hat die Gelenkkapsel die Aufgabe der Synovialflüssigkeitsproduktion (Gelenkschmiere), die ihrerseits folgende Funktionen erfüllt:

- Ernährung des Gelenkknorpels und weiterer intraartikulärer Strukturen (z. B. Menisken, Kreuzbänder am Kniegelenk) durch Diffusionsprinzip
- Schmierung zur Reibungsverminderung
- Stoßdämpfung.

Der fibröse Kapselanteil besitzt Faseranteile mit hoher Zugfestigkeit, die akuter Zugbelastung großen Widerstand entgegensetzen können. Chronische, zur Faserrichtung quer verlaufende Scherbelastungen, wie sie z. B. beim Sportklettertraining durch Klimmzüge mit aufgestellten Fingern auftreten (Abb. 35), können allerdings zu einem Überlastungsschaden mit Gefügelockerung, entzündlicher Reaktion und sekundärer narbiger Verdickung führen.

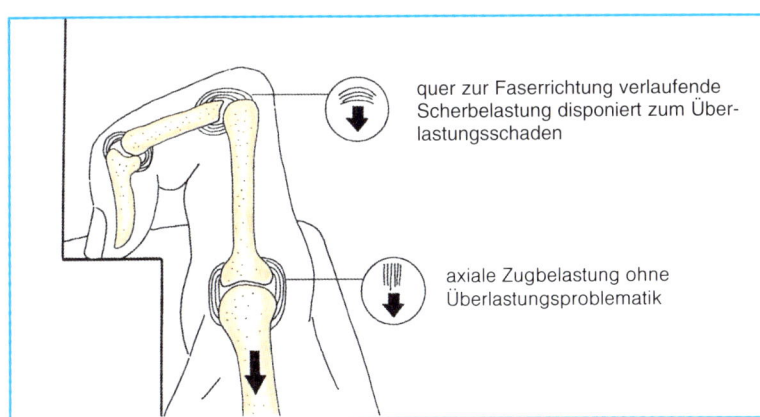

quer zur Faserrichtung verlaufende Scherbelastung disponiert zum Überlastungsschaden

axiale Zugbelastung ohne Überlastungsproblematik

Abbildung 35
Scherbelastung auf die Fingergelenkkapsel als Ursache für einen Überlastungsschaden (Sportklettern)

69

Als Folge finden sich eine erhebliche Einschränkung der Gelenkbeweglichkeit und eine Verminderung der Diffusionskapazität der Synovialflüssigkeit mit dem Risiko einer Spätarthrose durch Verschlechterung der physiologischen Gelenkführung und Knorpelernährung.

Neben mechanisch-fehlstatischen Voraussetzungen begünstigt auch die Störung der Synovialfunktion die überlastungsbedingte Arthrose.

Bänder

Die Bänder weisen einen den Sehnen ähnlichen Aufbau aus parallel angeordneten Faserbündeln auf. Neben der Aufgabe der passiven Gelenkführung und der endgradigen Bewegungshemmung leiten sie mittels Fühlersystemen (Rezeptoren) neurosensorische Reize über die Gelenkstellung usw. an das Rückenmark.

Überlastungsschäden des gesamten Gelenk-Band-Apparates resultieren zumeist aus einer Mikrotraumatisierung durch hohe, häufig quer zur Faserrichtung verlaufende Kräfte bei ungenügender reparativer Funktion (Diffusionsprinzip). Ein typisches Beispiel stellen die Kreuzbänder im Kniegelenk alpiner Skirennläufer der Disziplinen Abfahrt und des Super-G dar.

Die durch hohe Geschwindigkeiten, insbesondere auf Kunstschneepisten mit guter Kantengriffigkeit, auftretenden Scherkrafteinwirkungen führen zu Mikrorupturen mit Vernarbung und sekundärer Elongation bis hin zum spontanen Abriß, vor allem des vorderen Kreuzbandes, auch ohne Sturzbelastung.

Eine chronische Gelenkinstabilität infolge eines insuffizienten Kapsel-Band-Apparates führt in Abhängigkeit von Instabilitätsgrad und Belastungsintensität zur Arthrose.

Diagnostisch fallen am betroffenen Gelenk auf:

- Überbeweglichkeit
- Ergußneigung
- sekundär entzündliche oder beginnende arthrotische Veränderungen

Therapeutisch gibt es, je nach Ausmaß der Instabilität, zwei Verfahren:
1. konservative Therapie mit Stabilisierung der gelenkführenden Muskelmanschette durch spezielle krankengymnastische Übungsbehandlung in Kombination mit allgemeinem Krafttraining (medizinische Trainingstherapie)
2. operative Maßnahmen bei ausgedehnteren Führungsproblemen mit anschließender krankengymnastischer Nachbehandlung

Zur Unterstützung der konservativen Maßnahmen, aber auch zur Überbrückung des postoperativen Zeitraumes ist insbesondere am Knie- und Sprunggelenk das Tragen sogenannter Orthesen (Gelenkschienen) während sportlicher Belastung von Vorteil.

Ermüdungsbrüche (Streßfrakturen)

Die Ermüdungsbrüche stellen einen Sonderfall im Bereich der Schwachstellen des menschlichen Bewegungsapparates dar, da sozusagen unsystematisch und nahezu altersunabhängig (Verteilungsgipfel bei jüngeren Athleten) beinahe sämtliche sportlich belasteten Knochenstrukturen spontan, ohne offensichtliches Trauma oder krankheitsbedingte Knochenschwächung brechen können. Allerdings gibt es in Abhängigkeit zur Sportart bevorzugte Lokalisationen. So handelt es sich bei Läufern vorwiegend um den 2. und 3. Mittelfußknochen, das Waden- und Schienbein. Betroffen sind aber auch das Fersenbein, das Kahnbein, der Schenkelhals und das Schambein. Beim Speerwerfer kann z. B. der Oberarmknochen einen Ermüdungsbruch erleiden. Auch im Bereich der Lendenwirbelkörper finden sich gelegentlich solche Streßfrakturen (Abb. 36).

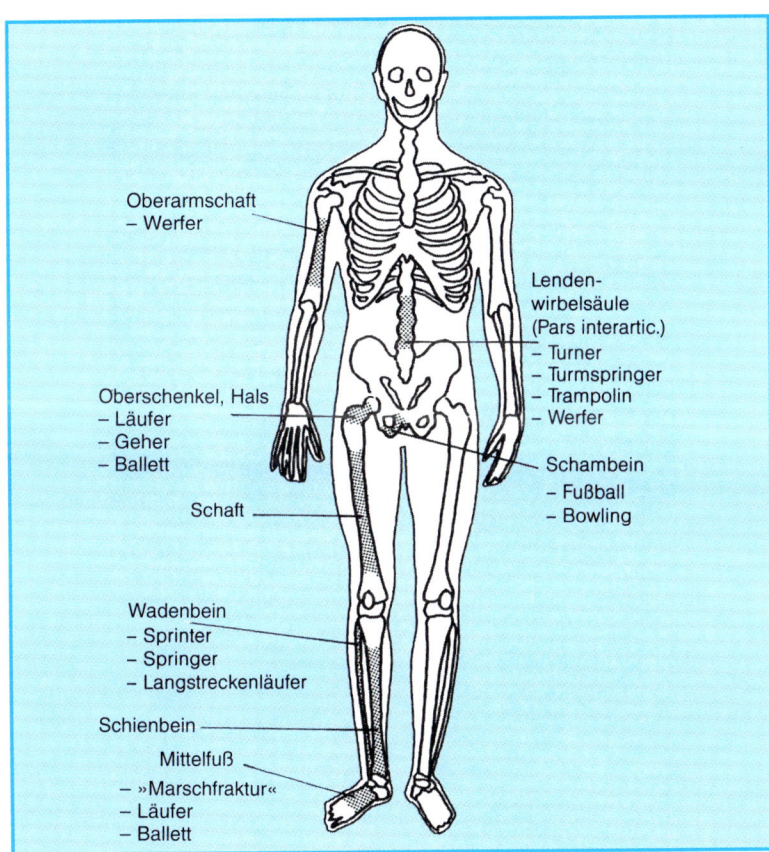

Abbildung 36
Häufige Lokalisationen von Ermüdungsbrüchen

71

Ursächliche Bedingung sind immer gleichförmige Belastungsreize mit hohen Wiederholungszahlen auf einen noch ungenügend trainingsadaptierten Bewegungsapparat. Ein typisches Beispiel stellt hier unabhängig von der sportlichen Betätigung die sogenannte »Marschfraktur« (Mittelfußfraktur) des Soldaten in der Grundausbildung dar.

Bezüglich der Entstehungsursache von Ermüdungsbrüchen werden zwei Theorien diskutiert, die wohl beide mit unterschiedlicher Bedeutung zum Tragen kommen:

1. Die Materialermüdungstheorie
Durch einen hohen muskulären Ermüdungsgrad kommt die muskuläre Führung des Bewegungsapparates zum Erliegen, und die gesamten Kräfte, z.B. beim Laufen, wirken direkt auf das ungeschützte Skelettsystem. Ähnlich einem Draht, der kontinuierlich hin und her gebogen wird, bricht der Knochen.

2. Die Überlastungstheorie
Hohe muskuläre Kontraktionsspannungen sollen am Knochen Biegespannungen (Bogenspannung) auslösen, die bei häufiger Wiederholung den Knochenwiderstand überschreiten und damit zum Bruch führen.

Erschwerend kommen sicher auch fehlstatische Belastungsvoraussetzungen, wie Beinlängenverkürzung, Fußdeformitäten, Hüftgelenksdysplasie, aber auch ungenügendes Material (Laufschuhe etc.) dazu.

Diagnostisch gesehen unterscheidet man zwei Verlaufsformen:
- einen schleichenden Verlauf, der zunächst als Knochenhautentzündung (Periostitis) imponiert, aber therapieresistent ist und damit eine weitergehende Abklärung erfordert
- einen akuten Verlauf, der ohne vorausgehendes Trauma die Zeichen einer Fraktur mit Schwellung, Druckschmerzhaftigkeit und dramatisch verminderter Belastungsfähigkeit aufweist

Eine sofort durchgeführte Röntgenuntersuchung kann die Fraktur in ca. 50% der Fälle direkt aufdecken. Häufig wird die Röntgendiagnose erst nach 2–4 Wochen über eine reaktive Kallusbildung usw. gestellt. Auch bei negativem Ausfall der Erstaufnahme empfiehlt es sich deshalb, bei Therapieresistenz eine Kontrollaufnahme zu machen. In zweifelhaften Fällen kann mit der Knochenszintigraphie eine gute Diagnosesicherung durchgeführt werden.

Bei unklaren, anhaltenden und therapieresistenten Beschwerden im Bereich des sportartspezifisch belasteten Skelettsystems ist immer auch an einen Ermüdungsbruch zu denken.

Therapie
Ermüdungsbrüche weisen eine gute Heilungstendenz auf und erfordern in der Regel keine operative Therapie.

Zuerst sollte die betroffene Region für 4–6 Wochen entlastet werden (Schienen, Gehhilfen). Eine Gipsbehandlung wird in der Regel nur bei Instabilität und ausgeprägten Beschwerden durchgeführt. Die Verweildauer ist dabei auch kürzer als bei der direkt traumatisch bedingten Fraktur. Fehlstatische Belastungsbedingungen sind immer auszugleichen (z. B. durch Schaumstoffeinlagen), die Rahmenbedingungen (z. B. Material) zu verbessern. Nach einer entsprechenden Trainingspause ist auch das Training gegebenenfalls umzustellen.

Nerven-Engpaß-(Kompressions-)Syndrome

Chronisch mechanische Reize aus der Umgebung peripherer Nerven können diese über folgende Mechanismen schädigen:
- Hypertrophie und ständiger Kontraktionsdruck der umgebenden Muskulatur
- wiederkehrende axiale Zugkräfte direkt auf den Nerv mit sekundärer Verdickung des umhüllenden Nervengleitgewebes
- Mikrotraumatisierungen in der Umgebung des Nervs
- prophylaktisch angewandte Bandagen und Tapeverbände

Die zumeist rückbildungsfähige klinische Symptomatik weist folgende allgemeine Charakteristika im Versorgungsgebiet des betroffenen Nervs auf:
- Schmerzen
- »Ameisenlaufen« und Überempfindlichkeit
- Gefühlsabschwächung
- Muskelschwäche
- Muskelschwund

Neben einer eingehenden neurologischen Diagnostik zur Differenzierung der sensiblen und motorischen Ausfälle eignet sich vor allem die Bestimmung der Nervenleitgeschwindigkeit (NLG) und ergänzend die Elektromyographie (EMG) zur Objektivierung der Diagnose.
Außer der Beseitigung exogener Noxen und der Trainingsumstellung steht hier häufig die operative Dekompression im Vordergrund der Behandlung. Leichtere Ausprägungsformen sprechen gut auf vorübergehende Ruhigstellung und nichtsteroidale Antirheumatika an. Der therapeutische Wert adjuvanter Vitamin-B-Komplex-Gaben ist umstritten. Nach neueren Untersuchungen erscheint ein Versuch insbesondere nach mechanischer Dekompression gerechtfertigt.

Im Folgenden eine Auswahl der häufigsten überlastungsbedingten Nerven-Engpaß-Syndrome im Sport:
- N. suprascapularis (Schulterblattnerv):
  Suprascapularissyndrom bei Tennis- und Golfspielern

- N. axillaris (Achselnerv):
  »Rucksacklähmung« bei Bergsteigern durch chronischen Kompressionsdruck der Schultergurte
- N. thoracicus longus (Brustkorbnerv):
  »Klimmzuglähmung« bei Turnern und Kletterern
- N. radialis (Speichennerv):
  Supinatorsyndrom bei Sportkletterern
- N. ulnaris (Ellennerv):
  Sulcus-ulnaris-Syndrom bei Wurfdisziplinen
- N. medianus (mittlerer Armnerv):
  Pronator-teres-Syndrom und Karpaltunnelsyndrom bei Turnern
- N. cutaneus fem. lateralis (seitlicher Oberschenkelhautnerv):
  Meralgia paraesthetika (Lig.-inguinale-Syndrom) bei Kraftsportarten
- N. tibialis (Schienbeinnerv):
  Tarsaltunnelsyndrom, häufig bei Hochspringern

Der Überlastungsschaden als Resultat einer neuromuskulären Funktionsstörung

Außerordentlich wichtig ist auch die Beachtung des Überlastungsschadens als Endergebnis einer Fehlsteuerung im Bereich des neuromuskulären Funktionssystems innerhalb einer Bewegungseinheit. Folgende Angriffspunkte sind möglich (Abb. 37).
1. Störungen im Bereich des feinabgestimmten Fühler(Rezeptor)systems von Gelenkkapsel, Bändern, Sehnen oder Muskeln führen zu Fehlinformationen über Gelenkstellung oder Muskelspannung und damit zu Fehlbelastungen der funktionellen Gelenkeinheit.

Abbildung 37
Angriffspunkte für eine neuromuskuläre Funktionsstörung

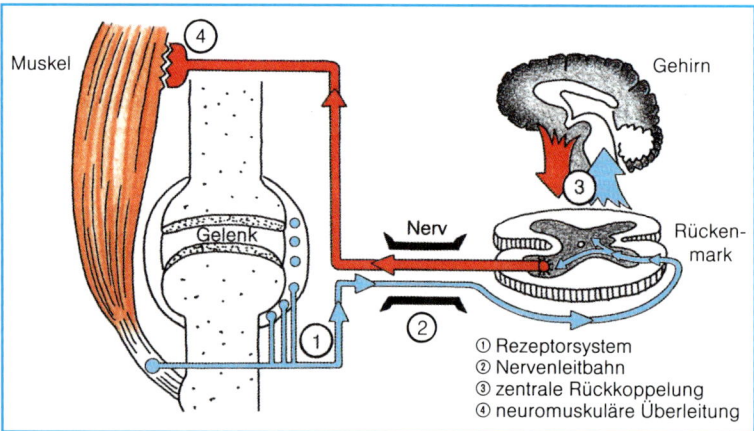

74

Solche Störungen können nach Verletzungen (z. B. Kapsel-Bandschäden), aber auch größeren Gelenkoperationen eine kettenartige Folge von Überlastungsschäden auslösen.

2. Mechanische Irritation aufsteigender (afferenter) und absteigender (efferenter) peripherer Nervenleitbahnen (z. B. wirbelsäulenbedingte Wurzelreizsyndrome) können zu verlangsamter Nervenleitgeschwindigkeit und damit zur Störung des koordinativen Muskelzusammenspiels führen.

3. Fehlleistungen übergeordneter Zentren bei primär neurologischen Erkrankungen des Rückenmarks und des Gehirns, aber auch psychische Fehlverarbeitungen von Konflikt- oder Streßsituationen (z. B. Versagensangst) erlauben keine belastungsadäquate muskuläre Reaktion.

4. Funktionsstörungen am Ort der neuromuskulären Überleitung (z. B. Myasthenia gravis, aber auch Ansammlung von Ermüdungsstoffen, wie Ammoniak im Bereich der motorischen Endplatte) und primäre Muskelerkrankungen (z. B. Mc.-Ardle-Syndrom), können als Auslöser von Überlastungsschäden fungieren.

Muskuläre Dysbalancen

Unter muskulären Dysbalancen versteht man allgemein ein Ungleichgewicht in der muskulären Bewegungskette: Durch Verkürzung oder Schwächung einzelner Muskelgruppen entstehen muskuläre Ungleichgewichte, z. B. im Beuge- und Streckantagonismus. Ursache hierfür sind Über- oder Unterforderungen in der sportartspezifischen Belastung bzw. im Training. Die mehr tonische Muskulatur, die Haltefunktionen zu erfüllen hat und deshalb mit langsam kontrahierenden Fasern ausgestattet ist, reagiert z. B. auf Überlastung mehr mit Tonuserhöhung und Muskelverkürzung, die mehr phasische Muskulatur, die dynamische Bewegungen übernimmt und daher in der Mehrzahl schnell kontrahierende Fasern aufweist, reagiert hingegen z. B. auf Unterbelastung mit einer Abschwächung.

Diese Muskelfunktionsstörungen bedingen biomechanisch ungünstige Belastungskräfte, vor allem an der Wirbelsäule und an den Gelenken, die bei stärkerer Ausprägung zu Instabilität oder mangelnder Beweglichkeit führen, was einen Überlastungsschaden hervorrufen kann. Unabhängig davon kann auch die sportliche Leistungsfähigkeit darunter leiden: z. B. eingeschränkte Sprungkraft (Kniestrecker) bei stark verkürzten Kniebeugern (ischiocrurale Muskelgruppe).

Nachfolgend ist eine Auswahl typischer Muskeldysbalancen im Sport in Verbindung mit dem möglichen Überlastungsschaden angeführt.

Verkürzte tonische Muskulatur
M. iliopsoas (Hüftbeuger) → Hohlrücken → Lumbalsyndrom
M. rectus femoris (Kniestrecker) → Patellahochstand → Patellaspitzensyndrom

M. triceps surae (Wadenmuskel) → eingeschränkte Sprunggelenkbeweglichkeit → Achillodynie

Abgeschwächte phasische Muskulatur
M. rectus abdominis (gerader Bauchmuskel) → Bauchmuskelinsuffizienz → Lumbalsyndrom
M. vastus medialis (innerer Oberschenkelmuskel) → mangelnde Patellaführung → Chondropathia patellae

Diagnostische Hinweise ergeben sich aus Muskelabtastung (Tonuserhöhung), optischer Begutachtung (Bauchmuskelschwäche) und den sogenannten Muskelfunktionstests (eingeschränkte Beweglichkeit). Therapeutisch stehen Dehn- und Kräftigungsübungen im Vordergrund.

Zusammenfassung
Aus den angeführten Gründen ergibt sich die Notwendigkeit, den Überlastungsschaden immer auch nach funktionellen Gesichtspunkten zu beurteilen und dies in der Behandlung zu berücksichtigen. Die Kenntnis der biologischen Anpassungsfähigkeit der einzelnen Gewebestrukturen mit ihren Funktionseinheiten und deren Belastbarkeit ermöglicht es, allgemeine Aussagen hinsichtlich der Beurteilung von Überlastungsschäden und ihrer Therapie zu treffen.

Die überlastete Schulter

Anatomie der Schulter

Die Überlastungsschäden im Bereich des Schultergelenkes gewinnen sowohl im Leistungs- als auch zunehmend im Breitensport an Bedeutung. Ursachen sind im Leistungssport der hohe Trainingsumfang und mangelnde Regeneration der beanspruchten Strukturen, im Breitensport ein häufig ungezielter, auf raschen Erfolg ausgerichteter Trainingsaufbau bei der Möglichkeit ganzjähriger Sportausübung.

Die Subsumierung überlastungsbedingter Schulterschmerzen unter den medizinischen Begriff der Periarthropathia humeroscapularis (PHS) ist aus trainingsberatenden und auch aus therapeutischen Gründen nicht mehr zu vertreten. Auch der Zuordnung zu Pauschalbegriffen wie »Werferschulter«, »Schützenschulter«, »Turnerschulter«, »Fechterschulter« usw. sollte eine exakte pathologisch-anatomisch begründete Diagnostik vorausgehen, die zugegebenermaßen nicht immer leicht ist.

Am besten bewährt sich hier eine anatomisch-funktionell orientierte Vorgehensweise.

Die Schulter unterteilt sich in mehrere funktionelle Untereinheiten, die in ihrem Zusammenwirken den großen Bewegungsradius des Armes erst ermöglichen (Abb. 38, 39):

1. das eigentliche Schultergelenk (Skapulohumeralgelenk, Glenohumeralgelenk), das sich dadurch auszeichnet, daß der Oberarmkopf nur zu knapp

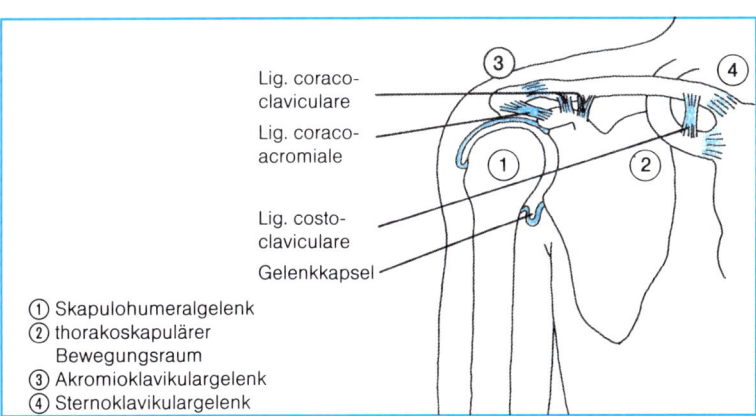

Lig. coraco-claviculare

Lig. coraco-acromiale

Lig. costo-claviculare

Gelenkkapsel

① Skapulohumeralgelenk
② thorakoskapulärer Bewegungsraum
③ Akromioklavikulargelenk
④ Sternoklavikulargelenk

Abbildung 38
Knochen- und Bandapparat des Schultergürtels (Ansicht von vorne)

77

Abbildung 39
Erweiterung des Bewegungsumfanges im Schultergelenk durch zusätzliche muskulär gesteuerte Schulterblattbewegung in der Horizontalebene Ⓐund durch Drehung in der Frontalebene Ⓑ, wobei zwischen 150° und 180° eine zusätzliche Seitbeugung der Wirbelsäule erforderlich wird

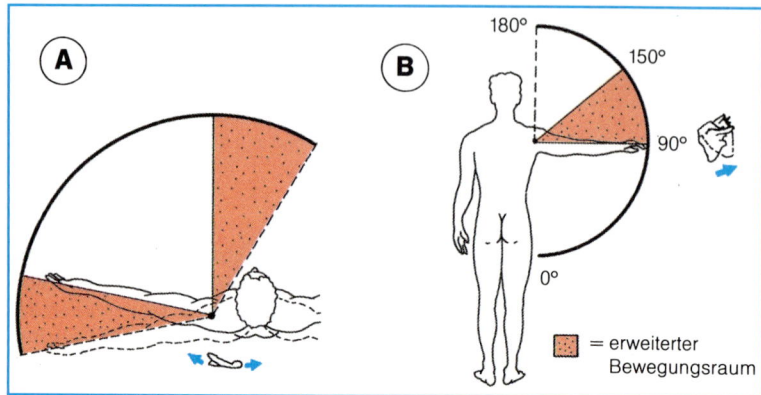

Abbildung 40
Topographische Darstellung des subakromialen Raumes in Armseitabhebung (von vorne).

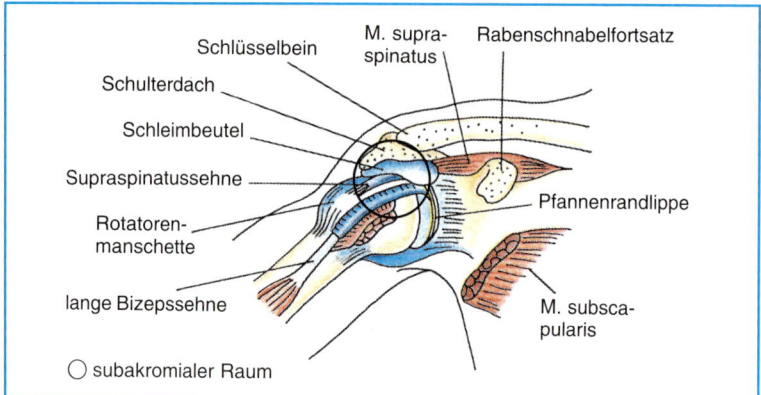

Schlüsselbein
M. supraspinatus
Rabenschnabelfortsatz
Schulterdach
Schleimbeutel
Supraspinatussehne
Rotatorenmanschette
lange Bizepssehne
Pfannenrandlippe
M. subscapularis

○ subakromialer Raum

Abbildung 41
Die vier Muskeln der Rotatorenmanschette fixieren den Oberarmkopf in der Gelenkpfanne und können ihn nach außen (M. teres minor, M. infraspinatus, M. supraspinatus) oder innen (M. subscapularis) rotieren

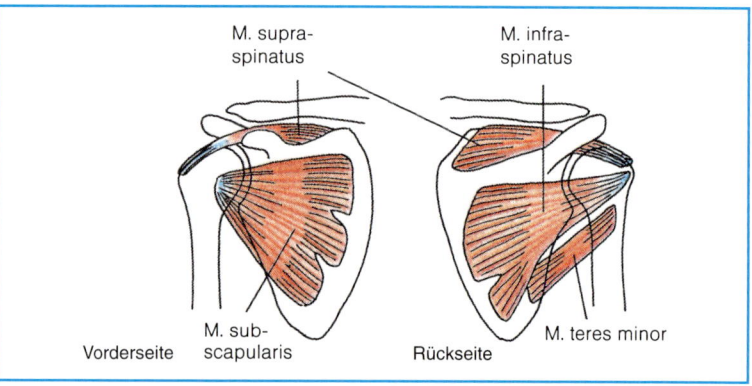

M. supraspinatus
M. infraspinatus
Vorderseite
M. subscapularis
Rückseite
M. teres minor

78

einem Drittel von der Pfanne umgeben wird und aktiv muskulär stabilisiert werden muß (u. a. Rotatorenmanschettenmuskulatur)
2. der von Brustkorb und Schulterblatt gebildete (thorakoskapuläre) Bewegungsraum, der Bewegungen des Schulterblattes gegenüber dem Rumpf zuläßt, muskulär steuert und so eine Bewegungserweiterung erlaubt
3. das Schultereckgelenk (Akromioklavikulargelenk), das unter straffer Bandführung Kippbewegungen des Schulterblattes bei gleichzeitiger vorderer Abstützfunktion zuläßt
4. das Brustbein-Schlüsselbeingelenk (Sternoklavikulargelenk), das die Abstützfunktion des Schlüsselbeines zum Brustkorb hin sichert und somit die einzige knöchern-gelenkige Verbindung von der Schulter zum Rumpf darstellt.

Besondere Bedeutung kommt der topographischen Region unterhalb des Schulterdaches, dem subakromialen Raum, zu, da hier auf kleinstem Raum die muskuläre Stabilisierung und Feinabstimmung der großen Bewegungsausschläge im Skapulohumeralgelenk gesteuert werden (Abb. 40).
Die Stabilisierung im Skapulohumeralgelenk wird im wesentlichen von den Muskeln der sogenannten Rotatorenmanschette übernommen, deren Verlauf und Wirkung aus Abbildung 41 ersichtlich sind.

Überlastungsschäden und ihre Lokalisation

Die mit diesen anatomischen Voraussetzungen möglichen zahlreichen Bewegungsabläufe erklären auch die Anfälligkeit der Schulter gegenüber Überlastungsschäden, insbesondere bei ungenügend trainierter Muskulatur.

■ Beim Symptom Schulterschmerz im Zusammenhang mit sportlicher Belastung sind zunächst halswirbelsäulenbedingte Nervenwurzelirritationen differentialdiagnostisch abzugrenzen, was bei streng lokalisierbarem Schulterschmerz leicht, aber bei dem häufig diffusen Schmerzbild schwierig ist, zumal auch eine gegenseitige Beeinflussung Halswirbelsäule/Schulter bestehen kann. Auch dies stellt die Wichtigkeit einer eingehenden Schulterdiagnostik in den Vordergrund.

Grundsätzlich unterscheidet man als wichtigste Überlastungsschäden:
– subakromiales Engpaß-(Impingement-)Phänomen:
  Schleimbeutelentzündung (Bursitis subacromialis)
  Sehnenentzündung (Tendinitis) M. supraspinatus
– Sehnenansatzentzündungen von Muskeln der sogenannten Rotatorenmanschette am Tuberculum majus (besonders M. supra- bzw. infraspinatus) und des M. pectoralis major
– Schaden der langen Bizepssehne
– Schultereckgelenksinsuffizienz
– subluxierbares Schultergelenk

79

– Rabenschnabelfortsatzentzündung (Korakoiditis)
– Verhärtung (Myogelose) des Deltamuskels

■ Bereits die körperliche Untersuchung gibt wesentliche diagnostische Hinweise bezüglich der Lokalisation der Läsionen.

So weist eine starke Schmerzhaftigkeit bei aktivem oder passivem Seitabheben des Armes zwischen 60° und 120° auf ein subakromionales Impingement (Einklemmung der Bursa subacromialis oder/und der Supraspinatussehne), eine Schmerzhaftigkeit zwischen 120° und 180° auf eine Läsion im Akromioklavikulargelenk hin (schmerzhaftes Bogensyndrom, Abb. 42).
Hingegen besteht bei der Überlastung der langen Bizepssehne eine normale passive Beweglichkeit, dafür aber ein Druckschmerz über der knöchernen Führungsrinne am Oberarmkopf.

Abbildung 42
Schmerzhaftes
Bogensyndrom
(»painful-arc-
syndrome«)

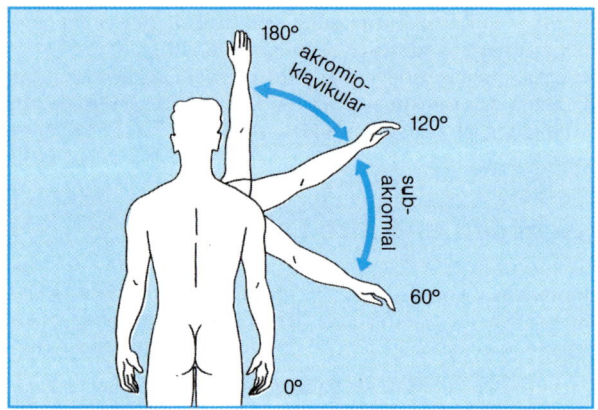

Abbildung 43
Schmerzhafte
Druckpunkte bei
der Schulterunter-
suchung (»trigger
points«)

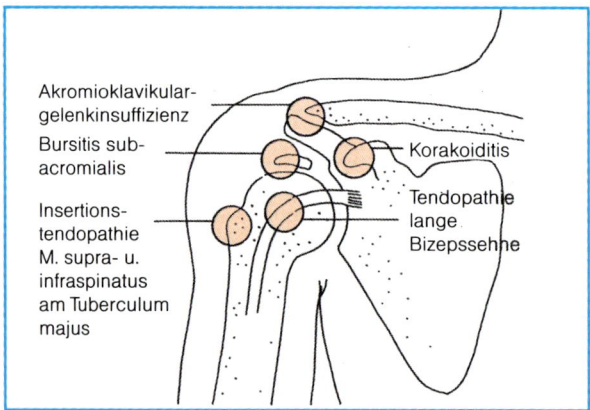

Bei der Abtastung der Schulter finden sich weitere schmerzhafte Druckpunkte (»trigger points«), die diagnostische Hinweise liefern (Abb. 43):
– Schmerzen am Tuberculum majus bei der Ansatzentzündung des M. supraspinatus und infraspinatus
– am Processus coracoideus bei der Rabenschnabelfortsatzentzündung
– über der Bursa subacromialis und dem Ligamentum coracoacromiale bei der Schleimbeutelentzündung (Bursitis subacromialis)

Neben den »trigger points« läßt sich auch die Myogelose des M. deltoideus mit ihren vor allem in den hinteren Anteilen gelegenen Verhärtungen gut tasten.
Das subluxierbare Schultergelenk zeichnet sich durch eine übermäßige passive Beweglichkeit aus, die mit Schmerzen bei forcierter Außenrotation verbunden ist.

■ Als weiterführende Verfahren kommen zum Einsatz:
– Röntgenaufnahmen a. p. sowie axial zur Beurteilung von Sklerosezonen, zystischen Veränderungen, gröberen Kalksatzablagerungen (chronische Bursitis subacromialis und chronische Tendopathien) und zum Ausschluß tumoröser Veränderungen.
– Arthrographie (Kontrastmitteleinspritzung) zur Darstellung von Lücken (Rupturen) in der Rotatorenmanschette und bei der »frozen shoulder«.
– Sonographie (Ultraschalluntersuchung), die bei guter Praktikabilität eine gute Beurteilung der wichtigsten Schulterstrukturen ermöglicht.
– Arthroskopie, die bei hoher diagnostischer Sicherheit allein die Beurteilung des Gelenkinnenraumes zuläßt, aber als invasives Verfahren auch die Chance operativer Eingriffe ermöglicht.
– Computer-/Kernspintomographie zur Darstellung der gesamten funktionellen Gelenkeinheit in differentialdiagnostisch schwierigen Fällen bei allerdings hohem Kostenaufwand.
– Szintigraphie zur Beurteilung der knöchernen Schulteranteile.

Das subakromiale Engpaß-(Impingement-) Phänomen

Es handelt sich hier um die Beschreibung eines funktionellen Syndroms, dem im wesentlichen die Überlastung und entzündliche Reaktion zweier anatomischer Strukturen im topographisch eng begrenzten subakromialen Raum zugrunde liegen: die Bursa subacromialis und die Sehnenplatte der Rotatorenmanschette, vorwiegend die Supraspinatussehne.
Beim Hochheben des Armes (Abduktion/Elevation) verschwinden die Bursa subacromialis und die Sehne des M. supraspinatus unter den knöchernen und bandartigen Strukturen des Schulterdaches. Durch die Rotatorenmanschettenmuskulatur wird dabei normalerweise der Oberarmkopf heruntergezogen,

81

um den Raum zwischen Schulterdach und Oberarmkopf nicht zu eng werden zu lassen. Eine funktionelle Insuffizienz der Muskeln der Rotatorenmanschette durch mangelnde Koordination, infolge ungenügender Technik, Trainingsrückstand oder rezidivierender Mikrotraumatisierung, kann nun bei vielen Sportarten, die von kraftvollen Überkopfbewegungen des Armes begleitet sind, zu Einklemmungserscheinungen im subakromialen Raum führen (Abb. 44).

> Betroffen sind vor allem Sportarten, die mit kraftvollem Armanheben und gleichzeitiger Rotation im Schultergelenk einhergehen:
> Wurfsportarten, wie Handball, Volleyball, Speerwerfen, Kugelstoßen
> Schwimmen (»swimmer's shoulder«)
> Rückschlagspiele, wie Tennis, Squash
> Kraftsportarten, wie Bodybuilding, Gewichtheben
> Golf (»Golferschulter«)

■ Neben den bereits beschriebenen Schmerzen bei der Seitabhebung des Armes zwischen 60° und 120° können im akuten Stadium Ruheschmerzen bestehen (Liegen auf der betroffenen Schulter während des Schlafes).

Abbildung 44
Funktionelle Anatomie des subakromialen Raumes und der Rotatorenmanschettenmuskulatur

Als Provokationstext kann das Impingementzeichen nach NEER gelten: Bei 90° Vorseitabhebung des Armes wird durch Innenrotation der Schulter ein heftiger Schmerz ausgelöst (Abb. 45).
Obwohl bei der Bursitis subacromialis häufig mehr ein Druckschmerz im Bereich der Schulterdachvorderkante besteht und gelegentlich der vergrößerte Schleimbeutel »schwammartig« zu tasten ist, während bei der Entzündung der Supraspinatussehne mehr eine Druckschmerzhaftigkeit über dem Tuberculum

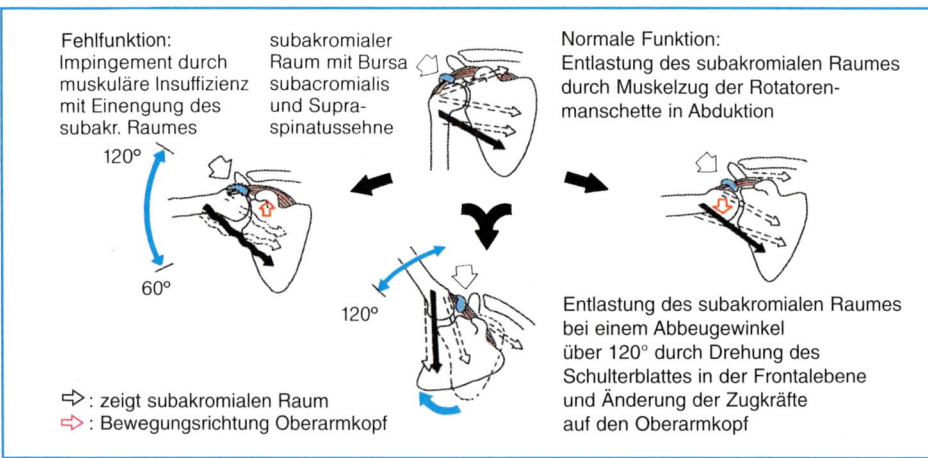

Fehlfunktion: Impingement durch muskuläre Insuffizienz mit Einengung des subakr. Raumes

subakromialer Raum mit Bursa subacromialis und Supraspinatussehne

Normale Funktion: Entlastung des subakromialen Raumes durch Muskelzug der Rotatorenmanschette in Abduktion

120°

60°

120°

Entlastung des subakromialen Raumes bei einem Abbeugewinkel über 120° durch Drehung des Schulterblattes in der Frontalebene und Änderung der Zugkräfte auf den Oberarmkopf

⇨ : zeigt subakromialen Raum
⇨ : Bewegungsrichtung Oberarmkopf

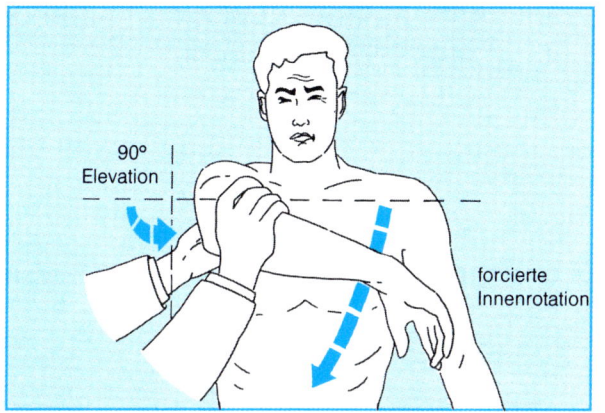

90°
Elevation

forcierte
Innenrotation

Abbildung 45
Modifizierter Impingementtest nach NEER: forciertes Anpressen der Supraspinatussehne an das Ligamentum coracoacromiale und die Akromionvorderkante

majus zu finden ist, lassen sich beide Krankheitsbilder mitunter nur durch apparative Verfahren differenzieren. Der Ultraschalluntersuchung kommt hier eine entscheidende Bedeutung zu.

Chronische Verläufe können zu röntgenologisch darstellbaren Kalkablagerungen sowohl im Bereich des Schleimbeutels (Bursitis calcarea) als auch der Sehnen der Rotatorenmanschette (Tendinitis calcarea) führen, wobei dieses Phänomen meist erst ab dem vierten Lebensjahrzehnt gehäuft zu finden ist.

Bei der Behandlung steht die konservative Therapie im Vordergrund:

- Sportliche Belastungspause bis zur Schmerzfreiheit für Überkopfbewegungen gegen Widerstand, die mit Bewegungsübungen zum Erhalt der freien Schulterbewegung und zur Kräftigung der Rotatorenmanschettenmuskulatur (krankengymnastische Übungsbehandlung über eine Dauer von 3–4 Wochen) ausgefüllt ist. Selbständig sollte dann ein stabilisierendes Training für die angesprochene Schultergürtelmuskulatur weitergeführt werden: z. B. »Butterfly« in Rückenlage und verkehrt, Seitabheber bis 80° mit der Kurzhantel usw.
- Keine absolute Ruhigstellung wegen der Gefahr der Entwicklung einer »frozen shoulder« mit langfristiger Einbuße der Gelenkfunktion infolge von Gewebsadhäsionen.
- Technik- und Trainingsumstellung falls erforderlich: z. B. Verzicht auf sogenannte Handpaddel, die den Wasserwiderstand beim Schwimmtraining erhöhen.
- Lokale physikalische Maßnahmen zur Unterstützung der krankengymnastischen Behandlung wie Kältetherapie (akut), Wärmebehandlung (chronisch) und Elektrotherapie.
- Die kurzfristige systemische Anwendung von entzündungshemmenden Medikamenten sollte in Betracht gezogen werden.
- Lokale Anwendung eines antirheumatischen Gels.
- Die lokale Infiltrationsbehandlung mit Lokalanästhetika, Superoxid-

Dismutase und bei kritischer Indikationsstellung mit Kortikosteroiden in Form einer Kristallsuspension steht im Vordergrund.

■ Chronische Verläufe sind einer Stoßwellentherapie gut zugänglich.

Die operative Therapie ist erst beim Versagen aller konservativen Maßnahmen angezeigt. Sie besteht im wesentlichen aus einer Erweiterung des Subakromialraumes, z. B. Durchtrennung des korakoakromialen Bandes (partielle oder totale Resektion) und/oder Knochenabtragung am Schulterdach (nach NEER).

Sehnenansatzentzündungen am Tuberculum majus

Wiederholte plötzliche Dehnung der vorgespannten Muskulatur (abrupte Außenrotations-, Seitbewegung) kann bei den Muskeln der Rotatorenmanschette und dem M. pectoralis major zu Ansatzentzündungen vorwiegend am Tuberculum majus und an der Crista tub. majoris (Abb. 46) führen.

Betroffene Sportler sind vor allem:
Kunstturner (»Turnerschulter«)   Torhüter
Handballer   Tennisspieler

■ Die Diagnose ist durch die typische Druckschmerzhaftigkeit über dem Tuberculum majus und der Crista tub. majoris, die sich bei passiver Außenrotation und Seitabhebung gegen Widerstand noch verstärken läßt, relativ einfach zu sichern. Chronische Verläufe neigen zur sekundären Verkalkung der ansatznahen Sehnenanteile (Tendinopathia calcarea), die röntgenologisch bereits im Nativbild zu erkennen ist. Betroffen ist vorwiegend der Supraspinatus-Sehnenansatz (Abb. 47).

Abbildung 46
Sehnenansatzentzündung des M. supra- und infraspinatus am Tuberculum majus ① und des M. pectoralis major an der Crista tub. majoris ②

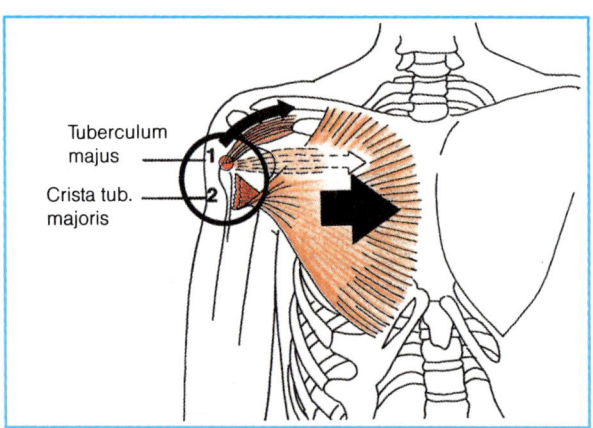

Tuberculum majus
Crista tub. majoris

84

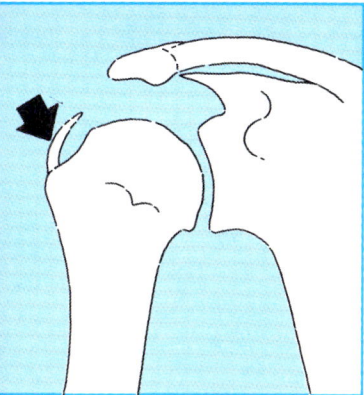

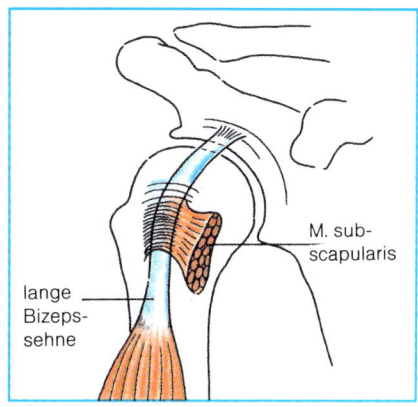

Abbildung 47
Verkalkung der Supraspinatus-sehne im Ansatz-bereich am Tuberculum majus (Röntgenbild)

Abbildung 48
Verlauf der langen Bizepssehne im Sulcus bicipitalis

lange Bizeps-sehne

M. sub-scapularis

Das therapeutische Vorgehen ist in der Regel rein konservativ und entspricht in etwa dem beim Impingement-Syndrom. Neuerdings kommen auch Laseranwendungen und spezielle kalkauflösende Verfahren (Stoßwellentherapie) mit gutem Erfolg zum Tragen. Nur ganz selten ist eine operative Revision mit Ausräumung der Kalkdepots erforderlich.

Der Schaden (Tendopathie) der langen Bizepssehne

Funktionell-anatomisch gesehen, verläuft die lange Bizepssehne nach ihrem Ursprung oberhalb des Pfannenrandes in einer bänderüberdachten Rinne am Oberarmkopf (Sulcus bicipitalis, Abb. 48).
Bei Drehbewegungen, insbesondere bei Außenrotation des hochgehaltenen Armes, z. B. Fecht-, Wurf- oder Kraulbewegungen, hat die gespannte Sehne die Tendenz, die Knochenrinne nach innen zu verlassen. Begünstigt wird diese sogenannte Subluxationsneigung zusätzlich durch die konstitutionelle Variation einer zu flachen Rinne mit ungenügender Sehnenführung und durch eine Bandinsuffizienz, z. B. durch posttraumatische Überdehnung des Ligamentum humeri transversum oder eine muskuläre Insuffizienz der zur Rotatorenmanschette gehörenden M. subscapularis und teres minor (Eckmuskulatur, Abb. 49).
Durch die Verlagerung der langen Bizepssehne entsteht eine mechanische Irritation, die zur schmerzhaften entzündlichen Reaktion der Sehne und des umgebenden Gleitgewebes führt.

- Diagnostisch besteht eine umschriebene Schmerzhaftigkeit bei Druck in den Sulcus bicipitalis, die sich bei Außenrotation des im Ellenbogengelenk gegen Widerstand gebeugten Oberarmes noch verstärken läßt (Abb. 50).

85

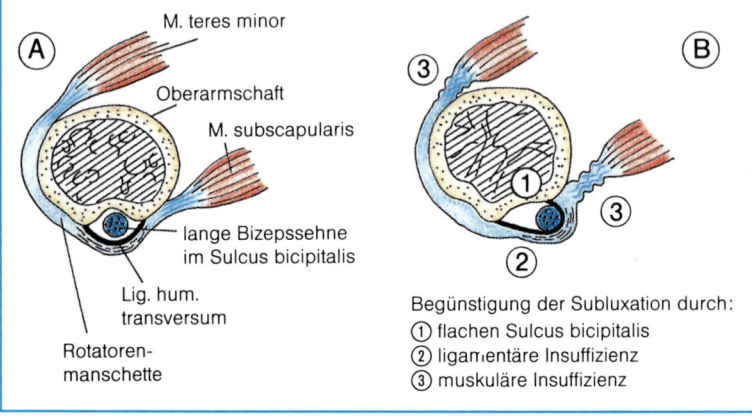

Abbildung 49
Schnittbild durch den proximalen Oberarmschaft mit normalem Ⓐ und subluxiertem Bizepssehnenverlauf Ⓑ

M. teres minor
Ⓐ
Oberarmschaft
M. subscapularis
lange Bizepssehne im Sulcus bicipitalis
Lig. hum. transversum
Rotatorenmanschette

③
Ⓑ
①
③
②

Begünstigung der Subluxation durch:
① flachen Sulcus bicipitalis
② ligamentäre Insuffizienz
③ muskuläre Insuffizienz

Folgende Untersuchungstechnik kann Aufschluß über das Ausmaß der Subluxationstendenz geben:

Der Arm des Patienten wird im Ellenbogengelenk gestreckt zurückgeführt und im Schultergelenk nach außen rotiert, was bereits sehr schmerzhaft sein kann. Nun fühlt man durch Druck auf den Sulcus bicipitalis bei gleichzeitiger schneller Innenrotation im Falle einer Subluxation das deutliche Zurückschnappen der Sehne in ihre Führungsrinne.

Ein gehäuftes Vorkommen der Tendopathie der langen Bizepssehne findet sich bei:

Wurfsportarten	Kraulschwimmen	Fechten
Kraftsportarten	Volleyball	

Abbildung 50
Umschriebene Druckschmerzhaftigkeit im Sulcus bicipitalis bei der Tendopathie der langen Bizepssehne, verstärkbar durch Außenrotation des gegen Widerstand gebeugten Armes

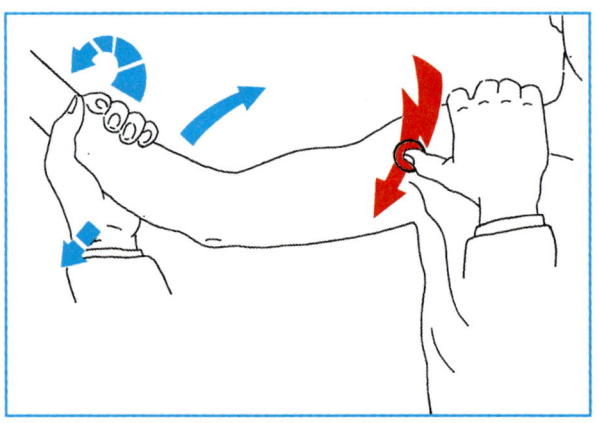

Insbesondere technisch unsauber ausgeführte Bewegungsabläufe begünstigen in diesen Sportarten die Bizepssehnentendinitis.
Bei chronischem Verlauf ist infolge degenerativer Sehnenveränderung auch der Spontanabriß der langen Bizepssehne möglich, auf die bereits eingegangen wurde (s. Schwachstellen im Muskel-, Sehnen-, Gelenksystem, S. 52 ff.).

- Bei der Behandlung sollten folgende Punkte Berücksichtigung finden:
- Vermeidung subluxierender Sehnenbewegung durch eine 8–14tägige Sportpause und eine Technik- bzw. Belastungsumstellung, soweit möglich
- krankengymnastische Mobilisation bei Verklebungen im Sehnengleitlager
- Training der Rotatorenmanschette zur Schulterstabilisierung und Funktionsverbesserung des überdachenden Ligamentes, das einen engen funktionellen Kontakt zur Rotatorenmanschette, insbesondere zum M. subscapularis und M. teres minor, besitzt (Eckmuskeln)
- paratendinöse Infiltration mit Superoxid-Dismutase in Kombination mit einem Lokalanästhetikum
- bei hartnäckigen Fällen mit deutlicher Sehnensubluxationstendenz empfiehlt sich die operative Sanierung mit Wiederherstellung des Sehnengleitlagers und Sehnendarstellung

Die Schultereckgelenk-(Akromioklavikulargelenk-) Insuffizienz, das instabile (subluxierbare) Schultergelenk

Die Akromioklavikulargelenkinsuffizienz wie auch das subluxierbare Schultergelenk im Sport sind in der Regel, sieht man von anlagebedingten Dispositionen und akuter Traumatisierung ab, fast ausschließlich auf chronische Mikrotraumatisierung des Kapselbandapparates zurückzuführen.

Die Akromioklavikulargelenkinsuffizienz findet sich häufig bei Kampfsportarten, die mit rezidivierenden Stürzen auf Schulter, Ellenbogen oder ausgestreckten Arm verbunden sind:
Ringen
Judo
Handball

Insbesondere die schultereckgelenksführenden Bandstrukturen werden hier stark überbelastet und gelockert (Abb. 51).
Als Folge der instabilen Bandführung zeigt sich bei großen Schulterbewegungen eine reaktive Arthritis des AC-Gelenkes (AC = Kurzbezeichnung für acromioclavicular).

87

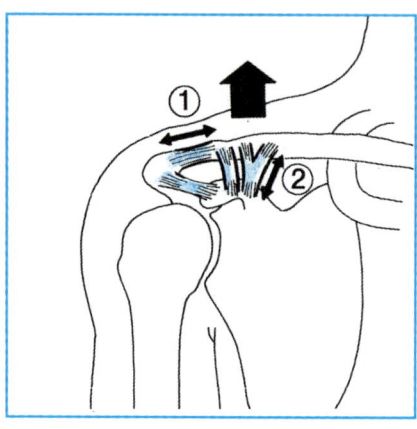

Abbildung 51
»Ausleiern« des akromioklavikulären ① und korakoklavikulären ② Bandapparates durch eine chronische Krafthebelwirkung des Schlüsselbeins

- An Symptomen finden sich:
  - Schmerzen bei Seitabhebung des Armes über 120°
  - Druckschmerz über dem Akromioklavikulargelenk
  - Gelenkschnappen im AC-Gelenk bei großräumigen Armbewegungen

Das subluxierbare Schultergelenk entsteht durch die Einwirkung großer Hebel auf die Kapselbandmanschette des Gelenkes, wie man sie vor allem bei folgenden Sportarten findet:
Ringen
Judo
Stabhochsprung

Abbildung 52
Ventraler Subluxationstest (Apprehension-Test): Ein von hinten nach vorne ausgeführter Druck auf den Oberarmkopf in Abduktions- und Außenrotationsstellung des Oberarmes führt zu plötzlichem Schmerz, der von einem schlagartigen Schwächegefühl begleitet werden kann (»Dead-arm-Syndrom«)

- Die Symptomatik zeichnet sich durch Schulterschmerzen während und nach dem Sport und durch ein Instabilitätsgefühl der Schulter aus. Insbesondere die vordere Subluxation kann bei forcierter sportlicher Seitabhebung und Außenrotation zu plötzlichem schmerzhaften Schulterversagen (»Dead-arm-Syndrom«) führen.

Durch den sogenannten Apprehension-Test mit heftigen Schmerzen bei Seitabhebung, Außenrotation und Oberarmkopfdruck von hinten kann die Diagnose einer vorderen Subluxation gesichert werden (Abb. 52).

- Therapeutisch steht sowohl bei der Akromioklavikulargelenkinsuffizienz wie auch bei der Subluxation des Humeruskapulargelenkes die krankengymnastische Kräftigung der gesamten Schultergürtelmuskulatur im Vordergrund. Bei längerfristigen Beschwerden mit Therapieresistenz sind operative Verfahren, gelegentlich auch eine Aufgabe der spezifischen sportlichen Betätigung zu diskutieren.

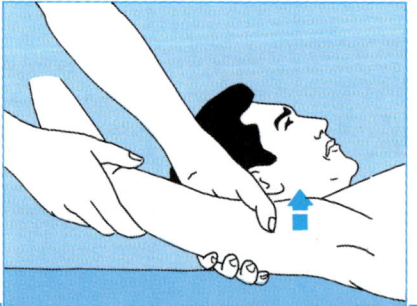

Die Entzündung des Rabenschnabelfortsatzes (Korakoiditis)

Die Korakoiditis, eine entzündliche Reaktion im Bereich des Processus coracoideus, findet sich häufig als Mitreaktion bei gestörter Schulterfunktion in Form einer Sehnenansatzentzündung des kurzen Bizepskopfes und/oder des kleinen Brustmuskels oder als direkte mechanische Reizfolge, z. B. durch Rückschläge des Gewehrkolbens beim Sportschützen.

- Diagnostisch besteht eine umschriebene, starke Druckschmerzhaftigkeit am Rabenschnabelfortsatz des Schulterblattes (Processus coracoideus) (Abb. 43).
- Therapeutisch ist die Fehlfunktion im Schultergelenk krankengymnastisch und durch Trainingsumstellung zu beseitigen (s. Vorkapitel), die mechanische Noxe (z. B. durch Polsterung) zu neutralisieren und die entzündliche Reaktion durch eine lokale Infiltrationsbehandlung mit Lokalanästhetika, pflanzlichen Zubereitungen oder selten (!) Kortikoid-Kristallsuspensionen zu bessern.

Die Muskelhärte (Myogelose) des Deltamuskels

Die Myogelose des Deltamuskels zeigt sich zumeist im hinteren Deltamuskelabschnitt und wird vorwiegend durch statische muskuläre Arbeit provoziert:

Sportschießen (»Schützenschulter«)
Kraftsportarten

- Diagnostisch ist sie durch Tasten gut zu erfühlen und gegenüber anderen Schultererkrankungen abzugrenzen.
- Therapeutisch eignen sich Muskeldehn- (Stretching) und lockere dynamische Bewegungsübungen gut zur Lösung der Muskelhärten. Die lokale Infiltrationsbehandlung mit Procain zeigt ebenso wie eine durchwärmende Therapie mit Fango-/Moorpackungen, Elektro- und Ultraschallanwendungen Erfolg. Die Anwendung von forcierten Maßnahmen (z. B. »Sport«-Massagen) kann eine gegenteilige Wirkung erzeugen.

Da isometrische Muskelbeanspruchung bereits bei 30–35% der erreichbaren isometrischen Kraftmaxima zu vorzeitiger Übersäuerung führt, ist besonders bei dieser sportlichen Belastungsform auf ausreichende Regenerationsmaßnahmen, wie Muskelstretching, Gymnastik, Beachtung der Regenerationszeiten usw., als Überlastungsschadenprophylaxe zu achten.

Zusammenfassung

Das Schultergelenk weist aufgrund seiner speziellen konstruktiven Merkmale zwar ein großes Bewegungsausmaß auf, ist aber deshalb auch für Überlastungsschäden im Sport besonders anfällig.

Die Kenntnis der funktionellen topographischen Besonderheiten der Schulter vermittelt in besonderer Weise den Zugang zur Diagnostik und Therapie.

Die Effektivität der Therapie steht in direktem Zusammenhang mit der Genauigkeit der Diagnosestellung, wobei zu berücksichtigen ist, daß die einzelnen Krankheitsbilder auch kombiniert auftreten können. Am Beginn jeder Therapie sollte die Trainingsumstellung bzw. die Belastungspause für die betroffene Struktur stehen, wobei im ärztlichen Gespräch falsche Trainingsmodalitäten und technische Fehler anzusprechen sind.

Eine aktive, krankengymnastisch betreute Trainingspause ist der passiven Ruhigstellung immer vorzuziehen, da es sonst langfristig zu einer Einbuße der Gelenkfunktion kommen kann (»frozen shoulder«). Die lokale Infiltrationsbehandlung garantiert bei gut lokalisierbaren Schäden (Abb. 53) eine hohe Erfolgsrate. Zur Anwendung kommen Lokalanästhetika, pflanzliche Zubereitungen, Superoxid-Dismutase und bei sorgfältiger Indikationsstellung auch Glukokortikoide (Cortison).

Unterstützt werden die therapeutischen Maßnahmen durch physikalische Therapie: Kälte- (akut) und Wärmeanwendung (chronisch), Elektrotherapie, Iontophorese, Magnetfeldbehandlung, Röntgentiefenbestrahlung. Die lokale Applikation von antirheumatischen Gelen hat sich ebenfalls bewährt.

Auch die Gabe von oralen Antirheumatika/Antiphlogistika wirkt unterstützend, führt aber bei alleiniger Anwendung in der Regel nicht zum Ziel.

Die operative Therapie ist erst nach Versagen aller konservativen Maßnahmen angezeigt.

Zwischen konservativer und operativer Therapie steht die Möglichkeit der Beendigung der spezifischen sportlichen Betätigung, die aber eher der Freizeitsportler als der Leistungssportler annehmen wird.

Abbildung 53
Injektionsorte bei der Infiltrationsbehandlung am Schultergelenk

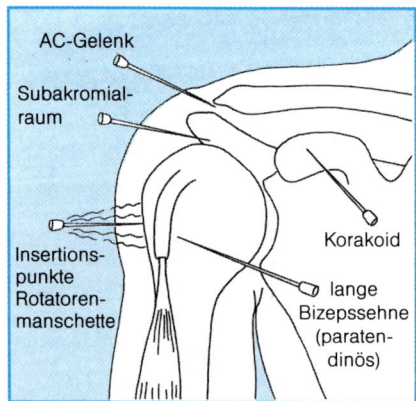

9 Der fehlbelastete Ellenbogen

Überlastungsschäden im Bereich des Ellenbogengelenkes resultieren häufig aus Sportarten, die mit Wurf-, Schlag- oder stärkerer Haltearbeit verbunden sind. Die Problematik ergibt sich aus der zweiachsigen Gelenkfunktion mit ihren biomechanischen Besonderheiten und dem engen Kontakt zum Gefäßnerven-strang.

Im Ellenbogengelenk, das funktionell gesehen ein Drehwinkelgelenk (Trochoginglymus) darstellt, artikulieren Oberarmknochen, Elle und Speiche miteinander und ermöglichen eine Beugung und Streckung des Unterarmes sowie eine Drehbewegung der Handfläche nach unten (Pronation) oder oben (Supination, Abb. 54).

Beuge- und Streckantagonismus

Die Kraftentwicklung der drei wichtigsten Beugemuskeln (M. biceps brachii, M. brachialis, M. brachioradialis) übertrifft deutlich die der Streckmuskulatur (M. triceps brachii).

Entwicklungsphysiologisch ist das durch die Tatsache zu begründen, daß die meisten Greif-, Tast- und Ausdrucksfunktionen der Hand in Beugestellung des Ellenbogengelenkes durchgeführt werden. Im Sport, insbesondere im Leistungssport, wo häufig eine maximale Streckung bzw. eine Feststellung des Ellenbogengelenkes erforderlich ist (Kugelstoßen, Geräteturnen), stellt hingegen

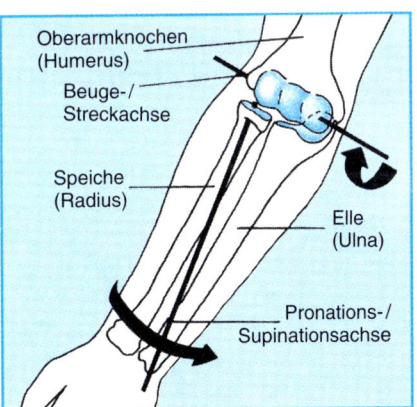

Abbildung 54
Bewegungsachsen des rechten Ellenbogengelenkes

91

Abbildung 55
Unterschiedliche
Hebelwirkungen
von Schnelligkeits-
②, ③ und Lasten-
beugern ①

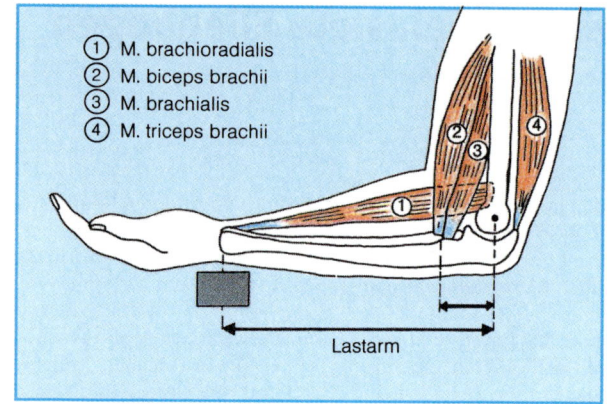

① M. brachioradialis
② M. biceps brachii
③ M. brachialis
④ M. triceps brachii

Lastarm

die Trizepskraft einen leistungsbegrenzenden Faktor dar. Bei übermäßiger Beanspruchung kann dies zum Überlastungschaden führen (z. B. Insertionstendinose am Olekranon).

Beugeseitig unterscheidet man die sogenannten Schnelligkeitsbeuger, M. biceps brachii und M. brachialis, die mit kurzem Hebel (Kraftarm) am Unterarm ansetzen, vom sogenannten Lastenbeuger, M. brachioradialis, der mit langem Hebel ansetzt (Abb. 55).

Bereits kleine Kontraktionswege der Schnelligkeitsbeuger führen zu großen und schnellen Bewegungsausschlägen, allerdings mit dem Nachteil ungünstiger Hebelwirkung bei größeren Lasten auf die Sehnen und Sehnenansätze. Das Verhältnis Kraftarm zu Lastarm beträgt etwa 1:5. Bei einer Beugelast von 1 kg müssen 5 kp Beugekraft aufgebracht werden.

Anders verhält es sich beim M. brachioradialis (Lastenbeuger), bei dem der Lastarm in etwa dem Kraftarm entspricht, das Verhältnis also bei 1:1 liegt.

Abbildung 56
Unterschiedliche
Kraftentwicklung
des M. biceps brachii in Supinations- und Pronationsstellung

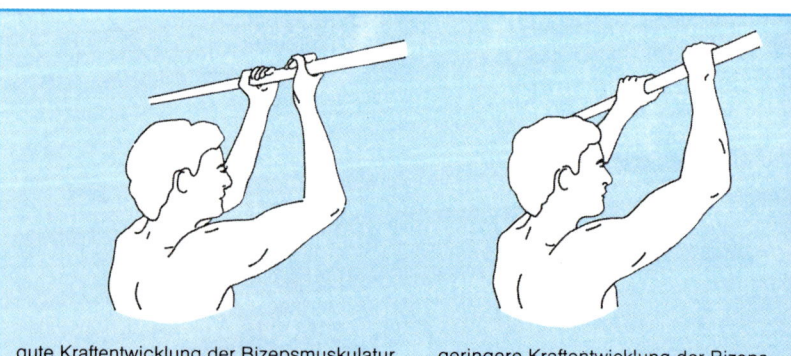

gute Kraftentwicklung der Bizepsmuskulatur in Supinationsstellung (Kammgriff)

geringere Kraftentwicklung der Bizepsmuskulatur in Pronationsstellung (Ristgriff)

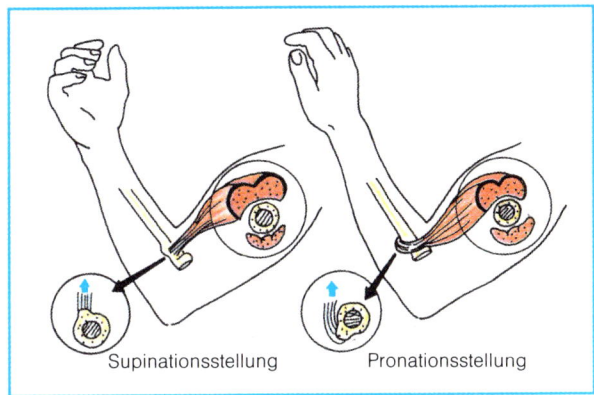

Supinationsstellung   Pronationsstellung

Abbildung 57
Günstige Zug-
beanspruchung in
Supination, un-
günstige Belastung
in Pronation auf
den distalen Bi-
zepssehnenansatz
(rechter Arm)

Während der M. brachioradialis seine größte Beugekraft in Pronationsstellung
(Handfläche nach unten) entfalten kann, entwickelt sie der M. biceps brachii
aufgrund seines Ansatzes an der Tuberositas radii in Supinationsstellung
(Handfläche nach oben).
In Pronationsstellung verläuft der distale Bizepsabschnitt um die Speiche spi-
ralig verdreht. Nicht alle Faseranteile können dadurch maximal beansprucht
werden, woraus eine Kraftminderung resultiert (Abb. 56, 57).
In Pronation lassen sich wiederum die anderen Unterarmbeuger stärker bean-
spruchen, so daß beim Training der Armbeugemuskulatur beide Griffformen
angewandt werden sollten. Eine einseitige Bevorzugung der Pronationsstellung
kann zu einem Überlastungsschaden des unterarmseitigen Sehnenabschnittes
und -ansatzes des M. biceps brachii führen, da wegen der spiraligen Verdrehung ungünstige, quer zur Sehnenfaserrichtung verlaufende Scherkräfte auftreten.

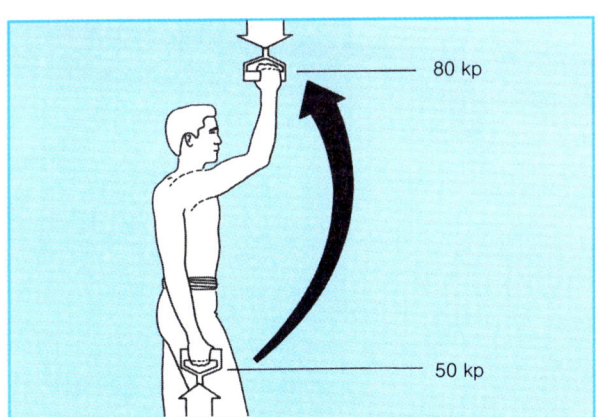

80 kp

50 kp

Abbildung 58
Höhere Kraftent-
wicklung durch
Vorspannung des
Bizepsmuskels bei
erhobenem Arm

93

Von trainingsphysiologischer Bedeutung ist auch, daß die Kraft des Bizepsmuskels von der Stellung des Oberarmes abhängt. Beim Anheben des Armes nimmt die Vorspannung des Muskels zu, so daß eine höhere Kraftentwicklung möglich wird (Abb. 58).

Für ein Maximalkrafttraining zur Verbesserung der intramuskulären Koordination der Armbeugemuskulatur, insbesondere des Bizeps, sind deshalb Zugmaschinen von oben (»pull down«) günstiger als die beliebten Bizepscurls.

Pro- und Supination im Ellenbogengelenk

Die Handwendebewegungen werden durch gelenkige Verbindungen zwischen Elle und Speiche ermöglicht:

- Pronation: Drehen des Handrückens nach oben bzw. einwärts (Abb. 59 A, B)
- Supination: Drehen der Handfläche nach oben bzw. auswärts (Abb. 60 A, B)

Durch Streckung des Armes ist eine Vordehnung des M. pronator teres möglich, die die Kraftentwicklung für die Pronationsbewegung erhöht. Zusätzlich ist der Pronator teres an der Armbeugung mitbeteiligt und erfährt in dieser Doppelfunktion eine erhebliche Belastung bei Wurfbewegungen.

Die Supinatoren sind stärker als die Pronatoren und entfalten ihr Kraftmaximum in Beugestellung des Ellenbogengelenkes.

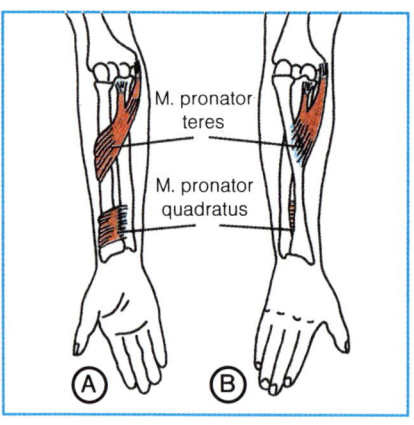

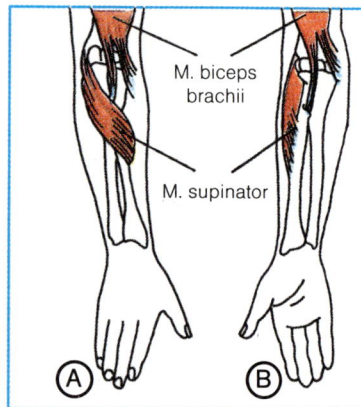

Abbildung 59
Pronatoren des Unterarmes:
Ⓐ vor, Ⓑ nach Pronation

M. pronator teres

M. pronator quadratus

M. biceps brachii

M. supinator

Abbildung 60
Supinatoren des Unterarmes:
Ⓐ vor, Ⓑ nach Supination

Muskelursprünge am lateralen und medialen Gelenkknorren des Oberarmes

Von den zahlreichen Muskeln, die das Handgelenk und die Fingerbeugung und -streckung steuern, entspringen die größten und bedeutendsten am äußeren oder inneren Oberarmgelenkknorren:

■ Äußerer Gelenkknorren (Epicondylus humeri radialis (lateralis, Abb. 61)):
   – M. extensor digitorum   Auswärtskippung
   – M. extensor carpi radialis   des Handgelenkes
   – M. extensor carpi ulnaris   Streckung

■ Innerer Gelenkknorren (Epicondylus humeri ulnaris (medialis, Abb. 62)):
   – M. flexor digitorum   Einwärtskippung
   – M. flexor carpi ulnaris   des Handgelenkes
   – M. flexor carpi radialis   Beugung

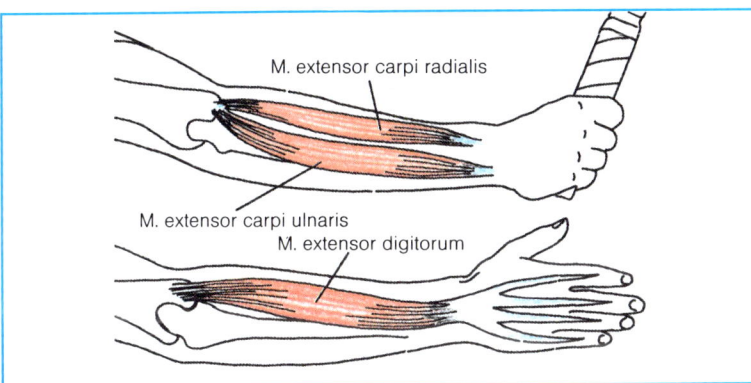

M. extensor carpi radialis

M. extensor carpi ulnaris
M. extensor digitorum

Abbildung 61
Äußere Extenso-rengruppe des rechten Armes von dorsal

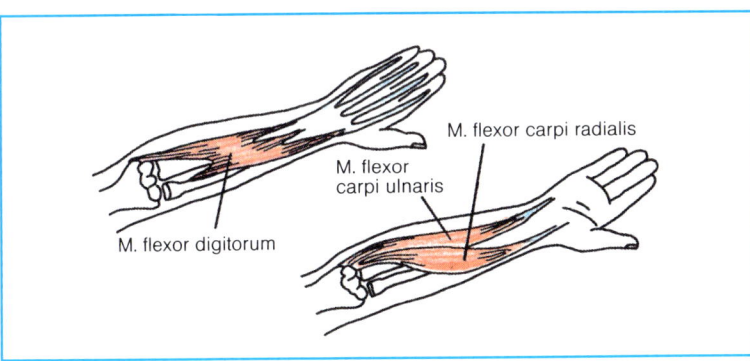

M. flexor carpi radialis

M. flexor carpi ulnaris

M. flexor digitorum

Abbildung 62
Innere Flexoren-gruppe des rech-ten Armes von volar

95

Die Feinabstimmung der gebündelt und in einem relativ umschriebenen Bezirk an den Oberarmknorren entspringenden Beuge- und Streckmuskeln der Hand erfordert einen hohen Koordinationsaufwand. Die Anfälligkeit dieser Sehneninsertionszonen ist besonders hoch. Fehlbelastungen rufen auffallend rasch eine Sehnenansatzentzündung (Insertionstendinose) hervor (s. Tennisellenbogen, S. 98, und Golferellenbogen, S. 101).

Disponierende Faktoren für eine sportliche Überbelastung des Ellenbogengelenkes

■ Abweichung des Armachsenwinkels (Abb. 63)

Abbildung 63
(unten links)
Abweichungen
vom Armachsen-
winkel (normale
Valgusab-
weichung: ♂: 11°;
♀: 13°)

Anmerkung: Achsenabweichungen vom normalen Gelenkwinkel in Streckstellung werden als Valgusstellung mit Zunahme des Winkels, als Varusstellung mit Abnahme des Winkels bezeichnet. Die Bezugsachse liegt hierbei bei 0 bzw. 180°.

Cubitus valgus
mit Vergrößerung des Winkels. Häufiger beim weiblichen Geschlecht zu finden (zweiseitig!), aber auch nach altem (suprakondylärem) Oberarmbruch (einseitig!).

Abbildung 64
(unten rechts)
Überstreckbares
Ellenbogengelenk
(Cubitus recur-
vatus)

Cubitus varus
mit Verringerung des Winkels. Meist als Folge eines Oberarmbruchs (einseitig!).

■ Überstreckbarkeit des Ellenbogengelenkes (Abb. 64):

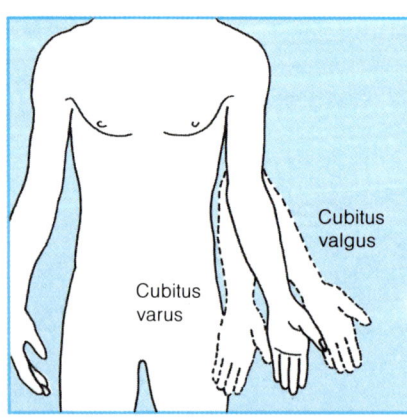

Cubitus valgus

Cubitus varus

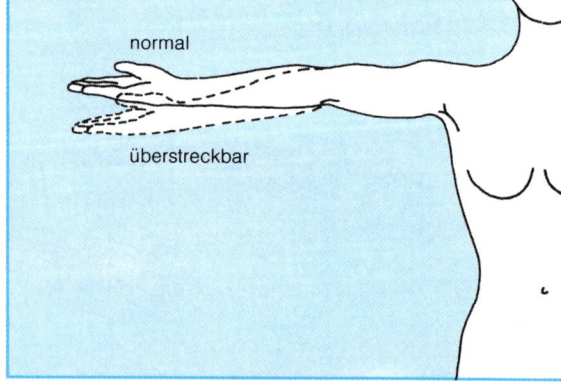

normal

überstreckbar

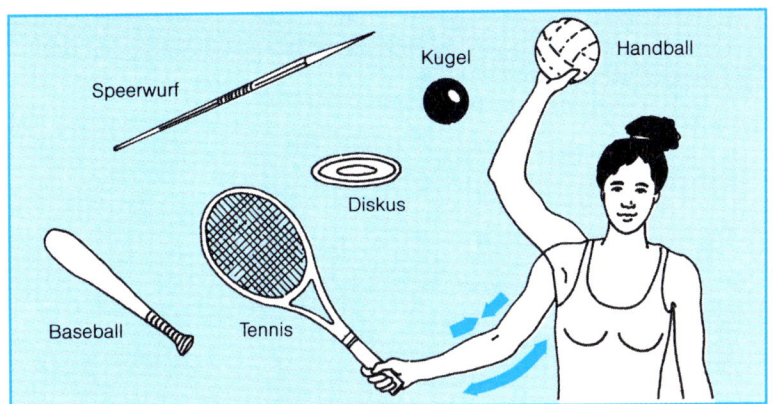

Abbildung 65
Valgusstreß bei
verschiedenen
Sportarten

Speerwurf

Kugel

Handball

Diskus

Baseball

Tennis

Cubitus recurvatus

überwiegend bei Frauen auffällig, aber auch beim Ehlers-Danlos-Syndrom mit Überbeweglichkeit weiterer Gelenke und der Haut. Als Folge dieser Überstreckbarkeit können die korrespondierenden Gelenkflächen (Olekranon und Humerus) bei ruckartigen Streckbewegungen gegeneinander schlagen und chronische Gelenkschäden verursachen (z. B. Exostosen = knöcherne Gelenkausziehungen).

> Cubitus valgus, varus und recurvatus können bei Werfern, Rückschlagspielern und Turnern einen Überlastungsschaden im Ellenbogengelenk begünstigen.

Valgusstreß

Als Valgusstreß wird eine Belastung des Ellenbogengelenkes bezeichnet, deren Kräfte innenseitig (ulnar) auf die gelenkführenden Strukturen als starke Dehnung, außenseitig (radial) als Druck wirken (Abb. 65). Er findet sich vor allem bei leichtathletischen Wurf- und Stoßdisziplinen, Ballwurf- und Ballschlagsportarten.

> Durch technisch saubere Bewegungsausführung, gute Auf- und Abwärmtechnik und richtigen Trainingsaufbau mit ausreichender Möglichkeit zur Regeneration lassen sich Überlastungsschäden durch Valgusstreß am Ellenbogengelenk weitgehend vermeiden.

Grundsätzlich sind am Ellenbogengelenk drei Gruppen von Überlastungsschäden festzustellen

1. Sehnenansatzentzündungen (Insertionstendinosen):
   - Epicondylitis humeri radialis

97

- Epicondylitis humeri ulnaris
- Insertionstendinose und Tendinitis des M. biceps brachii an der Tuberositas radii
- Insertionstendinose des M. triceps brachii am Olekranon
2. Nervenengpaß-Syndrome:
  - Supinatorsyndrom
  - Pronator-teres-Syndrom
  - N. interosseus-anterior-Syndrom
  - Sulcus-ulnaris-Syndrom
3. Gelenküberlastungen:
  - Osteochondrosis dissecans
  - epiphysäre Osteochondrosis
  - degenerative Veränderungen

Tennisellenbogen – Epicondylitis humeri radialis (lateralis)

Synonym: Epikondylose, Epkondylopathie

Im allgemeinen und besonders im angloamerikanischen Sprachgebrauch meist als »Tennisellenbogen« bezeichnet, handelt es sich um den häufigsten Überlastungsschaden am Ellenbogengelenk.

Ursächlich liegt eine Überlastungsreaktion der Ursprungssehnenplatte (Aponeurose) der Handgelenk- und Fingerstreckmuskulatur zugrunde (Abb. 66). Zu dieser Überlastung führen häufig:
- technisch fehlerhafte Bewegungsausführung:
  z. B. Rückhandschläge aus dem Handgelenk beim Tennis

Abbildung 66
Ursprungsaponeurose der Extensorengruppe am äußeren Epicondylus (= Schmerzzone)

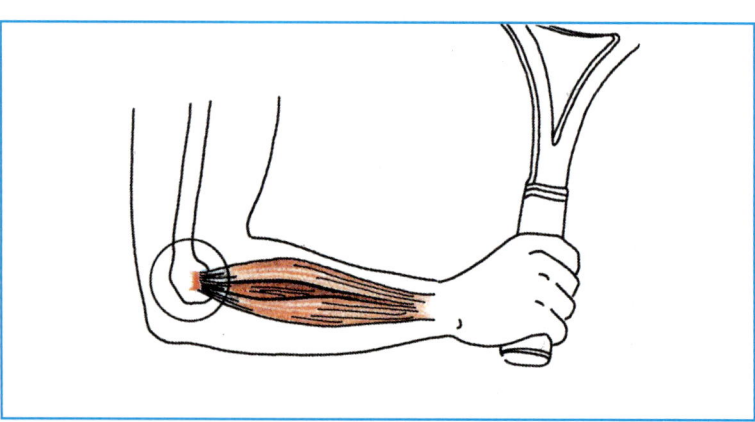

- falsches Material:
  z. B. zu große/zu kleine Griffstärke und zu harte Bespannung des Tennis-schlägers
- koordinative Störung der Unterarmmuskulatur:
  z. B. lokale Übermüdung der Arbeitsmuskulatur
- neurogene Fehlsteuerung:
  z. B. Wurzelreizung beim Halswirbelsäulen-Syndrom, aber auch psychische Fehlverarbeitungen (Übermotivation)
- fehlstatische Voraussetzungen:
  z. B. Cubitus varus

Betroffen sind vor allem folgende Sportarten:
Rückschlagspiele: Tennis (Rückhand), Squash, Badminton
Kraftsport: Hantelübungen
Sportklettern: Klimmzugtraining
Skilanglaufen: Stockarbeit

Ein Häufigkeitsgipfel findet sich jenseits des 45. Lebensjahres.
Bei den diagnostischen Überlegungen gilt es vor allem, ein Cervial-und Supi-natorsyndrom (s. S. 106) abzugrenzen. Allerdings können beide Syndrome mit der Epicondylitis humeri radialis vergesellschaftet sein.

- Die Diagnostik orientiert sich vor allem an der typischen Krankengeschichte und der klinischen Untersuchung:
- Schmerzen im Bereich des äußeren Epicondylus und Kraftminderung bereits bei alltäglichen Belastungen, die mit Anspannung der Unterarmstreckmus-kulatur verbunden sind, wie Faustschluß, Halten eines Glases oder Maschi-neschreiben, besonders aber bei der sportartspezifischen Belastung
- umschriebener Druckschmerz am äußeren Epicondylus
- gelegentlich Schwellung im Bereich der Ansatzzone und strangartige Ver-dickung im ursprungsnahen Muskelabschnitt
- Provokationstests für die Schmerzauslösung am äußeren Epicondylus:
- Chair-Test: Anheben eines Stuhles (Hockers) mit einwärtsgedrehtem Unter-arm und gestrecktem Ellenbogengelenk
- Thomsonscher Handgriff: Die überstreckte Faust wird gegen Widerstand nach unten gedrückt
- Bowden-Test: Mit gestrecktem Ellenbogengelenk wird in Handeinwärtsdre-hung eine auf 20 mm Hg aufgeblasene Blutdruckmanschette langsam zu-sammengepreßt. Der Druckwert, bei dem erstmals Schmerzen auftreten, gilt als quantitatives Maß für die Schmerzstärke. Der Test ist auch geeignet, den Therapieeffekt zu kontrollieren.

Bei unklarem klinischen Bild sind als Zusatzuntersuchungen angezeigt:
- Röntgenaufnahmen des Ellenbogengelenkes zum Ausschluß von Verände-

rungen im Gelenk. Die Epicondylitis selbst weist nur diskrete Veränderungen auf (epikondyläre Auflagerungen, Umbauzonen).

■ Elektromyographie (elektrische Muskelabteilungen), insbesondere im Hinblick auf ein zusätzliches Supinatorsyndrom.

■ Abklärung Halswirbelsäule.

■ Eine konsequent durchgeführte konservative Therapie bringt bei Beachtung aller Störfaktoren in 80–90% eine Ausheilung. Zu den erfolgversprechenden Maßnahmen gehören:

– Trainingsumstellung mit Entlastung der Unterarmmuskulatur (auch der Antagonisten), die sich in schweren Fällen bis zur Ruhigstellung durch einen Kunststoffverband erstreckt (unter Einschluß des Handgelenkes!)

– Material- und Technikverbesserung, z.B. Griffstärkenanpassung und Verbesserung der Rückhand beim Tennis

– funktionelle Verbände zur Entlastung des Sehnenursprunges während der Sportausübung, z.B. Tapeverband, Epicondylitisbandagen mit Friktionseinsatz

– vorsichtige Muskeldehnungen (Stretching) vor und nach Muskelbeanspruchung bis zur Schmerzgrenze

– gefühlvolle Friktionsmassagen der proximalen Muskelabschnitte

– Kältetherapie bei akuten,

– Wärmeanwendung bei chronischen Fällen

– lokale Applikation von antirheumatischen Gelen

– Elektrotherapie (Iontophorese), Ultraschall, Röntgenschmerzbestrahlung, Versuch mit Lasertherapie bzw. Stoßwellenbehandlung

– Lokale Infiltrationsbehandlung, wobei eine Mischung aus einem Lokalanästhetikum mit einer Kortikoid-Kristallsuspension (Cortison) den günstigsten Therapieeffekt zeigt. Hierzu ist eine genaue Infiltrationstechnik nach vorhergehender Markierung erforderlich. Eine Applikation ins Unterhautfett sollte wegen der Gefahr von Unterhautnekrosen und -atrophien vermieden werden. Mehr als fünf dieser Infiltrationen in 1- bis 2wöchigen Abständen sollten nicht durchgeführt werden.

> Die lokale Kortikosteroidinfiltration bei der Epicondylitis besitzt eindeutige medizinische Indikation und weist gute Erfolge auf. Kontraindiziert ist sie wegen der Sehnenrupturgefahr allerdings bei anderen Lokalisationen, wie Achillessehne, Bizepssehne und bedingt Quadrizepssehne.

Die systemische Gabe von Antirheumatika/Antiphlogistika zeigt aufgrund der ungenügenden Durchblutungssituation am Wirkort (Diffusionsprinzip) nur einen geringen Effekt.

Erst nach dem Versagen der konservativen Therapie sollte man sich zur Operation entschließen. Als günstigste Technik hat sich die »erweiterte Hohmannsche Einkerbung« mit Desinsertion der Extensorenursprünge und Denervierung des Epicondylus radialis erwiesen (90% Erfolge).

■ Prophylaktisch bieten sich neben der bereits erwähnten Technik- und Materialumstellung an:
– Kräftigungsübungen der Unterarmmuskulatur (Abb. 67).
– Auf- und Abwärmprogramm mit Muskeldehnübungen (Abb. 68) und sportartspezifischen Bewegungsabläufen ohne wesentliche Zusatzbelastung

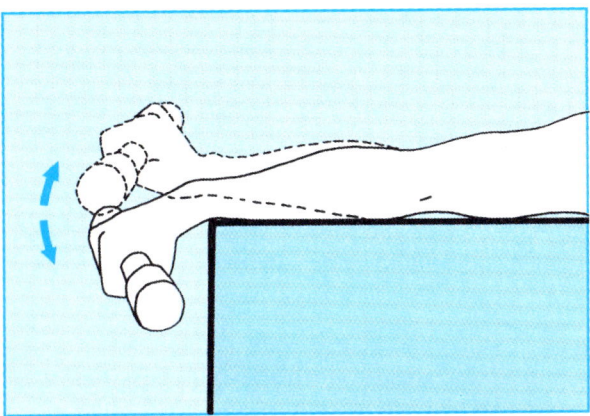

Abbildung 67
Kurzhanteltraining der Unterarmmuskulatur mit Bevorzugung der Extensoren (Pronationsstellung)

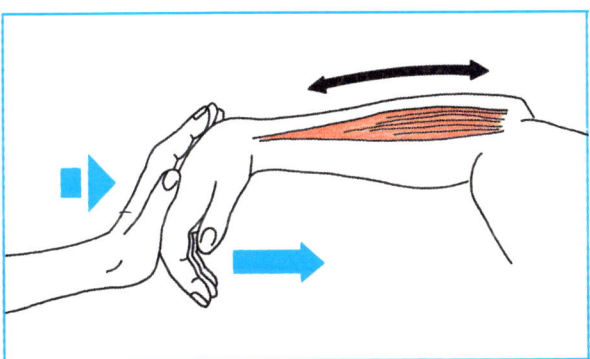

Abbildung 68
Dehnübung der Unterarmstreckmuskulatur

Golferellenbogen – Epicondylitis humeri ulnaris (medialis)

Wird häufig auch als »Werferellenbogen« bezeichnet.
Ursächlich handelt es sich, ähnlich wie bei der radialen Epicondylitis, um eine Überlastungsreaktion der Sehnenursprünge der Handgelenks- und Fingerbeugemuskulatur am inneren Epicondylus (Abb. 69).

101

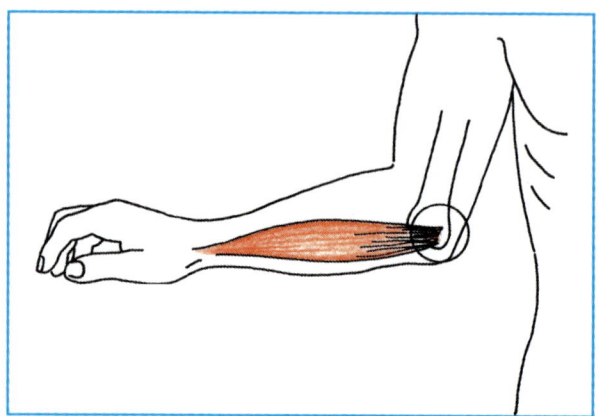

Abbildung 69
Ursprungszone der Flexorengruppe am inneren Epicondylus (= Schmerzzone)

In der Entstehungskette können vor allem folgende Belastungsreize zur Überlastungsreaktion führen:
- vermehrter Valgusstreß (s. S. 97) bei allen Wurf- und Stoßdisziplinen
- wiederholte hohe und kurzzeitige Spannungsspitzen (Golf, Baseball, Tennisaufschlag) auf die Handgelenksbeugemuskulatur
- ständig wiederkehrende Krafteinwirkungen auf den Muskelursprung (Klimmzugtraining)

Begünstigend wirken:
unsaubere Technik, vorzeitige muskuläre Ermüdung, neurogene Fehlsteuerung und/oder Fehlstatik (Cubitus valgus).

Häufig betroffen sind folgende Sportarten:
leichtathletische Stoß- und Wurfdisziplinen: Speerwurf, Diskus und Kugelstoßen
Ballwurf: Handball, Basketball
Ballschlagdisziplinen: Golf, Baseball, Tennis (Aufschlag, Vorhand)
Sportklettern
Skilanglaufen/Rollski: insbesondere bei Benutzung des »Power-Griffes«, einer Griffvariante in Pronationsstellung

- Die Diagnosestellung ist allein aufgrund der typischen klinischen Zeichen möglich:
  - Schmerzen im Bereich des inneren Epicondylus und Kraftminderung der dort entspringenden Beugemuskulatur bereits bei Alltagsbelastungen
  - umschriebener Druckschmerz am inneren Epicondylus
  - Die Provokationstests für die Schmerzauslösung am inneren Epicondylus werden im Vergleich zur äußeren Epicondylitis umgekehrt durchgeführt:

Chair-Test mit auswärtsgedrehtem Unterarm

Thomsonscher Handgriff mit gebeugter Faust gegen einen Widerstand nach oben

Bowden-Test mit auswärtsgedrehtem Unterarm

Zum Ausschluß anderer Erkrankungen ist neben einem Zervikalsyndrom vor allem auch an Nervenkompressionssyndrome (s. S. 73) zu denken: Sulcus-ulnaris-, Pronator-teres- und Nervus-interosseus-anterior-Syndrom. Eine Vergesellschaftung mehrerer Syndrome ist gerade am inneren Epicondylus möglich!

■ Sowohl die konservative als auch die operative Therapie entsprechen in etwa dem Vorgehen bei der radialen Epicondylitis.

Zu beachten ist allerdings bei der lokalen Injektion von Kortikosteroiden:
– Die unmittelbare Nähe des Nervus ulnaris zum Injektionsort erfordert eine genaue Infiltrationstechnik.

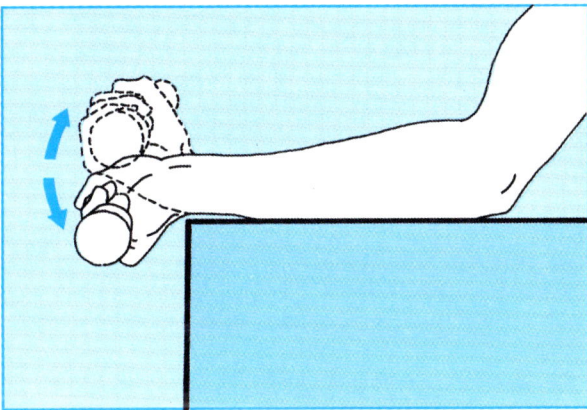

Abbildung 70
Kurzhanteltraining der Unterarmmuskulatur mit Bevorzugung der Beuger (Supinationsstellung)

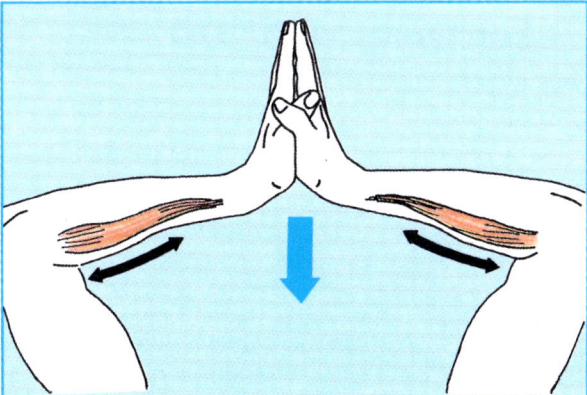

Abbildung 71
Dehnübung der Unterarmbeuger

103

– Bei gleichzeitiger Zerrung des inneren Gelenkbandes (Wurfdisziplinen) ist eine Steroidinjektion kontraindiziert, da danach eine erhöhte Rupturgefahr für dieses Band besteht.

Die prophylaktischen Kräftigungsübungen für die Handgelenksbeuger werden in Supinationsstellung durchgeführt (Abb. 70).
Die Muskeldehnübungen erfolgen in Gebetsstellung (Abb. 71).

Ansatz- und Sehnenentzündung (Insertions- tendinose und Tendinitis) des Musculus biceps brachii an der Tuberositas radii

Wie bereits bei den biomechanischen Vorbemerkungen dargestellt, ändert sich die Richtung der Zugspannung der Bizepssehnenfasern auf den knöchernen Ansatz (Tuberositas radii), je nachdem, ob sich der Unterarm in Pro- oder Supinationsstellung befindet. In Pronationsstellung wirken quer zur Faserrichtung verlaufende Scherkräfte bei teilweiser spiraliger Verdrehung des ellenbogennahen Sehnenabschnittes.
Häufig wiederkehrende hohe Krafteinwirkungen durch eine Bizepsbeanspruchung in Pronationsstellung, wie sie bei Leistungsturnern (z. B. Ristgriff am Reck), Kraftsportlern (Bizepscurls in Pronationsstellung), vor allem aber bei Sportkletterern (Klimmzüge mit Zusatzbelastung, isometrisches Hängen in verschiedenen Ellenbogengelenkswinkelstellungen) auftreten, führen gelegentlich zur Überlastungsreaktion der Sehne und ihrer Ansatzzone.

Die Ansatzentzündung der Bizepssehne findet sich vor allem bei:
Turnern: Geräteturnern
Kraftsportlern: Gewichtheber, Bodybuilder
Sportkletterern

■ Die Diagnostik bereitet in der Regel keine Schwierigkeiten.
   Es finden sich typischerweise:
   – Schmerzen in der Ellenbeuge beim Beugeversuch gegen einen Widerstand (Abb. 72)
   – eine schmerzhafte, verdickt tastbare Bizepssehne
   – endgradige Streckhemmung im Ellenbogengelenk infolge entzündlicher Verkürzung der Bizepssehne und reaktiver Muskelanspannung

■ Therapeutisch kommen konservative Verfahren zur Anwendung. Eine operative Sanierung ist selten notwendig und meist chronischen Fällen vorbehalten. Bewährte Behandlungsmaßnahmen sind:

104

– Entlastung durch sportartspezifische Belastungspausen und Trainingsumstellung. In leichten Fällen genügt oft ein Umgreifen von der Pro- in die Supinationsstellung beim Training.
– Ultraschall
– vorsichtige Dehnung und Friktionsmassage der ansatznahen Muskulatur
– Eisanwendung (akut), Wärmeanwendung (chronisch)
– Auftragen von antirheumatischen Gelen
– Paratendinöse Infiltration einer Mischung aus Lokalanästhetikum und pflanzlichem Antiphlogistikum
 CAVE: Kortikosteroide → Rupturgefahr!

Sehnenansatzentzündung (Insertionstendinose) des Musculus triceps brachii am Olekranon

Die Kraft und Schnelligkeit des M. triceps brachii stellt für viele der Sportarten, die mit einer Streck-, Stoß- oder Stützbewegung im Ellenbogengelenk einhergehen, den leistungsbegrenzenden Faktor dar. Durch ein zu intensives kraft- und/oder schnelligkeitsbetontes Training kann es zur Sehnenansatzentzündung dieses Muskels am Olekranon (Hakenfortsatz der Elle) kommen (Abb. 73).

Eine Sehnenansatzentzündung des M. triceps brachii findet man gehäuft bei:
Kugelstoßern
Boxern
Fechtern
Geräteturnern (»Stütz«)
Skilangläufern/Rollskiläufern

Abbildung 72 (li.)
Schmerzreaktion
bei Anspannung
des M. biceps
brachii gegen
Widerstand

Abbildung 73
Ansatzpunkt des
M. triceps am
Olekranon
(= Schmerzpunkt)

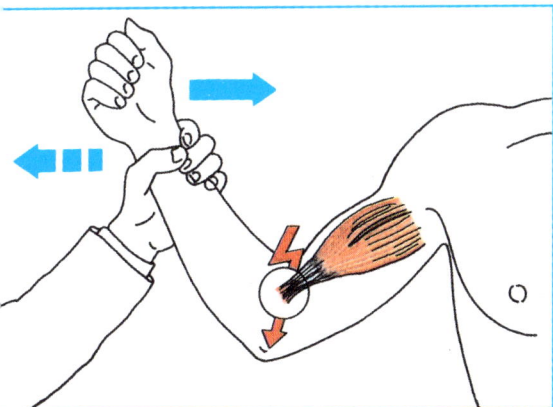

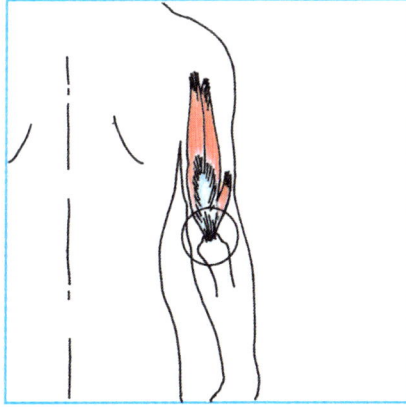

- Den diagnostischen Weg weisen:
- Schmerzen bei der Armstreckung gegen Widerstand und beim aktiven Überstreckungsversuch
- umschriebener Druckschmerz im Bereich der Sehnenansatzzone am Olekranon

- Die Therapie entspricht dem Vorgehen bei der Bizepssehnenansatzentzündung.

Die im Folgenden beschriebenen Nervenengpaß-Syndrome im Bereich des Ellenbogengelenkes als überlastungsbedingte Sportfolgeschäden sind häufiger, als sich zunächst vermuten läßt. Wie bereits früher besprochen (s. 7. Schwachstellen im Muskel-, Sehnen-, Gelenksystem, S. 52), führen primär zumeist chronisch mechanische Reize über Druck- oder Zugeinwirkung zur Nervenirritation (Neuropathie). Sekundär können sich dann durch eine veränderte Durchblutungs- und Elektrolyt- bzw. pH-Situation auch Störungen im Nervenstoffwechsel ergeben.

> Im Rahmen der Ursachenforschung sind in jedem Fall exogene Schädigungen, wie falsch angelegte Epicondylitisbandagen oder Tapeverbände, auszuschließen.

Supinatorsyndrom

Hier handelt es sich um die Einengung des tiefen Astes (Ramus profundus) des Nervus radialis im Durchtrittsbereich durch den sogenannten Supinatorschlitz (Arcus Frohse, s. Abb. 74), einem ohnehin relativ engen Muskelkanal.

Abbildung 74
Operative Darstellung des Supinatorschlitzes (rechter Arm von seitlich betrachtet)

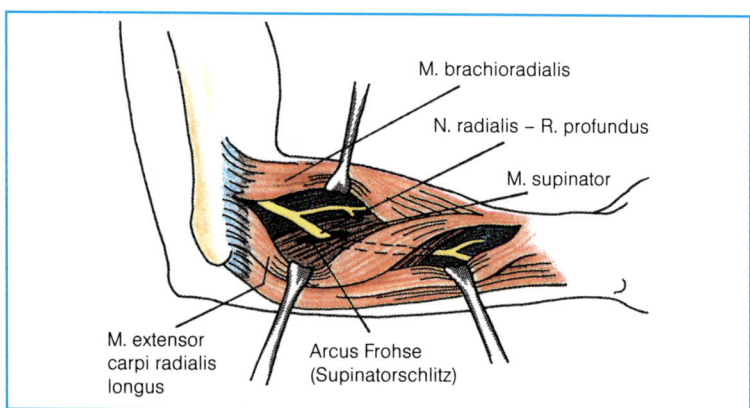

M. brachioradialis

N. radialis – R. profundus

M. supinator

M. extensor carpi radialis longus

Arcus Frohse (Supinatorschlitz)

Sportarten, bei denen es häufig zu maximaler Anspannung des in pronierter Beugestellung vorgespannten Supinatormuskels zur Fixierung des Ellenbogengelenkes kommt, führen zu Verdickung und sehniger Verhärtung des Muskels mit Einengung des N. radialis im Supinatorschlitz.

Betroffen sind vor allem:
Sportkletterer:
isometrisches Hängen in verschiedenen Winkelstellungen am Klimmzug-balken
Turner:
Barren, Ringe
Gewichtheber:
Maximalkrafttraining mit Langhantel

- Die Symptomatik erklärt sich aus der Tatsache, daß es sich beim tiefen Ast des N. radialis um einen rein motorischen Nerv handelt, der die Hand- und Fingerstrecker versorgt:
  - zunehmende Schwäche dieser Muskulatur
  - Schmerzen im oberen Unterarmdrittel bei Muskelanspannung
    Achtung: leicht mit der Epicondylitis humeri radialis, dem Tennisellenbogen zu verwechseln!

Die Diagnose wird durch ein EMG (Elektromyogramm) beim Neurologen erhärtet.

- Therapie:
  In akut auftretenden Fällen ist ein konservativer Therapieversuch mit nichtsteroidalen Antirheumatika, Vitamin-B-Komplex, lokaler Gel- und Salbenanwendung, vorübergehender Ruhigstellung und nachfolgender Belastungsumstellung gerechtfertigt.
  Bei chronischen Beschwerden und schwerwiegenden EMG-Veränderungen ist immer eine operative Dekompression angezeigt (häufig mit Umschneidung des radialen Epicondylus bei gleichzeitiger Epicondylitis).

Pronator-teres- und Nervus-interosseus-anterior-Syndrom

Der Nervus medianus kann im Bereich des Ellenbogengelenkes in seinem Verlauf an drei Stellen irritiert werden (Abb. 75).
Besonders kraftvolle Pro- und Supinationsbelastungen bei gestrecktem Arm, wie sie bei Wurfbewegungen auftreten, aber auch plötzliches Abbremsen von Schlagbewegungen mit gestrecktem Ellenbogengelenk gegen Widerstand können diese beiden Nervenkompressionssyndrome provozieren.

107

Abbildung 75
Irritationsorte des
Nervus medianus
im Bereich
des Ellenbogen-
gelenkes

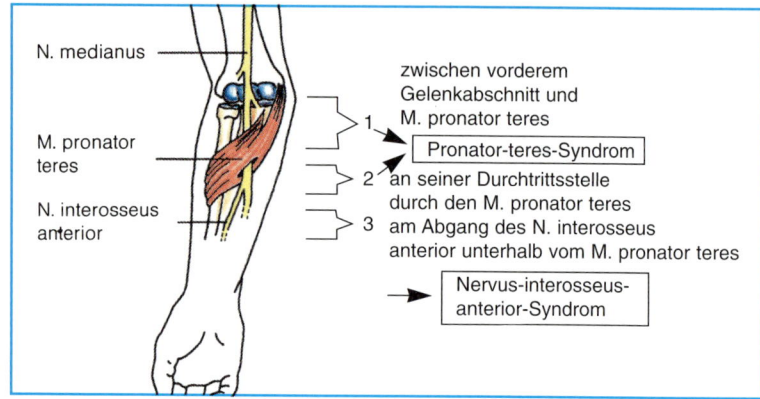

Sie finden sich gelegentlich bei:
Wurfsportarten: Speer, Diskus
Ballsportarten: Handball, Basketball
Kampfsportarten: Karate, Taekwondo

■ Die Diagnose gründet sich auf die Schmerz- und die neurologische Ausfall-symptomatik:

Pronator-teres-Syndrom:
– Schwäche der drei radialen Fingerbeuger (Daumen, Zeige- und Mittel-finger)
– Sensibilitätsstörungen in diesen drei Fingern und der Ringfingerinnenseite
– Druckschmerz und Schmerzen bei Pronation gegen Widerstand über dem mittleren Pronator-teres-Abschnitt (Abb. 75)

N.-interosseus-anterior-Syndrom:
– Beugeschwäche im Daumen- und Zeigefingerendgelenk
– Druckschmerz etwas unterhalb des M. pronator teres

■ Das Therapieprinzip entspricht dem des Supinatorsyndroms.

Sulcus-ulnaris-Syndrom

Der Nervus ulnaris verläuft am Ellenbogengelenk in einer knöchernen Einker-bung des inneren Oberarmknorrens, dem Sulcus ulnaris. Physiologischerweise führt jede Beugung im Ellenbogengelenk zu einer Anspannung der Nerven. Dabei wirken sowohl Zug- als auch Biegespannungen auf den Nerv (Abb. 76). Hohe Zugbelastungen, wie sie bei Wurfbewegungen auftreten, aber auch exzessive Beuge- und Streckserien, z. B. mit Zusatzgewichten, die zu einem regelrechten »Scheuern« des Nervs im Sulcus führen, können im Sport ein Sulcus-ulnaris-Syndrom auslösen, also eine Nervenirritation (Entzündung) in diesem Gleitkanal.

Zusätzlich disponierende Faktoren, wie Cuitus valgus, Subluxationstendenz des Nervs aus dem Sulcus, Knochenzacken oder alte Verletzungen (Brüche, organisierte Blutergüsse) können die Entstehung begünstigen.

Betroffene Sportarten sind vor allem:
Wurfdisziplinen: Speer, Handball
Kraftsport: Bizepscurls
Skilanglauf/Rollskilaufen: Stockarbeit

- Zur Diagnose führen:
  - Schmerzen an der Innenseite des Ellenbogens mit Ausstrahlung zum vierten und fünften Finger, die sich durch Beuge- und Streckbewegungen verstärken
  - Druckschmerz über dem Sulcus ulnaris, eventuell Auslösung von »Elektrisieren«
  - Sensibilitätsstörungen im Bereich der äußeren Hälfte des vierten Fingers und am gesamten fünften Finger (Ulnaris-Versorgungsgebiet).
  - Beugeschwäche des Klein- und Ringfingers im Endgelenk und Schwäche bei Innenkippung im Handgelenk.

Die Diagnosesicherung erfolgt über die Bestimmung der Nervenleitgeschwindigkeit (NLG) und elektromyographisch (EMG) beim Neurologen.
Differentialdiagnostisch sollten dort in jedem Fall ein Zervikalsyndrom (C_8), eine ulnare Epicondylitis und ein ulnares Karpaltunnelsyndrom (Nervenengpaß im Handgelenksbereich) ausgeschlossen werden.

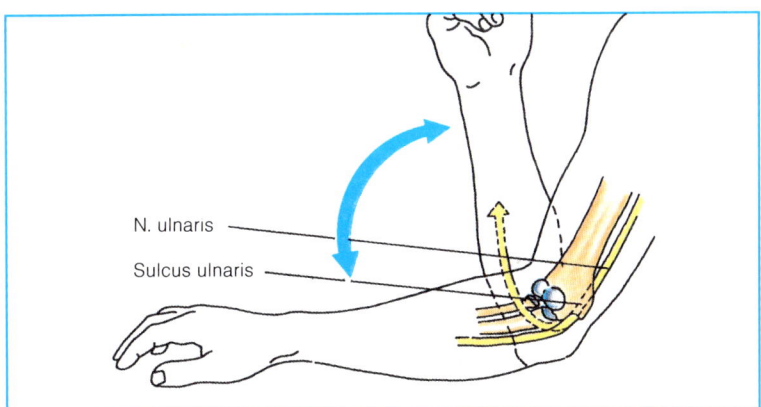

N. ulnaris

Sulcus ulnaris

Abbildung 76
Verlauf des Nervus ulnaris im Sulcus ulnaris und einwirkende Kräfte in verschiedenen Gelenkstellungen

109

■ Die Therapie in akuten und chronischen Fällen entspricht der des Supinatorsyndroms.

Die Überlastungsreaktion des Knorpel-Knochengewebes im Ellenbogengelenk: Die hohen Beschleunigungs- und Bremskräfte, die bei Wurf- und Schlagbewegungen peitschenschlagartig auf das Ellenbogengelenk einwirken, können bei ständiger Wiederholung zu Schäden am Knorpel-Knochengewebe führen. Betroffen sind insbesondere jugendliche Sportler in der ersten pubertären Phase (12–14 Jahre), also in einem Alter, in dem das Knorpel-Knochengewebe besonders empfindlich auf Be- und/oder Überlastung reagiert.

Knorpel-/Knochenablösung (Osteochondrosis dissecans)

Die genaue Ursache dieser zu den aseptischen Nekrosen zählenden Separierung umschriebener Gelenkknorpel-Knochenpartikel ist noch nicht eindeutig geklärt. Sicher aber spielt die mechanische Überlastung des Gelenkes eine große Rolle. Am Ellenbogengelenk findet man sie hauptsächlich am Capitulum humeri (Abb. 77). Ausgelöst wird sie wohl durch den Druck des Radiusköpfchens als Folge von Wurf- und Schlagsportarten, die mit einem erhöhten »Valgusstreß« einhergehen (s. S. 97).

> Deshalb finden wir diesen Schaden bevorzugt bei jugendlichen Rückschlagspielern: Baseball, Tennis, Squash, Volleyball
> Werfern: Speer, Handball
> Kampfsportlern: Karate, Boxen

■ Typischerweise zeigen sich als Symptome:
  – Schmerzen am äußeren (radialen) Gelenkspalt, die durch Druck oder Valgisierung verstärkt werden können
  – plötzliche schmerzhafte Gelenkblockierung
  – diffuse Schmerzbilder mit Gelenkschwellung

■ Die Diagnose wird durch Röntgenuntersuchung (immer mit Vergleichsaufnahmen des gesunden Gelenkes!) gesichert und nur in Ausnahmefällen arthroskopisch kontrolliert.

■ Die Therapie ist in der Regel, insbesondere bei Jugendlichen, konservativ mit vorübergehender Ruhigstellung und Sportverbot für Wurf- und Schlagbewegungen bis zum Wachstumsabschluß. Eine operative Intervention wird erforderlich, wenn sich das Dissekat lockert, löst oder gar nach Lösung einklemmt.

Wachstumsfugenstörung
(Epiphysäre Osteochondrosis)

Lockere Kapselbandführung, muskuläre Imbalancen, Achsenfehler (Cubitus valgus), aber insbesondere die hohen Anforderungen des Leistungssports führen bei Kindern und Jugendlichen zu Überlastungsschäden mit Mikrotraumatisierung im Bereich der Epiphysenfugen (Wachstumsfugen).

> Am Ellenbogengelenk finden sich diese epiphysären Schädigungen bei jugendlichen
> Tennisspielern
> Baseballspielern
> Turnern

Gerade der Tennisboom bringt besonders bei den weiblichen Professionals immer jüngere Stars hervor. Weltklassespielerinnen im Alter von 14 Jahren sind keine Seltenheit. Eine langjährige Trainingsanamnese mit 4- bis 6stündigem täglichen Training ist hierzu eine unabdingbare Voraussetzung. Ähnlich verhält es sich mit dem Turnsport der Frauen.

Das Ausmaß dieser Schädigungen reicht von der lokalen Epiphysitis, also einer entzündlichen Wachstumsfugenreaktion, bis zur Epiphysenfugenablösung im Bereich der Muskelursprünge und -ansätze.

Die Lokalisation liegt vorwiegend:

① im Bereich der Wachstumsfuge des Capitulum: Osteochondrosis deformans juvenilis capituli humeri (M. Panner)
② im Bereich der inneren Epicondyluswachstumsfuge
③ im Bereich der Olekranonepiphysenfuge
  (Abb. 78)

Abbildung 77 (li.)
Osteochondrosis dissecans am Capitulum humeri: Ablösung eines Knorpel-Knochen-Fragmentes

Abbildung 78
Schädigungsmöglichkeiten der Epiphysenfugen des Ellenbogengelenkes nach dem Röntgenbild eines 15jährigen Mädchens (Erklärung s. Text)

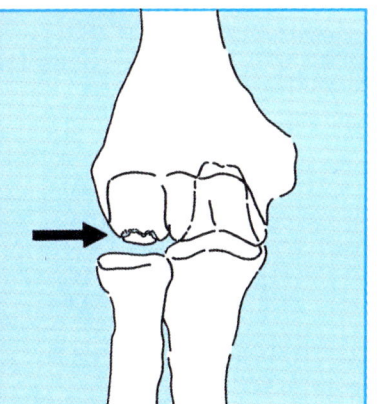

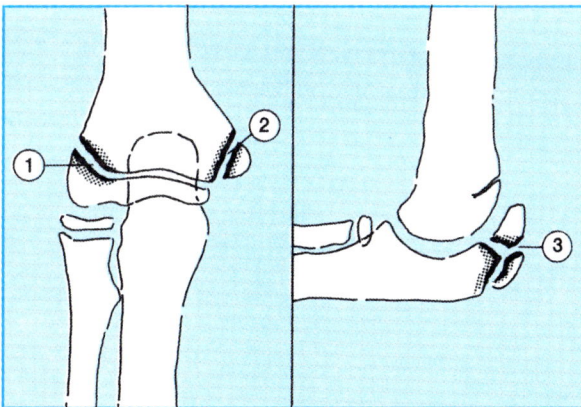

- Die Diagnose läßt sich bei diffusem Belastungsschmerz in erster Linie röntgenologisch sichern. Zu beachten ist allerdings, daß ein positiver Röntgenbefund erst ca. 2–4 Wochen nach dem Beginn der klinischen Symptomatik vorliegt.
- Die Therapie besteht, je nach Schwere des Krankheitsbildes, in einer vorübergehenden Ruhigstellung des Ellenbogengelenkes bis zu einer völligen Entlastung mit Sportverbot bis zum Wachstumsabschluß. Die Prognose ist als günstig zu bezeichnen.

Degenerative Veränderungen

In direkter Korrelation mit der Dauer der sportlichen Betätigung nehmen die degenerativen Veränderungen bei ellenbogengelenkbelastenden Sportarten zu; es handelt sich vor allem um:
1. knöcherne Ausziehungen/Spornbildung am
   a) Processus coronoideus
   b) Olekranon
   c) Epicondylus ulnaris
2. Knorpelschäden/Arthrose im Bereich
   d) der Fossa olecrani
   e) des radialen Gelenkspaltes (Abb. 79)

Ausgeprägt sind diese Veränderungen bei den leichtathletischen Wurfdisziplinen und bei Ballwurfsportarten, besonders, wenn die Sportler erst in höherem Alter mit dem Leistungssport begonnen haben und/oder fehlstatische Voraussetzungen aufweisen: Cubitus valgus, varus oder recurvatus.

- Hauptsymptome sind:
  - die schmerzhafte Bewegungseinschränkung
  - der Anlaufschmerz, also Schmerzen zu Belastungsbeginn, die sich nach einer »Einlaufzeit« spontan bessern

- Die Diagnose wird in der Hauptsache röntgenologisch gestellt.

- Am Anfang jeder Therapie sollte immer eine Überprüfung des sportartspezifischen Bewegungsablaufes stehen und z.B. eine fehlerhafte Wurf- oder Schlagtechnik bereinigt werden. Gute Aufwärmarbeit und allgemein kräftigende Übungen der am Bewegungsablauf beteiligten Muskeln sind eine weitere Voraussetzung.
  Die Therapie wird symptomatisch mit nichtsteroidalen Antirheumatika, lokalen Anästhetikainfiltrationen, Auftragen von entzündungshemmenden Gelen, physikalischen Maßnahmen, wie Iontophorese und Ultraschall, und

krankengymnastischen Übungsbehandlungen zur Beseitigung der reaktiven muskulären und bindegewebigen Folgeschäden durchgeführt.

Bei mechanischen Gelenkblockierungen kann eine operative arthroskopische Behandlung notwendig werden:

z. B. Entfernung sogenannter freier Gelenkkörper, Abtragung von bewegungshindernden Knochenzacken usw.

Zusammenfassung

Bei der Erkennung und Behandlung der beschriebenen Überlastungsschäden steht die Kenntnis der Biomechanik des Ellenbogengelenkes im Vordergrund.

Die Belastungskräfte gleicher Muskelgruppen ändern sich in Pro- und Supinationsstellung erheblich. Für die Traininsberatung ist dies sowie die Beachtung einer gelenkschonenden Technik und des Materials oft von ausschlaggebender Bedeutung.

Aus differentialdiagnostischen Erwägungen heraus sollte auf die neurologische Diagnostik zur Abgrenzung von Nervenkompressionssyndromen nicht verzichtet werden.

Beim Versagen konservativer Maßnahmen ist ein operatives Vorgehen erst mit einem sportorthopädisch orientierten Facharzt abzusprechen und gegebenenfalls durchzuführen, bevor ein Sportverbot erteilt wird.

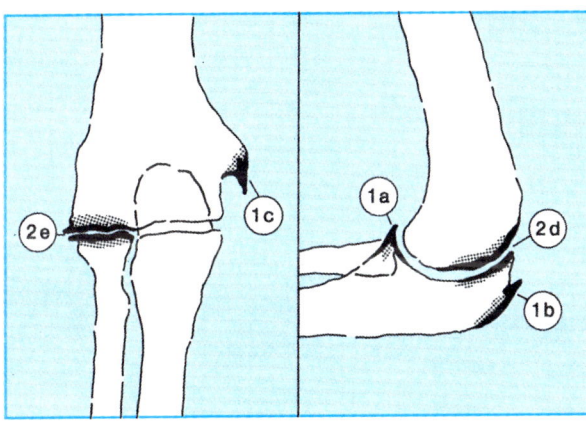

Abbildung 79
Degenerative Veränderungen des Ellenbogengelenkes (Erklärung s. Text).

113

10 Der Knorpelschaden des Kniegelenkes

Anatomie des Kniegelenkes

Das Kniegelenk stellt bei einer Reihe von Sportarten, bei denen Laufen, Springen und Kraftarbeit mit der Oberschenkelmuskulatur ein wesentlicher Bestandteil sind, häufig den »limitierenden Faktor« dar. Besonders der Gelenkknorpel wird von Überlastungsschäden betroffen. Aus anatomischer Sicht artikulieren die beiden Oberschenkelknorren (-kondylen) mit den entsprechenden Gelenkflächen des Schienbeinplateaus in Form eines Drehwinkelgelenkes. Diese Verbindung erlaubt sowohl eine Beuge- und Streckbewegung als auch eine leichte Außen- und geringere Innenrotation in gebeugtem Zustand bei in dieser Position entspannten Seitenbändern. Die beiden Kreuzbänder verhindern insbesondere in gebeugtem Zustand ein übermäßiges Vorwärts- (vorderes Kreuzband) oder Rückwärtsgleiten (hinteres Kreuzband) des Schienbeinkopfes. Zudem wickeln sie sich bei der Innenrotation umeinander und hemmen diese endgradig.

Die Aufgaben der beiden Menisken sind der Ausgleich der Gelenkinkongruenz, die Stoßabsorption, die bessere Kraftverteilung und die Unterstützung der Drehgleitbewegung im Kniegelenk, wobei der innere Meniskus mit dem Innenband verwachsen, der äußere unabhängig vom Außenband ist (Abb. 80).

Hervorzuheben ist, daß das Kniegelenk neben einer passiven Stabilität, die durch den beschriebenen Kapselbandapparat und die Menisken repräsentiert wird, auch eine aktive Stabilität besitzt, die im wesentlichen aus der vorderseitigen Streck- und rückseitigen Beugemuskulatur resultiert (Abb. 81).

Abbildung 80
Anatomische Strukturen des rechten Kniegelenkes von vorne

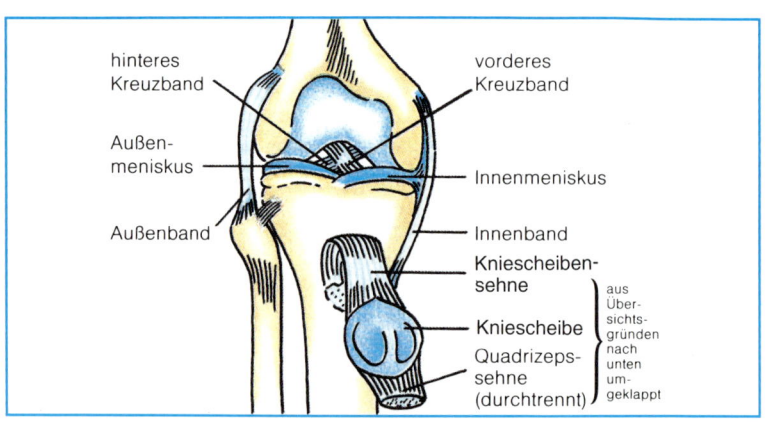

114

Mäßiggradige Bandlockerungen können daher durch die aktive muskuläre Stabilisierung kompensiert werden, was im Rahmen der krankengymnastischen Rehabilitation des Kniegelenkes eine wesentliche Rolle spielt.

Die gelenkige Verbindung zwischen Kniescheibe und Oberschenkel, das sogenannte Femoropatellargelenk, ist nach funktionellen Gesichtspunkten unbedingt dem Kniegelenk als Einheit zuzurechnen, da es eine wesentliche Rolle in der Mechanik der gesamten Kniegelenksbewegung spielt.
Die Kniescheibe nur als großes Sesambein zu sehen, wäre zu einseitig. Zudem ist sie bei den Sportschäden am Kniegelenk am häufigsten betroffen.

Die Biomechanik des Oberschenkel-Kniescheiben-gelenkes (Femoropatellargelenkes)

Biomechanisch betrachtet besitzt die Kniescheibe die Funktion eines Hypomochlions (Unterstützungspunkt von Hebelkräften), d. h., aus einer Vergrößerung der Hebelarme resultiert bei gleichbleibendem Kraftaufwand eine vermehrte Streckkraft im Kniegelenk (Abb. 82).
Dieses Prinzip findet auch in der Krantechnik Anwendung, wobei durch sogenannte Umlenkstützen die Seilzugkraft reduziert werden kann. Die relative Wirkung dieses muskelkraftsparenden Mechanismus der Kniescheibe ist um so größer, je geringer der Kniebeugewinkel ist, also z. B. beim Gehen und Laufen bedeutender als in der Hocke.
Allerdings ergibt sich daraus auch ein Nachteil:
Die Vergrößerung der Hebelarme bedeutet zwar eine Verringerung des muskulären Kraftaufwandes bei geringer Beugung, aber eine Erhöhung des knie-

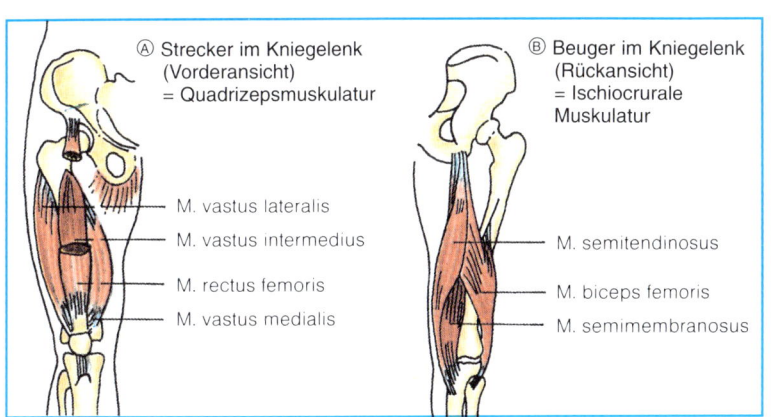

Ⓐ Strecker im Kniegelenk
(Vorderansicht)
= Quadrizepsmuskulatur

Ⓑ Beuger im Kniegelenk
(Rückansicht)
= Ischiocrurale
Muskulatur

M. vastus lateralis
M. vastus intermedius
M. rectus femoris
M. vastus medialis

M. semitendinosus
M. biceps femoris
M. semimembranosus

Abbildung 81
Zuggurtung des Kniegelenkes durch Streck- und Beugemuskulatur

115

Abbildung 82
Biomechanik der
Kniescheibe (Pa-
tella) in der Hypo-
mochlionfunktion

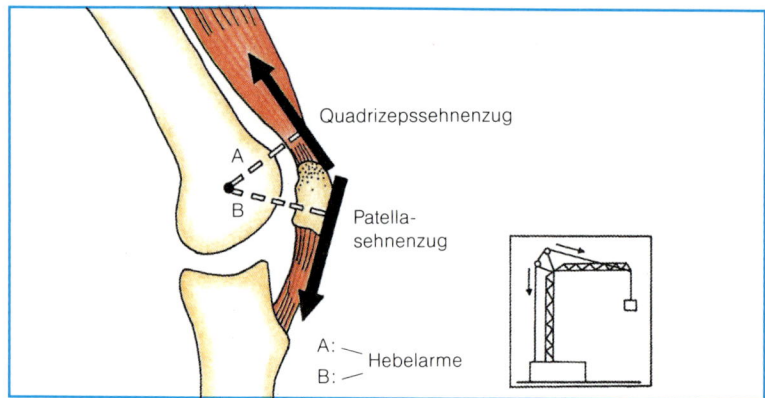

Abbildung 82
Biomechanik der
Kniescheibe (Pa-
tella) in der Hypo-
mochlionfunktion

Quadrizepssehnenzug

Patella-
sehnenzug

A:
B: — Hebelarme

scheibenrückwärtigen Anpreßdruckes, insbesondere bei zunehmenden Beuge-
winkeln (Abb. 83, 84).
Diese Kraft nimmt bis ca. 100° Beugung nahezu exponentiell zu. Danach
kommt es wegen des sogenannten Umwickelungseffektes der auf dem Oberschenkelknochen aufliegenden Strecksehne zu einer Teilentlastung der Kniescheibe.

Abbildung 83
Erhöhung der
kniescheibenrück-
wärtigen Anpreß-
kraft (K_0) mit zu-
nehmendem
Kniebeugewinkel:
$K_1 > K_0$

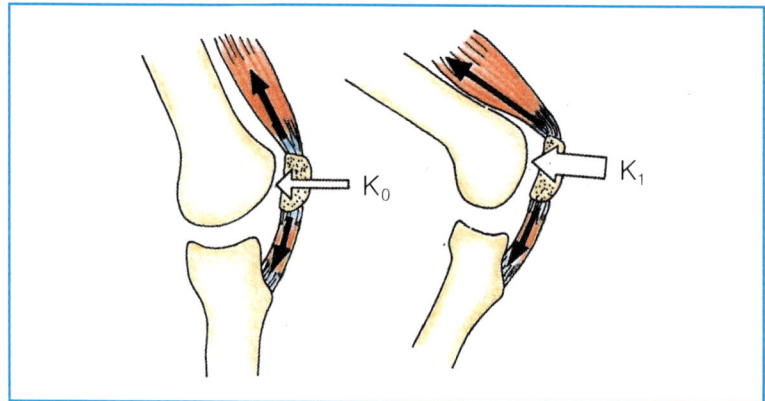

K_0

K_1

Bei Sportarten, die mit hohen Kniescheiben-Anpreßdrucken einhergehen,
ist häufig eine Chondropathia patellae zu finden (Knorpelschaden der
Kniescheibenrückseite).

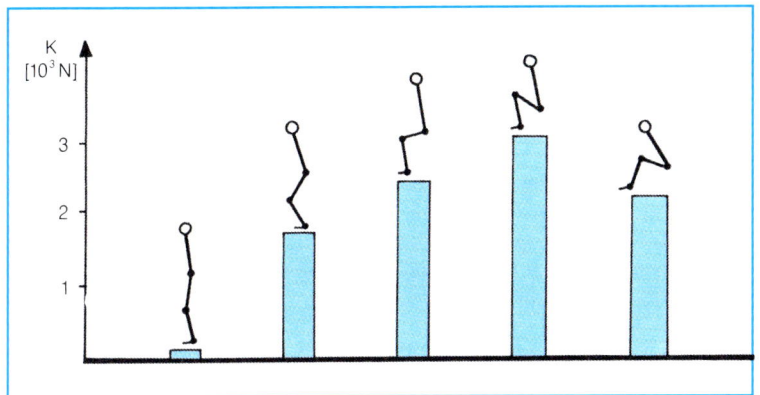

Abbildung 84
Kniescheiben-Anpreßkräfte bei unterschiedlichen Kniebeugestellungen und Körperschwerpunktlagen (mod. nach PLITZ)

Der kniescheibenrückseitige Anpreßdruck wird außer vom Beugewinkel im Kniegelenk zusätzlich vom Beugewinkel im Hüftgelenk und von der Schwerpunktlage des Körpers beeinflußt:
Eine Streckung im Hüftgelenk bewirkt eine Vorspannung der Quadrizepsmuskulatur über eine Dehnung des M. rectus femoris, der oberhalb des Hüftgelenkes entspringt. Eine Rückverlagerung des Körperschwerpunktes erhöht die Haltearbeit der Oberschenkelstreckmuskulatur. Beide Mechanismen steigern über eine vermehrte Zugarbeit den Anpreßdruck der Kniescheibe (Abb. 85).

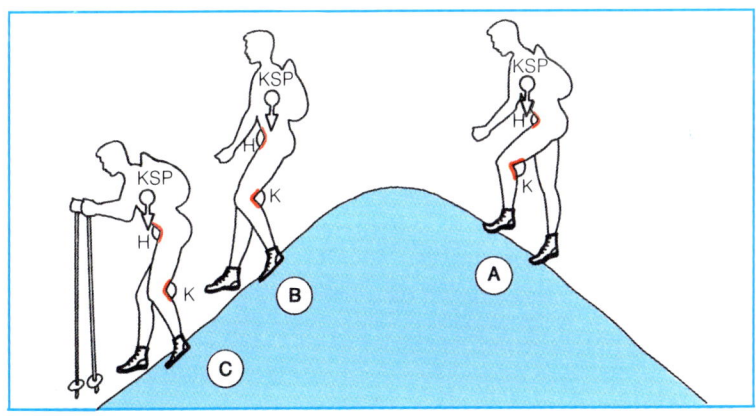

Abbildung 85
Vermehrte Druckbelastung der Kniescheibenrückseite beim Bergabgehen Ⓑ im Vergleich zum Bergaufgehen Ⓐ bei gleichen Kniebeugewinkeln (K). Grund: Verringerung der Hüftbeugung (H), Rückverlagerung des Körperschwerpunktes (KSP); Entlastungsmöglichkeit durch Skistöcke Ⓒ

117

Die Bedeutung des Knieachsenwinkels

Der normale Knieachsenwinkel beträgt 0° (Männer) – 6° (Frauen) Valgisierung. Eine gewisse Überlastungsdisposition läßt sich bereits aus Achsenfehlabweichungen wie Genu varum, valgum und recurvatum ableiten (Abb. 86). So finden sich gehäuft:

- Innenmeniskusschäden, Kniegelenksarthrosen und seitliche (iliotibiale) Bandsyndrome beim Genu varum (O-Bein)
- Kniescheibenknorpelschäden beim Genu valgum (X-Bein)
- Spitzenentzündung und Luxationstendenz der Kniescheibe beim Genu recurvatum (überstreckbares Kniegelenk)

Überlastungsbedingte Knorpelschäden zeigen sich sowohl im Femoropatellargelenk:
- Chondropathia patellae

wie im femorotibialen Gelenkspalt:
- Osteochondrosis dissecans
- Gonarthrose
- Meniskopathie

Abbildung 86
Achsenfehlabweichungen im Kniegelenk

Sie werden im weiteren näher beschrieben.

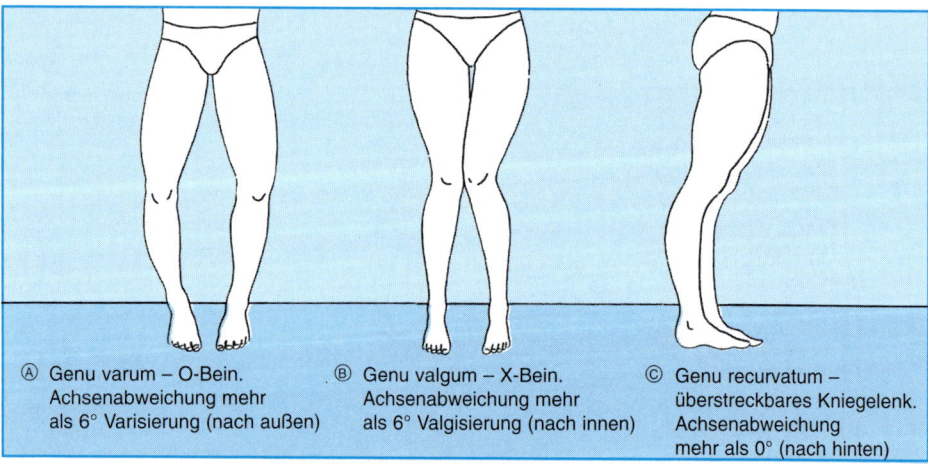

Ⓐ Genu varum – O-Bein. Achsenabweichung mehr als 6° Varisierung (nach außen)

Ⓑ Genu valgum – X-Bein. Achsenabweichung mehr als 6° Valgisierung (nach innen)

Ⓒ Genu recurvatum – überstreckbares Kniegelenk. Achsenabweichung mehr als 0° (nach hinten)

Der Knorpelschaden der Kniescheibenrückseite (Chondropathia patellae)

(im angloamerikanischen Sprachraum auch Chondromalazie genannt)

Pathologisch-anatomisch weist dieser Knorpelschaden trotz der vielfältigen ursächlichen Faktoren ein einheitliches morphologisches Bild auf.
Drei Schweregrade werden unterschieden (Abb. 87, jeweils hintere und axiale Ansicht):

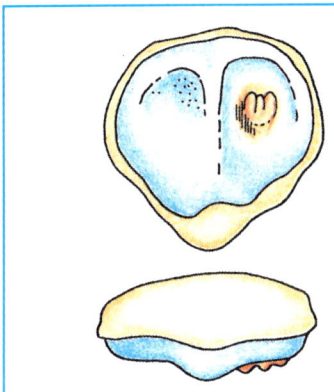

Grad I
Umschriebene Elastizitätsminderung des Gelenkknorpels mit Erweichung und gelbbräunlicher Faltenbildung. In der Grundsubstanz nimmt der Proteoglykangehalt ab.

Abbildung 87a
Chondropathia patellae Grad I

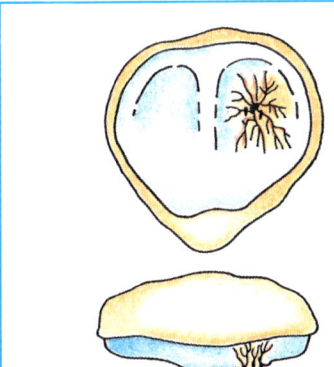

Grad II
Risse und Schuppenbildung in oberflächlichen Knorpelbezirken. Teilweise Degeneration der Knorpelzellen und Demaskierung der faserigen Strukturen. Die Grundsubstanz nimmt weiter ab.

Abbildung 87b
Chondropathia patellae Grad II

119

Abbildung 87c
Chondropathia
patellae Grad III

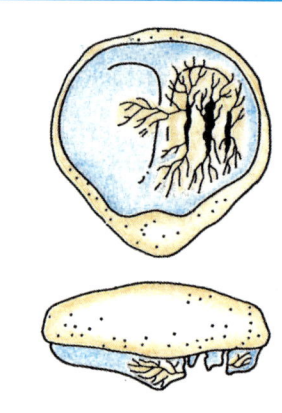

Grad III
Tiefe, bis auf den Knochen reichende
Risse und Höhlen. Histologisch finden
sich charakteristische Brutnester (cluster) als Zeichen eines erfolglosen Re-
generationsversuches. Im fortgeschrittenen Stadium (auch als Grad IV
bezeichnet) bilden sich große Knorpel-
geschwüre mit Freilegung großer Kno-
chenflächen (Übergang zur Arthrose).

Im oberschenkelseitigen Gleitlager findet sich zumeist auch eine entsprechende
Knorpelauffransung (Abb. 88).

Abbildung 88
Korrespondie-
rende Knorpelauf-
fransung im Ober-
schenkel-Gleit-
lager bei drittgra-
diger Chondropa-
thia patellae

Die Chondropathia patellae ist mit ca. 60% der häufigste Überlastungsschaden am Kniegelenk. Das Femoropatellargelenk muß beim Sportler ein Vielfa-
ches der Belastungen des Nichtsportlers tolerieren, wie z. B. ständig wiederkehrende schnellkraftbetonte Bewegungsabläufe, hohe Anpreßdrucke, häufig
wiederkehrende Prellungen usw.
Trotzdem ist es in einem hohen Maß fähig, die sportartspezifischen Belastungen zu tolerieren. Erst wenn die Summe der schädigenden Faktoren die reparativen Fähigkeiten überschreitet, kommt es zur überlastungsbedingten Dekompensation. Deshalb ist die Chondropathia patellae ein hervorragendes
Beispiel für die vielschichtigen Ursachen von Überlastungsschäden (Abb. 89).

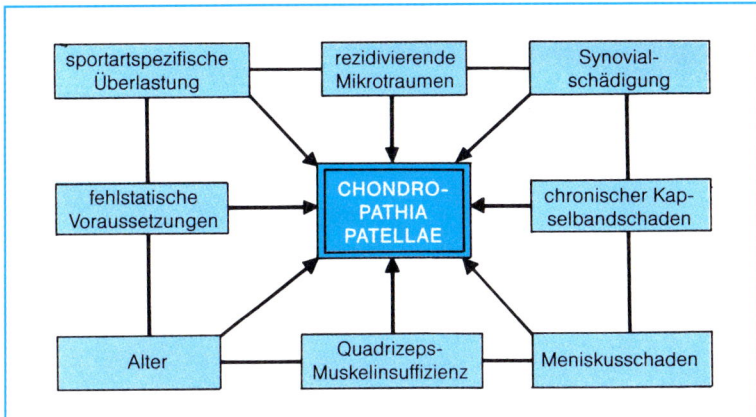

Abbildung 89
Ursächliche Ge-
sichtspunkte der
Chondropathia
patellae

Alter
Die häufig doppelseitige Chondropathia patellae weist einen Altersgipfel zwischen 10 und 20 Jahren auf, ein Zeitraum, der physiologischerweise von einer erhöhten Knorpelempfindlichkeit und seitens der sportlichen Aktivität häufig von unüberlegter Vehemenz gekennzeichnet ist.

Fehlstatische Voraussetzungen
Achsenfehler und Rotationsfehlstellungen im Kniegelenk, insbesondere das X-Bein, wurden bereits als disponierende Faktoren erwähnt (Abb. 86 B).
Zu einer belastungsbedingten Achsenfehlabweichung kann zusätzlich eine Überpronation (Innenknicken) im Sprunggelenk führen. Das Einwärtsknicken des Sprunggelenkes im Belastungsmoment bedingt häufig eine X-Beinstellung im Kniegelenk, z. B. beim Laufen. Dadurch kommt es während der Beugung und Streckung im Kniegelenk zu einer zusätzlichen Querbewegung der Kniescheibe nach außen mit vermehrter mechanischer Belastung und zum »Abscheuern« des Kniescheibenknorpels.
Angeborene Formvarianten der Kniescheibe und des Oberschenkelknochens beeinträchtigen die Funktion des Kniescheibengleitlagers:
So sind nach den von WIBERG beschriebenen Kniescheibenformen vor allem die Typen III und IV (im Extremfall sogenannte Jägerhutpatella) chondropathieanfällig (Abb. 90).
Gleiches gilt auch für die Fehlformen wie Patella parva (zu kleine), bipartita (geteilte) oder Flachpatella (Abb. 91).

Abbildung 90
Formvarianten der
Patella nach
WIBERG (axiales
Schnittbild)

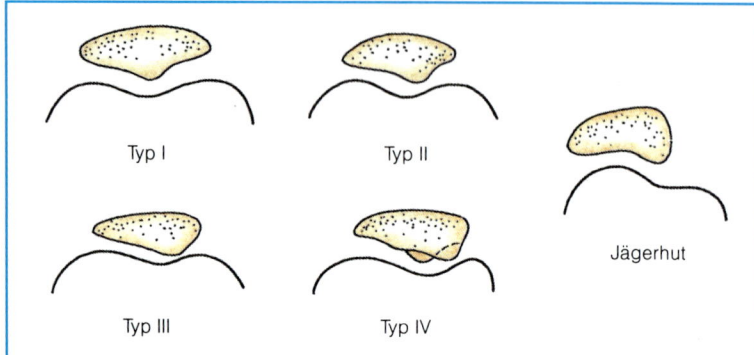

Typ I

Typ II

Jägerhut

Typ III

Typ IV

Abbildung 91
Fehlformen der
Kniescheibe (axia-
les Schnittbild)

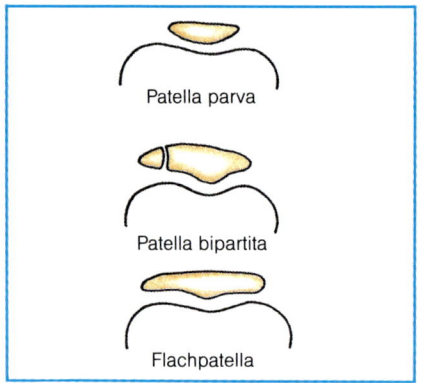

Patella parva

Patella bipartita

Flachpatella

Quadrizeps-Muskelinsuffizienz

Nach Knieverletzungen mit vorübergehender Ruhigstellung oder aktiver Schonung macht sich schon frühzeitig eine Schwächung des inneren Quadrizepsanteiles (M. vastus medialis) bemerkbar, die zu einer ungleichseitigen muskulären Zügelung der Kniescheibe mit Außenverlagerung und damit zu einer vermehrten Druckbelastung des äußeren Gleitlageranteiles führt (Abb. 92).

Auch eine Innervationsstörung bei Lendenwirbelsäulensyndromen L_3/L_4 kann zu einer entsprechenden Quadrizepsdysbalance führen.

Eine relative Schwächung des Muskulus vastus medialis findet sich auch gelegentlich bei weiblichen Leistungssportlern, bei denen Genu valgum (X-Bein) festzustellen ist.

Die einseitige Druckverteilung auf eine dadurch verkleinerte Gelenkfläche führt zu vorzeitigem Knorpelverschleiß und damit zur Chondromalazie.

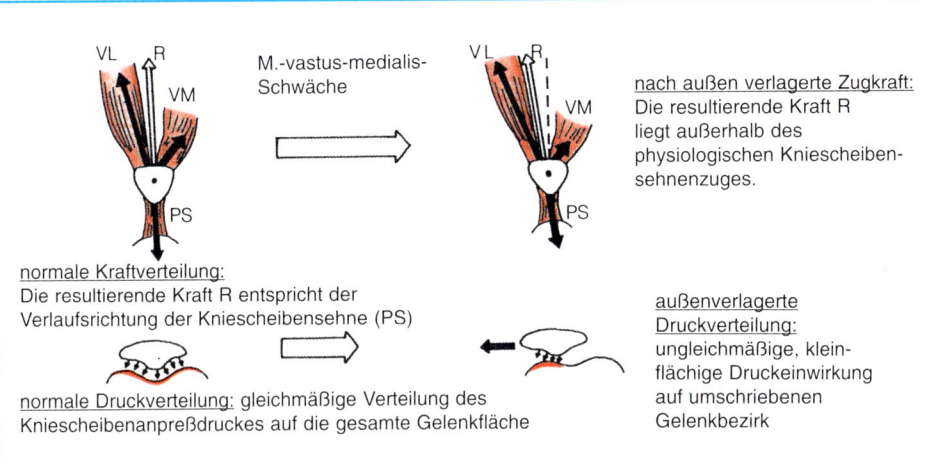

M.-vastus-medialis-Schwäche

nach außen verlagerte Zugkraft:
Die resultierende Kraft R liegt außerhalb des physiologischen Kniescheiben-sehnenzuges.

normale Kraftverteilung:
Die resultierende Kraft R entspricht der Verlaufsrichtung der Kniescheibensehne (PS)

normale Druckverteilung: gleichmäßige Verteilung des Kniescheibenanpreßdruckes auf die gesamte Gelenkfläche

außenverlagerte Druckverteilung:
ungleichmäßige, kleinflächige Druckeinwirkung auf umschriebenen Gelenkbezirk

Zustand nach Kniegelenksverletzungen

Ohne daß die Kniescheibe primär verletzt wurde, kann im Zusammenhang mit größeren Knieverletzungen und Knieoperationen sekundär eine Chondropathia patellae auftreten. Ursächlich zu nennen sind vor allem:

- Schädigung der Gelenkinnenhäute und ihrer Gelenkschmiere bildenden Funktion, die durch trophische Störung im Sinne einer Mangelernährung den Knorpel schwächt
- chronischer Kapselbandschaden, der durch die Gelenkinstabilität zu veränderten biomechanischen Bewegungsabläufen und Krafteinwirkungen führt
- Meniskusschaden, der über eine muskuläre Schon- bzw. Fehlführung mechanische Läsionen begünstigt

Sportartspezifische Überlastung

- Mikroschädigungen bei bestimmten Sportarten mit häufiger Stoß-, Schlag- oder kontinuierlicher Druckbelastung, wie Hallenhandball, Judo, alpiner Skirennsport. Die Schädigung tritt nur als Summationseffekt auf. Die Einzelläsion bewirkt keinen nachweisbaren Schaden. Bei der Entstehungsursache ist die Freisetzung lysosomaler Enzyme aus der Knorpelzelle mit »Andauung« und eine Entwässerung des Knorpels durch anhaltenden Druck zu diskutieren.
- Fehltraining, also eine falsche Auswahl der Trainingsmethoden, -techniken, -intensität und -anzahl, kann zu einer Kniescheiben-Knorpelschädigung infolge überhöhter Belastung bei ungenügender Regenerationszeit führen; Beispiel: Kniebeugen mit der Langhantel.
- Grundsätzlich sollte das Gewicht vor der Brust und nicht im Nacken gehalten werden. Dadurch wird die Druckbelastung auf das Kniescheibengelenk um ca. 20–40% verringert.

Abbildung 92
Links: Normale Zugrichtung der Quadrizepsmuskulatur mit gleichmäßiger Druckverteilung auf die Kniescheibenrückseite
Rechts: Lateralisierung der Quadrizepszugrichtung und des rückseitigen Kniescheibenanpreßdruckes bei Atropie des M. vastus medialis (VM = M. vastus medialis, VL = M. vastus lateralis, R = resultierende Kraft, PS = Patellasehne)

123

- Die Kniebeugen sollten nur im oberen Beugewinkel des Kniegelenkes, d. h. zwischen 0°–40° (geringer Anpreßdruck) und im untersten Bereich, also zwischen 100°–135° (Umwickelungseffekt der Quadrizepssehne) durchgeführt werden (Abb. 93).
- Die Gewichtsbelastung sollte dem Trainingseffekt auf die Muskulatur angemessen sein. Bei der Trainingsplanung aber sollte das Erholungsverhalten des Knorpels berücksichtigt werden (s. 1. u. 2., Training/Übertraining).

> Obwohl die Chondropathia patellae nahezu bei sämtlichen Sportarten anzutreffen ist, kommt sie bei einigen Disziplinen gehäuft vor:
> Kampfsport: Judo, Ringen
> Kraftsport: Gewichtheben
> Ballsport: Volleyball, Hallenhandball, Basketball, Feldhockey
> Bootssport: Rudern, Kanadier
> Rückschlagspiele: Badminton, Tennis
> Skisport: Alpin, Skisprung
> Schlittschuhsport: Eisschnellauf, Eiskunstlauf
> leichtathletische Sprungdisziplinen: Hochsprung, Weitsprung, Dreisprung, Stabhochsprung
> Langstreckenlauf mit Überdistanz (»Ultra«): Triathlon, Marathon, Berglauf-Ultras (»long distance knee«)
> Bergsteigen: Höhenbergsteigen, alpines Wandern und Klettern (»Bergsteigerknie«)

Abbildung 93
Quadrizepstraining mit der Langhantel (Kniebeugen) nur im oberen (0°–40°) und unteren (100°–135°) Kniebeugebereich

Leistungssportler dieser Sportarten sind einem erhöhten »retropatellaren Risiko« ausgesetzt, das aufgrund der sportartspezifischen Bewegungsdynamik nicht ganz vermeidbar ist. Der betreuende Arzt, der Trainer und der informierte Athlet können es weitgehend minimieren, wenn sie die Bedeutung fehlstatischer Voraussetzungen, falscher Trainingsformen oder falschen Materials erkennen.

■ Die Symptomatik ist typisch und führt bei gezielter Fragestellung schnell zu einer Verdachtsdiagnose:
- kniescheibenrückseitiger Ruheschmerz
- Schmerzverstärkung beim Bergabgehen
- Streckwunsch nach längerer Beugung (»Signe de Cine«)
- fühl- und tastbares Knirschen
- gelegentlich Ergußbildung nach Belastung (Schwellung)

■ Bei der körperlichen Untersuchung können folgende Befunde auffällig sein:
- positives Zohlen-Zeichen (Abb. 94)
- seitlicher Verschiebeschmerz der Kniescheibe
- innerer oder äußerer Facettendruckschmerz (Kniescheibenrand)
- fühlbares Gelenkreiben bei aufgelegter Hand während Beugung und Streckung
- gelegentlich Kniegelenkerguß mit »tanzender Patella«, d. h., die Kniescheibe schwimmt auf dem Erguß und läßt sich leicht mit vergrößertem Spielraum ins Gleitlager drücken

■ Die Diagnose wird in den allermeisten Fällen mittels der körperlichen Untersuchung gestellt. Eine zusätzliche Röntgendiagnostik mit Einbeziehung axialer Aufnahmen kann weitere Hinweise über Fehlstatik, Formvarianten oder Fehlformen der Patella liefern, eine diagnostische Beurteilung ist aber nur bei bereits fortgeschrittenem knöchernen Umbau im Sinne einer Arthrose möglich.
Eine primäre Indikation zur diagnostischen Arthroskopie (Kniegelenksspiegelung) stellt die Chondropathia patellae sicher nicht dar. Sie sollte nur diagnostisch unklaren oder therapieresistenten Fällen vorbehalten sein.

■ In die Therapie der Chondropathia patellae sollten unbedingt biomechanische Überlegungen einfließen. Je nach Sportart sind Gangbild, Laufbild oder Abfahrtshocke hinsichtlich ihrer fehlstatischen oder -dynamischen

Abbildung 94
Zeichen nach Zohlen zum Nachweis einer Chondropathia patellae: Bei gestrecktem Bein und entspannter Quadrizepsmuskulatur wird die Kniescheibe mit leichtem Druck nach unten zehenwärts in das femorale Gleitlager gedrückt. Der Patient wird nun aufgefordert, den Quadrizeps langsam anzuspannen. Im positiven Fall kommt es zu heftigem Schmerz im Bereich der Kniescheibenrückseite

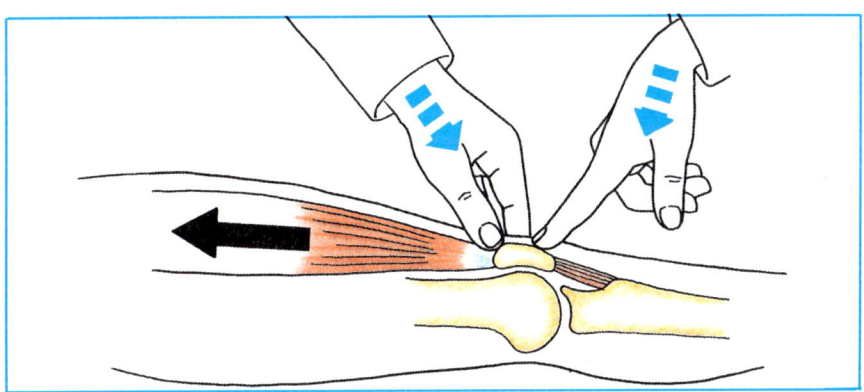

Belastungsauffälligkeiten zu analysieren und durch geeignete Maßnahmen, wie Schaumstoffeinlagenverordnung, Materialverbesserung (z. B. Schuhe) oder gezieltes Muskeltraining, zu korrigieren.

So benötigt der Läufer mit stärkerem Belastungsinnenknicken (Überpronation) passive Schaumstoffeinlagen nach Abdruck, Pronationshärten im Laufschuh (s. d.) und bei zusätzlichem X-Bein ein Training der inneren Oberschenkelmuskulatur.

> Der Therapieerfolg bei der Chondropathia patellae hängt im wesentlichen von der Beachtung der biomechanischen Kausalzusammenhänge ab.

Die Therapie ist primär konservativ und sollte in jedem Falle folgende Ansatzpunkte enthalten:
- Entlastung des Kniescheiben-Gleitlagers durch:
  – Trainingsumstellung bis Trainingspause
  – Muskeldehnübungen (Stretching) der gesamten Oberschenkelmuskulatur
  – Muskelkräftigung des Quadrizeps, insbesondere des M. vastus medialis (innerer Oberschenkelstrecker)
  – Ausgleich ungünstiger Fehlstatik durch orthopädietechnische Maßnahmen
  – fakultativ: kniescheibenführende Bandagen, sogenannte Kniekappen mit Führungsring, in den die Kniescheibe eingebettet ist
- Lokal entzündungshemmende Maßnahmen:
  – Kältetherapie, seltener Wärme
  – Auftragen von antirheumatischen Gelen
  – Iontophorese/Ultraschall
  – peri- und seltener intraartikuläre Injektionsbehandlung mit Lokalanästhetika/Phytotherapeutika

Für Kortikosteroid-, aber auch für Superoxiddismutasegaben in das Gelenk besteht nach Meinung des Verfassers bei der Chondropathia patellae keine Notwendigkeit. Eigenbluteinspritzungen sollten wegen des stark knorpelandauenden Effektes und der Synovialschädigungsmöglichkeit als kontraindiziert betrachtet werden.
- Systemische Therapie:
  – Antirheumatika bei akuter entzündlicher Aktivierung für ca. 8–14 Tage
  – knorpelheilungsunterstützende Substanzen, wie D-Glukosaminsulfat in Tablettenform über mindestens 6 Wochen
    Obwohl der Therapieeffekt dieser Substanzen mehr empirisch als durch Doppelblindstudien abgesichert ist, erscheint ihr Einsatz doch einen Versuch wert zu sein. Dagegen ist die Gelenkeinspritzung von knorpelstabilisierenden Pharmaka weiter umstritten, da die Reparation des Knorpels mehr von der Knochenseite auszugehen scheint und weniger von der Gelenkseite.

- dosierte Bewegungstherapie nach krankengymnastischer Anleitung als Reparationsreiz
- eine ausgewogene und bedarfsgerechte Ernährung, besonders des Leistungssportlers, unter Beachtung des Mineralstoff-/Spurenelement-/Aminosäurenhaushaltes

Ein operatives Vorgehen ist bei Therapieresistenz nach Ausschöpfung aller konservativen Möglichkeiten angezeigt. Hier bietet sich zunächst die wenig aufwendige Retinakulotomie (lateral release des Retinakulums, also eine Durchtrennung der äußeren Kapselanteile) an, die zu einer Innenverlagerung der Patella führt. Ein weiteres Verfahren ist eine Versetzung des knöchernen Sehnenansatzes (Tuberositas tibiae), z. B. nach MAQUET/HAUSER.

Arthroskopisches Glätten der Patellagelenkfläche und Pridiebohrungen sind nur im Zusammenhang mit biomechanischer Umstellung (Ausgleich fehlstatischer Voraussetzungen) und geeigneter Nachbehandlung effizient. Die Ergebnisse der radikalen Kniescheiben(teil)entfernung (Patellektomie) sind in den allermeisten Fällen, zumindest aber für den Sportler, enttäuschend.

Die Heilungsaussicht der Chondropathia patellae ist bei adäquater Behandlung als gut zu bezeichnen.

Vorbeugende Maßnahmen sind:
- weitgehende Ausschaltung biomechanisch ungünstiger Patellaverlagerungen und Druckspitzen auf das Gleitlager durch geeignete orthopädietechnische Maßnahmen (z. B. Schaumstoffeinlagen)
- Anpassung der Trainingsfolge an die verlängerte Regenerationszeit des Gelenkknorpels
- Vermeidung von Trainingsaufgaben mit hohem statischen Anpreßdruck der Patella
- Verlagerung des Krafttrainings in die endgradigen Streck- bzw. Beugebereiche des Kniegelenkes
- gute Ausbildung der kniegelenkstabilisierenden Muskulatur
- Tragen von Knieschützern, besonders bei stoß- und schlaggefährdeten Sportarten
- regenerative Maßnahmen der kniescheibenführenden Muskulatur (z. B. Stretching)

Ausschlußdiagnosen der Chondropathia patellae
Als begleitende Befunde, aber auch als selbständige Überlastungsschäden finden sich im Bereich des femoropatellaren Gelenkes (Abb. 95):
- Quadrizepssehnenansatzentzündungen am Patellaoberrand
- Patellasehnenansatzentzündung (Patellaspitzensyndrom) am unteren Patellapol, besonders bei Kniescheibenhochstand, Genu recurvatum
- Patellasehnenentzündung (»Springerknie«)
- Ermüdungsbruch (selten)

127

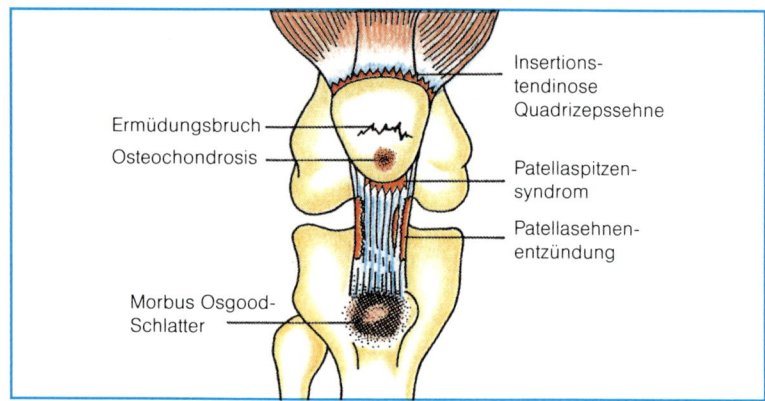

Abbildung 95
Differential-
diagnose des
femoropatellaren
Syndroms

Ermüdungsbruch
Osteochondrosis

Insertions-
tendinose
Quadrizepssehne

Patellaspitzen-
syndrom

Patellasehnen-
entzündung

Morbus Osgood-
Schlatter

- Knorpel-/Knochenentzündung (Osteochondrosis; selten)
  Osteochondrosis dissecans patellae
  Sinding-Larsen-Johannson-Syndrom (Dehnungsepiphysitis bei jugendlichen Sportlern)
- Morbus Osgood-Schlatter im Bereich der Tuberositas tibiae, eine entzündliche Wachstumsfugenreaktion des Ansatzhöckers (Apophyse)

Die Knorpel-/Knochenablösung des Kniegelenkes (Osteochondrosis dissecans)

Während die differentialdiagnostisch erwähnte Osteochondrosis der Kniescheibe eher eine Seltenheit darstellt, findet sie sich im Bereich der Femurkondylen relativ häufig. Über 50% aller Knorpel-/Knochenablösungsfälle sind am inneren Gelenkknorren lokalisiert. Die Schienbeingelenkfläche wird dagegen nur selten betroffen.

Rein deskriptiv handelt es sich um eine herdförmige Abgrenzung von Knorpelarealen und darunterliegenden Knochenanteilen, die in Reiskorn- bis Haselnußgröße auftreten und wahrscheinlich Ergebnis eines aseptischen Zelltodes (Nekrose) sind.

Pathologisch-anatomisch entsteht zunächst eine umschriebene subchondrale Nekrosezone bei oberflächlich intaktem Gelenkknorpel, der im weiteren Verlauf erweicht, an Glanz verliert und sich gemeinsam mit nekrotisierten Knochenanteilen als Dissekat oder sogenannte »Gelenkmaus« ins Gelenkinnere ablösen kann (Abb. 96).

Ursächlich werden diskutiert: eine lokale Mangelernährung und/oder eine mechanische Überlastung.

Da die Osteochondrosis dissecans besonders bei sportlich aktiven Jugendlichen auftritt, scheinen beide Entstehungsfaktoren zum Tragen zu kommen;

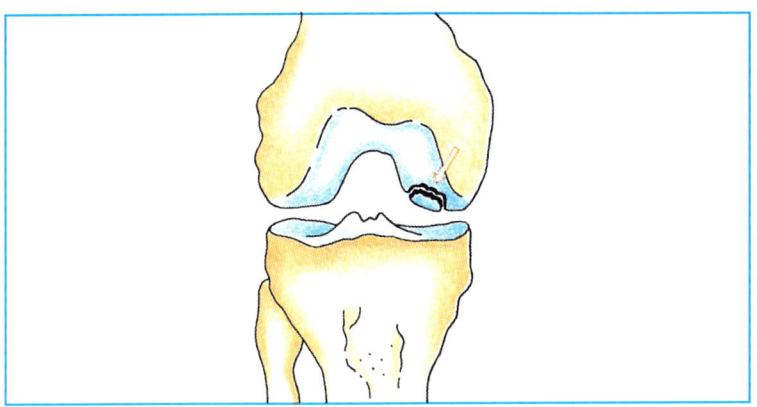

Abbildung 96
Osteochondrosis
dissecans am inne-
ren Oberschenkel-
knorren

eine durch das Wachstum ohnehin vermehrt beanspruchte und empfindliche Knorpelwachstumszone bei andererseits vermehrter mechanischer Belastung in diesem Lebensjahrzehnt. Nicht selten ist deshalb auch ein doppelseitiges Vorkommen.

Die Osteochondrosis des Kniegelenkes ist bei folgenden Sportarten häufi-
ger zu finden:
Skisport: alpiner Skirennsport, Skispringen
Ballsport: Fußball
Kraftsport: Gewichtheben
Leichtathletik: Sprungdisziplinen

- Die Symptomatik stellt sich eher unspezifisch und schwer lokalisierbar dar. Besonders häufig werden angegeben:
  - Schmerzen im Kniegelenk während und nach Belastung
  - Unsicherheitsgefühl im Gelenk
  - rezidivierende Ergüsse
  - Einklemmungserscheinungen bei Gelenkmausbildung
  - plötzliches unbeabsichtigtes Gelenkeinknicken (»giving way«)
  - typisch können auch beschwerdefreie Intervalle sein
- Den diagnostischen Weg sollten gerade die unspezifische Krankenge-schichte, das jugendliche Alter und einige unspezifische Zeichen, wie axia-ler Stauchungsschmerz oder inkonstante Gelenkblockierungen, weisen.
Die Diagnosesicherung erfolgt in der Regel röntgenologisch, wobei zu beach-ten ist, daß Frühstadien nur durch Schichtung dargestellt werden können (im Zweifelsfalle Computer- oder Kernspintomographie).
- Die Therapie gehört unbedingt in die Hände eines Facharztes (Orthopäde, Sporttraumatologe, Chirurg) und erfordert auch von diesem sehr viel Fin-gerspitzengefühl.

129

Eine konservative Therapie mit Ruhigstellung wird bei Kindern mit offenen Wachstumsfugen zur Vermeidung von operationsbedingten Sekundärschäden bevorzugt.

Zur Arthroskopie bzw. operativen Sanierung wird man sich eher bei abgeschlossenem Wachstum und freiem Gelenkkörper entscheiden.

Die Palette der operativen Verfahren reicht von der Refixation bis zur Entfernung des Dissekates, von der Defektabdeckung mittels Knorpel- oder Knochenmarkplastik über die Beck-Bohrung bis zur Umstellungsosteotomie (operative Änderung des Knieachsenwinkels).

Die Indikation ist immer individuell zu stellen. Eine inadäquate Behandlung führt in der Regel zu einer Kniegelenksarthrose.

Die Arthrose des Kniegelenkes (Gonarthrose)

Grundsätzlich führt die sportliche Betätigung bei physiologischer Belastungsweise zu einer Anpassungsreaktion des Gelenkknorpels mit erhöhter Grundsubstanz- und Bindegewebssynthese und damit zu einer Verdickung und Widerstandserhöhung des Knorpelsaumes.

Deshalb findet sich eine primär sportbedingte Arthrose nur selten. Für die sportbegünstigte Arthroseentwicklung bedarf es zumeist zusätzlicher erschwerender Faktoren, die zu einer frühzeitigen Arthrosis deformans führen. Einige wesentliche Ursachen seien für die Kniegelenksarthrose in nebenseitiger Abbildung zusammengestellt (Abb. 97).

Die pathologisch-anatomischen Veränderungen der Kniegelenksarthrose entsprechen in etwa dem im Abschnitt Chondropathia patellae (s. S. 119) besprochenen knorpelzerstörenden Verlauf (Stadium I–III).

Nach Zerstörung des Gelenkknorpels finden sich: eine verdickt umgebaute sklerosierte Knochenoberfläche, randständige Knochenzacken, Nekroseherde, Geröllzysten sowie eine Verdickung der Gelenkkapsel (Stadium IV, Abb. 98).

Kniegelenksarthrosen kommen statistisch häufiger bei folgenden, langjährig betriebenen Sportarten vor:
Kampfsport: Rugby
Ballsport: Fußball
Skisport: alpiner Skirennlauf
Kraftsport: Gewichtheben

■ Die ersten Symptome sind unspezifisch und flüchtig:
   – diffuser Gelenkschmerz nach Belastung
   – Steifigkeitsgefühl
   – Kälteempfindlichkeit

biomechanische Ursachen	biochemische Ursachen
– Abweichung des Knieachsenwinkels, z. B. Genu varum, Genu valgum – posttraumatische Bandinstabilität, z. B. Innenbandschaden, vordere Kreuzbandruptur – Aufhebung der Stoßprävention nach Meniskektomie – Knorpelvorschädigung, z. B. Osteochondrosis dissecans Z. n. Tibiakopffraktur – Gelenküberlastung, z. B. falsche Trainingstechnik, falsches Material – Gelenkentlastung z. B. fehlende Wechseldruckbelastung als Synthesereiz	– Katabole Stoffwechselsituation durch mangelnde Regeneration, z. B. zu häufige und / oder zu intensive Trainingsreize – gestörte Synovialfunktion (Gelenkschmierenproduktion), z. B. posttraumatisch, entzündlich – altersbedingte verlängerte Reparationszeit – primär entzündliche Erkrankungen, z. B. rheumatischer Formenkreis – Stoffwechselerkrankungen, z. B. Diabetes mellitus, Gicht – hormonelle Störungen, z. B. Gonadendysfunktion nach jahrelangem Doping

Gonarthrose

■ Nach diesen Frühsymptomen folgt die typische Schmerztrias:
  – »Anlaufschmerz« nach längerer Ruhe
  – Belastungsschmerz bei längerer Belastung
  – Ermüdungsschmerz im Anschluß an die Belastung

■ Spätsymptome sind:
  – Nachtschmerz
  – schmerzhafte Bewegungseinschränkung
  – Schwellung/Überwärmung
  – Deformierung
  – Achsenabweichung

Abbildung 97
Disponierende Faktoren zur Entwicklung einer Gonarthrose im Sport

Abbildung 98
Stadien der Arthrose am Beispiel der Kniegelenksarthrose

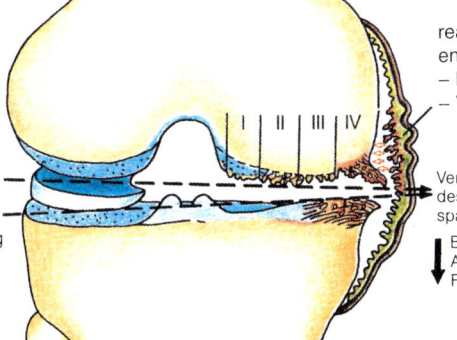

Stadium I: Aufweichung und Auffaserung des Knorpels

Stadium II: Ulzerationen in der Knorpeloberfläche

Stadium III: völlige Freilegung von subchondralen Knochenarealen

Stadium IV: teilweise Zerstörung der subchondralen Knochenplatte, Zystenbildung, Randzacken

reaktive Gelenkhautentzündung
– Ergußbildung
– Verdickung

Verschmälerung des Gelenkspaltes

Bandlockerung
Asymmetrie
Fehlstatik

- Bei der körperlichen Untersuchung fallen auf:
  - fühlbares Gelenkreiben bei aktiver und passiver Gelenkbewegung
  - endgradig schmerzhafte Beugeeinschränkung
  - sicht- und tastbare Kapselverdickung
  - gelegentlich Reizergußbildung mit Schwellung und »Patellatanzen«
  - gelegentlich Überwärmung (aktivierte Arthrose/Arthritis)
- Der Arthrosenachweis wird röntgenologisch erbracht (Abb. 99). Die hierfür wichtigsten Veränderungen sind:
  - Gelenkspaltverschmälerung (A)
  - subchondrale Sklerosierung (B)
  - osteophytäre Randzacken (C)
  - subchondrale Zysten (D)

Computer- und Kernspintomographie sind hier keine Routineuntersuchungen und bedürfen einer speziellen Indikationsstellung.
Eine arthroskopische Untersuchung ist nur im Zusammenhang mit therapeutischen Maßnahmen, wie Entfernung eines freien Gelenkkörpers usw., indiziert.

- Der therapeutische Ansatz bei der Gonarthrose als Sportschaden sollte sich nicht darauf beschränken, rein symptomatisch zu behandeln und Sportverbot zu erteilen.

Abbildung 99
Die wichtigsten röntgenologischen Veränderungen bei der Kniegelenkarthrose (Erklärung s. Text)

Oberstes Therapieprinzip ist die Ausschaltung schädigender Noxen (Abb. 97) in Form von:
- Trainingsumstellung
- Ausgleich fehlstatischer Voraussetzungen durch orthopädieschuhtechnische Maßnahmen wie Schaumstoffeinlagenverordnung bis hin zur Umstellungsosteotomie

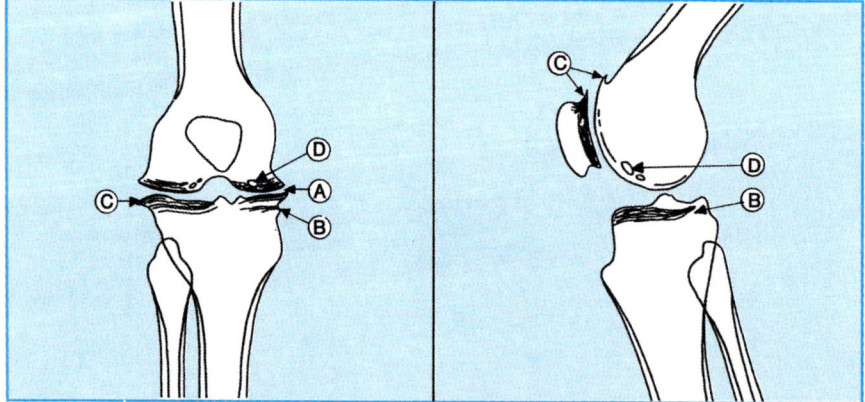

- spezifischem Krafttraining zur Gelenksicherung bei Bandinstabilitäten oder zum Ausgleich muskulärer Dysbalancen
- operativen Verfahren, zuvorderst der Arthroskopie mit Entfernung freier Gelenkkörper, Knorpelglättung, Pridiebohrungen und »Gelenktoilette« bei aktivierten Gonarthrosen, aber auch große Knieoperationen bei Bandschäden usw.
- Behandlung arthrosebegünstigender Grundkrankheiten

Eine aktivierte Kniearthrose sollte immer über einen befristeten Zeitraum mit nichtsteroidalen Antiphlogistika behandelt werden. Auch der Kältetherapie mit anschließender Applikation eines antirheumatischen Gels kommt hier eine wichtige therapeutische Funktion zu.

Langfristig sind krankengymnastische Übungsbehandlungen von großer Bedeutung:

- Lösen von reaktiven Muskelverspannungen
- Dehnen des verkürzten und verhärteten Kapselbandapparates
- Kräftigung der kniegelenkführenden Muskulatur

Die Gabe von knorpelstoffwechselverbessernden Substanzen in Tablettenform ist zwar umstritten, aber einen Versuch wert (s. a. Chondropathia patellae S. 119).

Positive Ansätze scheint auch die Einspritzung von Hyaluronsäure ins Gelenk zu ergeben, die weitere Entwicklung bleibt abzuwarten.

Die Beurteilung der weiteren sportlichen Belastbarkeit muß immer individuell erfolgen. Bei leichteren Gonarthroseformen (Stadien I, II) genügt oft die Ausschaltung schädigender Noxen. Schwere Formen bedürfen der eingehenden sportmedizinischen Beratung und Umstellung auf eine nicht knorpelschädigende Alternativsportart, nur selten ist absolutes Sportverbot zu erteilen. Immer ist dabei zu beachten, daß nach langjähriger sportlicher Betätigung ein plötzlicher Entzug zu psychischen Fehlregulationen, z. B. in Form einer depressiven Reaktion, führen kann.

Degenerativer Meniskusschaden (Meniskopathie)

Als biomechanische Rolle der Menisken stehen im Vordergrund (Abb. 100):

- Stoßabsorption
- Herabsetzung der Oberflächenreibung
- Verbesserung der Gelenkkongruität
- Vergrößerung der Kontaktflächen

Bereits Ende des dritten Lebensjahrzehnts lassen sich physiologischerweise mikroskopisch leichte degenerative Veränderungen feststellen, die bis zum

133

Abbildung 100
Die biomechani-
sche Wirkung der
Menisken:
– Abfederung
axialer Kräfte und
Abbremsung tan-
gentialen Schubes
– verminderte
Oberflächenrei-
bung durch zwei
Gelenkflächen
– Ausgleich Ge-
lenkinkongruität
– Vergrößerung
der kontaktieren-
den Gelenkflächen

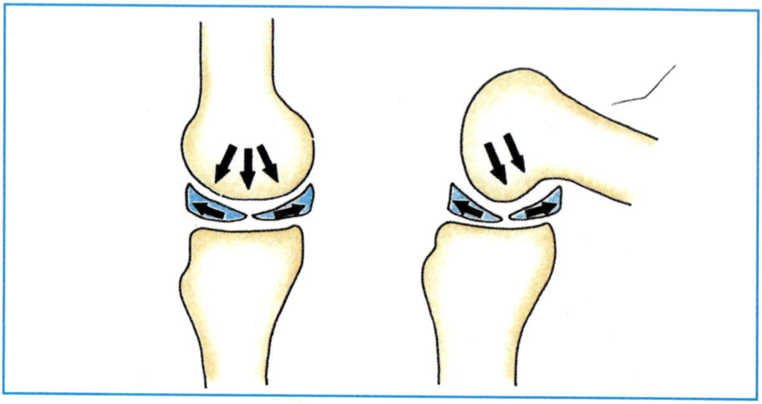

siebten Lebensjahrzehnt mittelgradig zunehmen. Höheres Lebensalter stellt damit eine physiologische Disposition zu überlastungsbedingten Meniskusschä-den dar. Als weitere überlastungsbegünstigende (aber auch verletzungsbegün-stigende) Besonderheit ist anzumerken, daß die Menisken bei der Kniebeugung und damit lockerer Seitenbandführung einer erhöhten Belastung ausgesetzt sind. Dies gilt besonders für den Innenmeniskus, der mit den inneren Innen-bandanteilen verwachsen ist.

Als schädigende Noxe steht die chronische Mikrotraumatisierung, insbeson-dere bei Sportarten mit Rotationsbelastungen in Kniebeugestellung, deshalb im Vordergrund. Disponierend wirken zusätzlich Bandinstabilitäten und mus-kuläre Ungleichgewichte nach früheren Verletzungen oder ein schlechter mus-kulärer Trainingszustand.

Bevorzugt betroffene Sportarten sind:
Ballsportarten mit Kampfsportcharakter:
Fußball, American Football
Rückschlagspiele in der Halle:
Badminton
Kampfsport:
Ringen, Judo
Schlittschuhsport:
Eiskunstlauf, Eishockey
Wurfsport mit Rotation:
Diskus-, Hammerwurf, Kugelstoßen
Schwimmsport:
Brustschwimmen
Skisport:
alpiner Skirennlauf

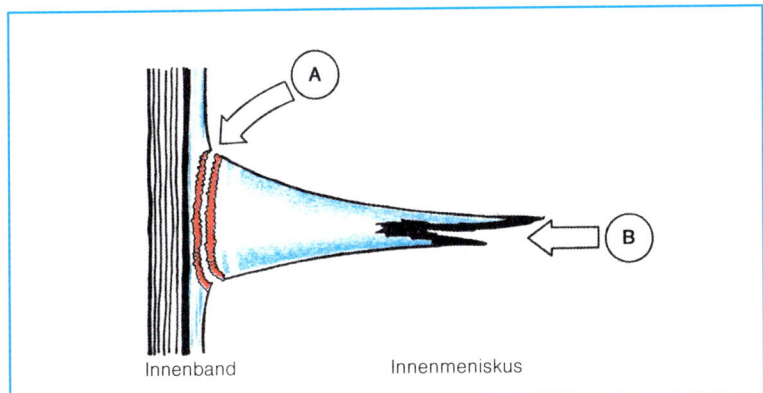

Innenband   Innenmeniskus

Abbildung 101
Vertikaler Ⓐ und horizontaler Ⓑ Rißverlauf am Beispiel des Innenmeniskus

Die chronische Mikrotraumatisierung führt zu degenerativen Veränderungen im Meniskusinneren und zur Materialschwächung. Bereits geringe Belastungen, wie Einknicken des Kniegelenkes im Lauf, plötzliche Rotationsbewegungen bei gebeugtem Knie oder In-die-Hocke-Gehen, können dann zu einem »spontanen« Meniskuseinriß führen.
Während die direkt traumatischen Meniskuseinrisse meist vertikal verlaufen, finden sich die degenerativ bedingten häufig horizontal (Abb. 101).

■ Die Symptome degenerativer Meniskuseinrisse sind häufig wenig dramatisch:
  – belastungsabhängige Knieschmerzen, schwer lokalisierbar
  – rezidivierende Gelenkblockierungen
  – passagere Schwellungen (Ergußbildung)

■ Diagnostische Zeichen sind:
  – Überstreckschmerz
  – Schmerzen bei maximaler Kniebeugung
  – Druckschmerz am inneren (Innenmeniskus) oder über dem äußeren (Außenmeniskus) Gelenkspalt
  – Rotationsschmerz bei 90° gebeugtem Knie
    Auswärtsdrehung → Innenmeniskus
    Einwärtsdrehung → Außenmeniskus
  – sekundärer Quadrizepsmuskelschwund (Atrophie)

Die Sicherung der Diagnose erfolgt primär durch die Arthroskopie, die beim Nachteil der allen operativen Methoden anhaftenden Invasivität den Vorteil der diagnostischen Sicherheit und der gleichzeitigen chirurgischen Therapiemöglichkeit bietet.
Die Kernspintomographie weist von den nichtinvasiven Verfahren für die Zukunft die größte diagnostische Sicherheit auf.

135

Die Zuverlässigkeit der röntgenologischen Kontrastdarstellung (Arthrographie) liegt nur bei 85%. Sie verhindert für 14 Tage operative Eingriffe am Knie (Infektionsgefahr, unspezifische Gelenkinnenhautreaktion (Synoviitis). Die Ultraschalluntersuchung läßt einen orientierenden Blick auf das Meniskushinterhorn zu.

- Die Therapie der degenerativen Meniskusläsion mit häufigster Rißbildung im Hinterhornbereich des Innenmeniskus ist eine arthroskopische Domäne. Sie erfordert eine sorgfältige Resektion des gesamten degenerierten Materials. Nur gesundes Gewebe sollte erhalten bleiben, da ansonsten die Gefahr eines Wiederholungsrisses besteht.

Von großer Bedeutung für das Langzeitergebnis nach derartigen Eingriffen ist die Nachbehandlung. Das Knorpelgewebe des Kniegelenkes ist infolge fehlender Dämpfungsfunktion des teil- oder ganz entfernten Meniskus höheren Druckbelastungen ausgesetzt. Nur eine langsame Adaptation über 2–3 Monate mit steigender Belastung hilft, degenerative arthrotische Spätfolgen weitgehend zu vermeiden. Hierzu gehört auch ein krankengymnastisches Training der kniefûhrenden und -stabilisierenden Muskulatur.

Die Eleganz und die winzige Schnittführung der arthroskopischen Methode verleiten nur allzu oft den Patienten und gelegentlich auch den Arzt zur Bagatellisierung des Eingriffs.

> Eine zu frühzeitige Steigerung der sportlichen Belastung und/oder eine ungenügende Nachbehandlung erhöhen das Risiko einer Spätarthrose nach Meniskusoperationen.

Neben den bereits behandelten Sportschäden im Kniebereich gilt es differentialdiagnostisch noch folgende Kniebeschwerden abzugrenzen:
- Schleimbeutelentzündungen (Abb. 102), z. B. die Schleimbeutelentzündung bei Radrennfahrern

Abbildung 102
Schleimbeutel in der Umgebung des Kniegelenkes als mögliche Lokalisationsorte von Entzündungen (Bursa = Schleimbeutel)

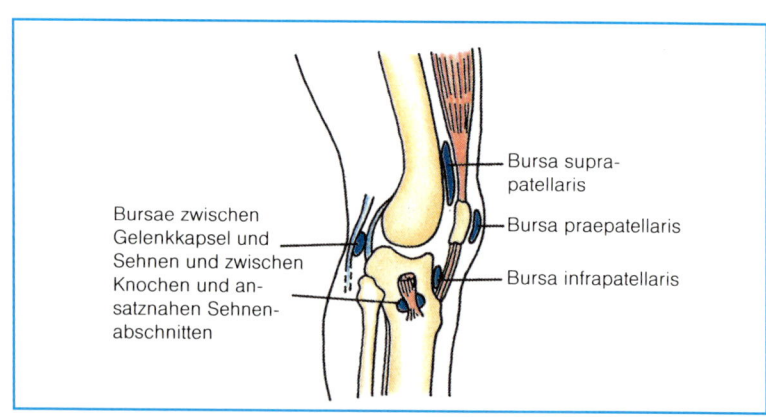

Bursae zwischen Gelenkkapsel und Sehnen und zwischen Knochen und ansatznahen Sehnenabschnitten

Bursa suprapatellaris

Bursa praepatellaris

Bursa infrapatellaris

136

- Baker-Zyste (Abb. 103), eine Kapselausbuchtung in der Kniekehle, häufig in Verbindung mit Innenmeniskusschäden
- distales Scheuersyndrom (iliotibiales Bandsyndrom) (Abb. 104), häufig bei O-beinigen oder Schuhaußenrand-Läufern (Übersupinierern).

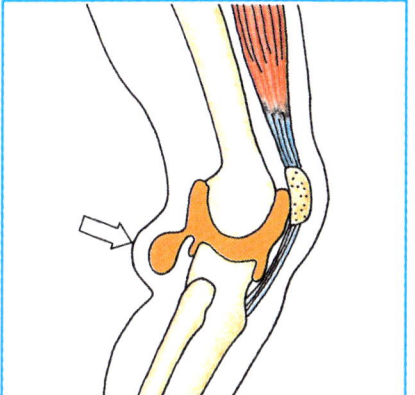

Abbildung 103
Baker-Zyste im Kniekehlenbereich: zystischer Austritt von Gelenkschmiere in die Kniekehle und angrenzende Muskulatur

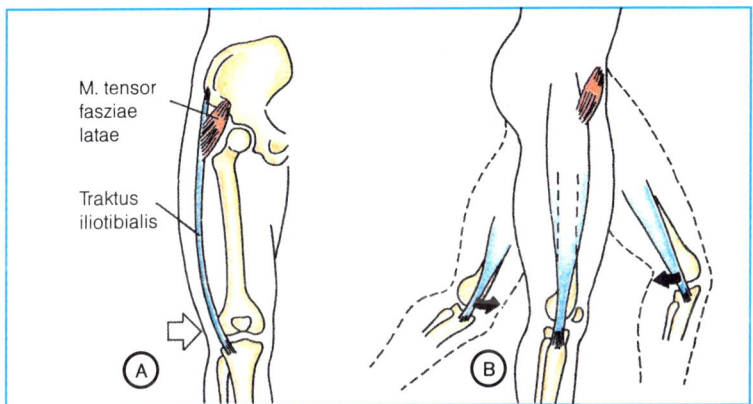

M. tensor fasziae latae

Traktus iliotibialis

Ⓐ

Ⓑ

Abbildung 104
Distales Scheuersyndrom im Kniebereich:
Ⓐ Kontaktstelle der seitlichen Oberschenkelbinde (Traktus iliobialis) am äußeren Kniegelenkknorren (⇨) (Vorderansicht)
Ⓑ »Scheuern« des Traktus iliotibialis bei Laufbewegungen am Gelenkknorren (Seitenansicht)
Die Kontaktstelle entspricht dem Schmerzmaximum.

Zusammenfassung

Zusammengefaßt sollte am Kniegelenk die Bedeutung und Vielfalt der ursächlichen Schädigungsmöglichkeiten für einen überlastungsbedingten Sportschaden demonstriert werden. Ein besonders häufiges und hervorragendes Beispiel hierfür ist die Chondropathia patellae. Jede therapeutische Bemühung, auch invasive Verfahren, steht oder fällt mit der Beachtung der biomechanischen Gesetzmäßigkeiten. Eine rein symptomatische Therapie ist für den sporttreibenden Patienten und seinen Arzt unbefriedigend. Ein vorschnell ausgesprochenes Sportverbot belastet das Vertrauensverhältnis zwischen Sportler und Arzt oft erheblich und ist bei genauer Kenntnis der Zusammenhänge vielfach nicht erforderlich.

 11 Fehlstatische Belastungen im Unterschenkel- und Fußbereich

In Sportarten, bei denen Gehen, Laufen oder Springen Hauptbelastungsformen oder wesentliche Bestandteile der Bewegungsmotorik sind, finden sich gehäuft Überlastungsreaktionen im Unterschenkel- und Fußbereich. Ein funktionell-anatomisch primär sinnvolles und gut angelegtes Stütz- und Gewölbesystem wie der Fuß kann bei zivilisatorisch bedingter Schwächung unter erhöhten Belastungsbedingungen dekompensieren, insbesondere, wenn zusätzliche fehlstatische Kräfte darauf einwirken. Ein unphysiologisches Nachgeben des Fuß-»Sockels« kann seinerseits wieder Fehl- und Überlastungsreaktionen des gesamten unteren Bewegungsapparates, einschließlich der Wirbelsäule, verursachen (Abb. 105).
Zum Verständnis dieser Überlastungsschäden ist die Kenntnis der biomechanischen Konstruktionsmerkmale des Fußes von großem Nutzen.

Fußgewölbekonstruktion und Sprunggelenkmechanik

Im Laufe der phylogenetischen Entwicklung des Menschen hat sich der Fuß zu einem Fortbewegungsorgan entwickelt, das einerseits als Dämpfungs-, andererseits als Abstoßelement fungiert. Die Stoßabsorption wird, neben der

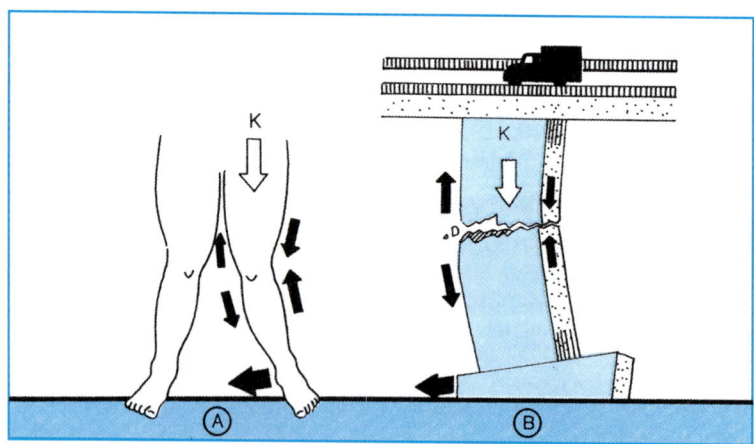

Abbildung 105
Fehlstatische Voraussetzungen führen unter Belastungsbedingungen (K) am Bewegungsapparat Ⓐ zu Überlastungsschäden, in der Technik Ⓑ zu Rißbildungen (Spannungsrisse)

später zu besprechenden dämpfenden Gelenkmechanik, vor allem durch eine elastische Gewölbekonstruktion erreicht (Abb. 106).

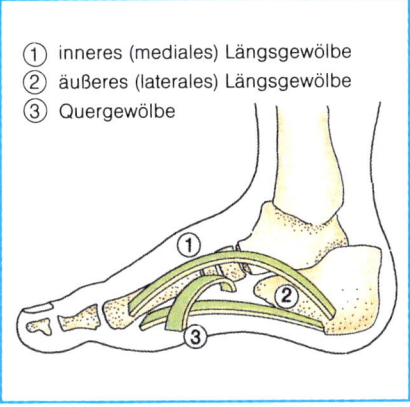

① inneres (mediales) Längsgewölbe
② äußeres (laterales) Längsgewölbe
③ Quergewölbe

Abbildung 106
Die Gewölbekonstruktion des Fußes

Während auf das äußere Längsgewölbe beim Laufen hohe Stützkräfte einwirken, sind die beiden anderen Bögen mehr Federungsbelastungen ausgesetzt, vor allem das innere Längsgewölbe steht unter hohen Zug- und Druckspannungen, denen aktive und passive Gewebsstrukturen entgegenwirken (Abb. 107).

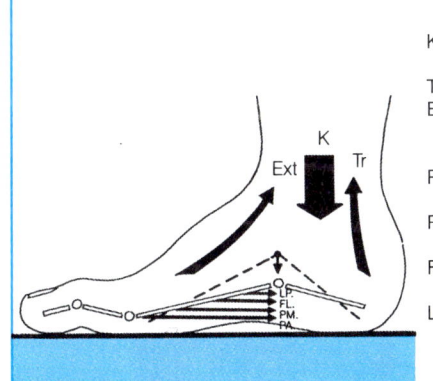

K   Körpergewicht unter Belastungsbedingungen
Tr   Triceps-surae-Muskulatur
Ext   Extensorengruppe (Strecker) senkt das Fußgewölbe

PA   Plantaraponeurose (Sehnenplatte
PM   oberflächliche und tiefe Fußmuskulatur
FL   lange Flexorenmuskulatur (Beuger)
LP   Fußbänder heben das Fußgewölbe

Abbildung 107
Direkt auf das innere Längsgewölbe einwirkende Kräfte

Das Quergewölbe wird neben seiner besonderen Knochen-/Bandkonstruktion steigbügelartig von den Sehnenzügen der Unterschenkelmuskel M. tibialis posterior und M. peronaeus longus verklammert (Abb. 108).
Beim sogenannten funktionstüchtigen Normalfuß sind aufgrund der beschriebenen Gewölbekonstruktionen die Hauptbelastungsflächen in Ruhe (Stehen)

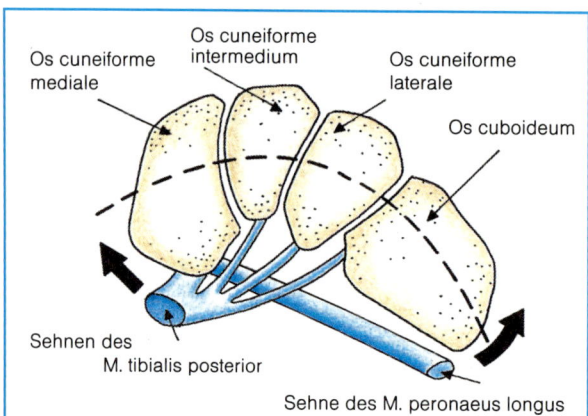

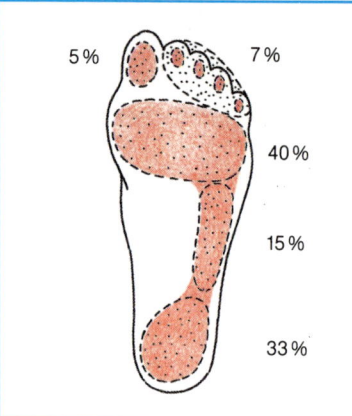

Abbildung 108 (links) Aktive Verklammerung des Fußquergewölbes durch steigbügelartige Konstruktion des M. tibialis posterior und peronaeus longus (Schnitthöhe: Fußwurzel mit Blick in den Mittelfußbereich)

Abbildung 109 (rechts oben) Prozentuale Verteilung der Belastungsflächen des Fußes im Stehen

Abbildung 110 Trittspur verschiedener Fußtypen

im Fersen- und Vorfußbereich; genaue Prozentzahlen sind der Abb. 109 zu entnehmen.

Diese Verteilung der Belastungsflächen ist aber einer großen Variationsbreite ausgesetzt, da sich durch genetische Disposition, »zivilisatorische« Inaktivitätsatrophie durch Tragen von Schuhwerk, Überlastung usw. unterschiedlichste Fußformen mit fließenden Übergängen herausgebildet haben. Grundsätzlich unterscheidet man:

- Normalfuß
- Hohlfuß: Überhöhung der Längsgewölbe
- Plattfuß: Abflachung der Längsgewölbe
- Spreizfuß: Abflachung des Quergewölbes

Der Fußabdruck oder auch die sogenannte Trittspur geben Auskunft über die verschiedenen Fußtypen (Abb. 110).

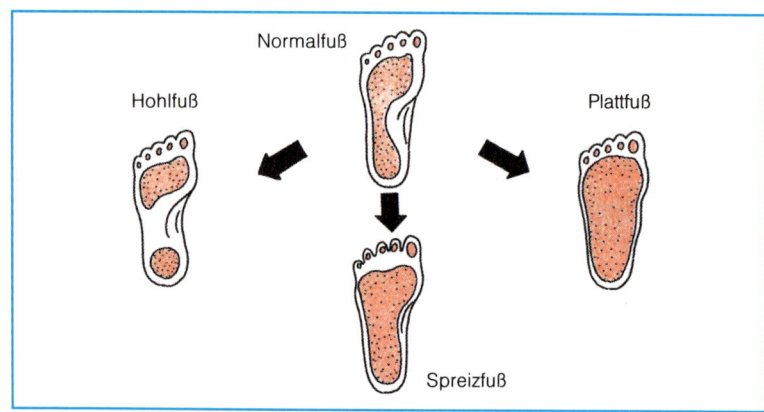

140

Stärkere Veränderungen der Fußgewölbekonstruktion wirken unter sportlichen Belastungsbedingungen häufig disponierend für einen Überlastungsschaden im Bereich der unteren Extremität und der Wirbelsäule.

Mechanik des oberen und unteren Sprunggelenkes
Durch die Kombination zweier Fußgelenke kann sich der Fuß den verschie-
densten Belastungsanforderungen anpassen. So unterscheidet man ein oberes
und ein unteres Sprunggelenk (Abb. 111).
Das obere Sprunggelenk bildet den Drehpunkt für Abstoßbewegungen und
läßt nur Beuge- und Streckbewegungen zu (Abb. 112).

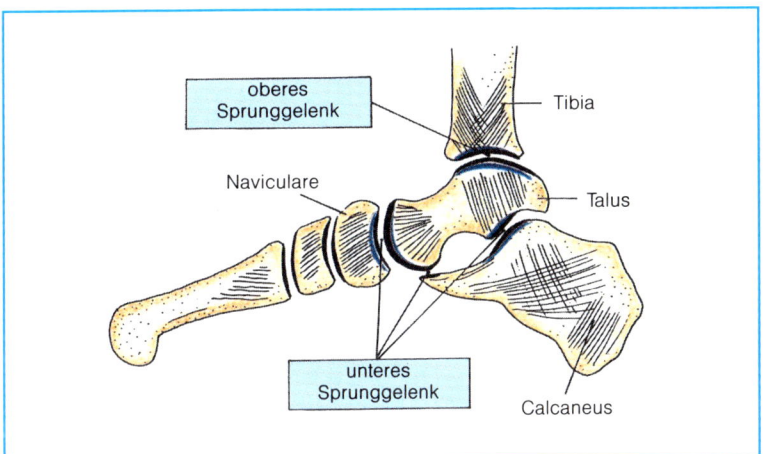

Abbildung 111
Oberes und unte-
res Sprunggelenk
Tibia = Schienbein
Talus = Sprungbein
Naviculare = Kahn-
bein
Calcaneus = Fer-
senbein

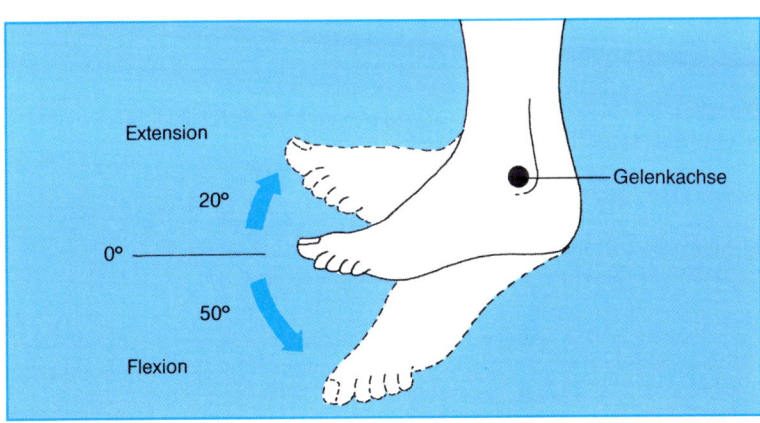

Abbildung 112
Beugung (Flexion)
und Streckung
(Extension) im
oberen Sprung-
gelenk mit den
entsprechenden
Gelenkwinkeln

141

Das untere Sprunggelenk dient vorrangig der Anpassung der Fußfläche an unterschiedliche Bodenprofile und ermöglicht Pro- und Supinationsbewegungen (Abb. 113).

Abbildung 113
Pro- und Supination im unteren Sprunggelenk mit den entsprechenden Gelenkwinkeln

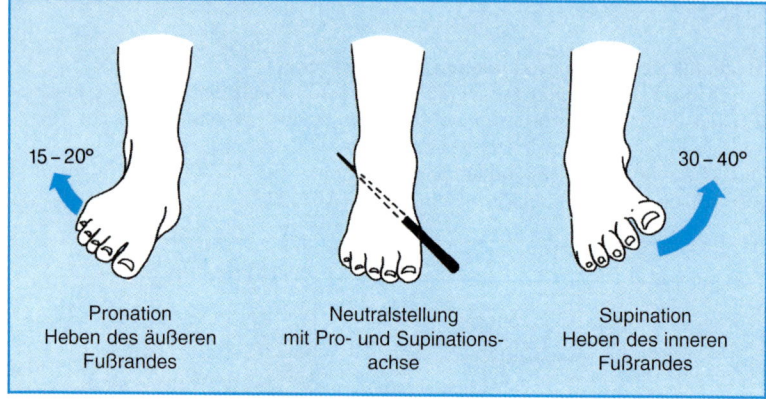

15 – 20°   30 – 40°

Pronation
Heben des äußeren
Fußrandes

Neutralstellung
mit Pro- und Supinations-
achse

Supination
Heben des inneren
Fußrandes

Abbildung 114
Die Seitenbänder des oberen Sprunggelenkes (Erklärung s. Text)

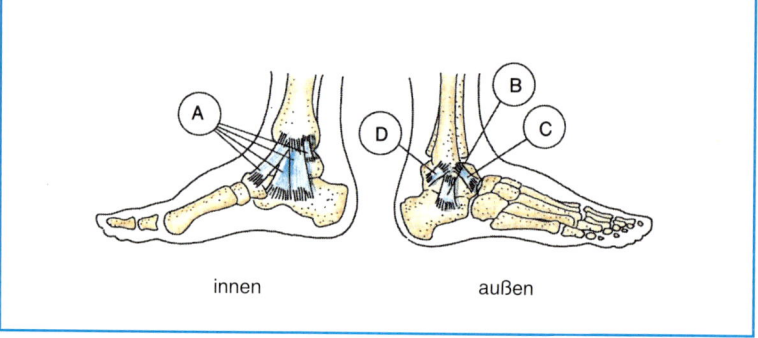

innen   außen

Das obere Sprunggelenk ist gegen Querbewegungen durch kräftige, gefächerte Seiten-(Kollateral-)bänder abgesichert (Abb. 114).
innen:
Ligamentum deltoideum (A)
außen:
Ligamentum calcaneofibulare (B)
Ligamentum talofibulare anterius (C) und posterius (D)

Eine ungenügende Stabilität dieses Bandapparates (z. B. angeboren/verletzungsbedingt) kann ein wichtiger Ausgangspunkt für Fehlbelastungen während der Laufbewegung und damit für Überlastungsschäden sein.

Laufstil

Der Laufstil ist grundsätzlich individuell und richtet sich nach den unter-
schiedlichen biomechanischen Maßverhältnissen eines Menschen und nach der
Belastungsanforderung (Sprint, Ausdauer, Bodenprofil usw.).
Gemeinsamkeiten findet man am ehesten beim Barfußlaufen. Hier ist der
Körper schon aus Schmerzgründen gezwungen, sich der ihm eigenen Dämp-
fungsfunktion zu bedienen. In Bewegungsabschnitte aufgeteilt bedeutet dies
(Abb. 115):

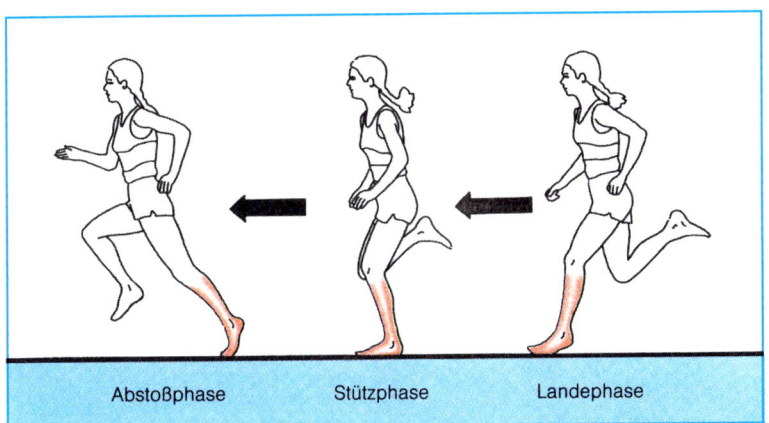

Abstoßphase   Stützphase   Landephase

Abbildung 115
Bewegungsablauf
beim Barfußlaufen

Landephase
Aufsetzen auf Höhe des Mittelfußes und der Fußballen. Gebeugtes Hüft-,
Knie- und oberes Sprunggelenk dienen bei vorgespannter Beinmuskulatur als
Federungselemente, die durch eine leichte Pronationsbewegung im unteren
Sprunggelenk noch unterstützt werden.

Stützphase
Kurzfristig wird der ganze Fuß aufgesetzt und geht dann in die Abrollphase
über.

Abstoßphase
Die Abstoßbewegung läuft über den Großzehenballen.
Der Barfußlauf ist somit ein Vorfußlauf.
Beim Laufen mit Laufschuhen stellt sich häufig, wohl als Folge der fehlenden
Dämpfungsverpflichtung, eine unterschiedliche Bewegungsdynamik ein. Ent-
sprechend der unterschiedlichen Aufprallbestimmung kann eine Grobeintei-
lung in drei Stilgruppen aufgestellt werden, wobei die Übergänge allerdings
fließend sind (Abb. 116):

143

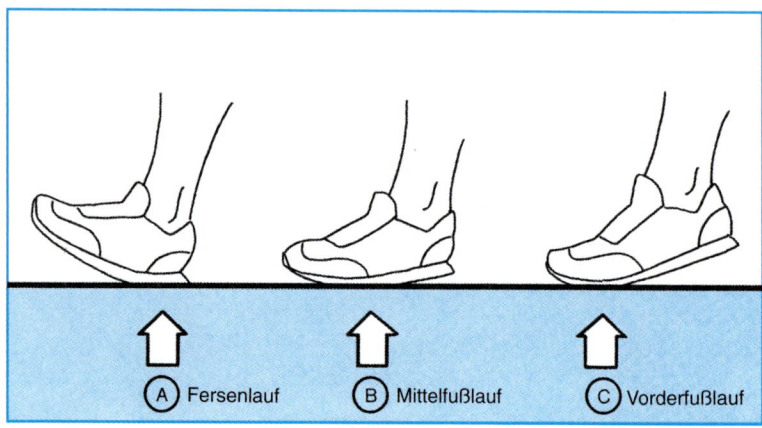

Abbildung 116
Einteilung des
Laufstils nach
Aufprallbestim-
mung

(A) Fersenlauf:
    Der häufigste Laufstil im Langstreckenlauf. Der Fuß setzt mit dem Fersenaußenrand am Boden auf, knickt im weiteren leicht nach innen (physiologische Pronation), bis die ganze Sohle aufliegt, und rollt über den Großzehenballen mit gleichzeitigem Abdruck ab.

(B) Mittelfußlauf:
    Die ganze Sohlenfläche wird gleichzeitig auf den Boden aufgesetzt. Dadurch fällt bereits ein wichtiger Kipphebel weg, der, wie beim Fersen- oder Vorfußlauf, die Belastung reduzieren hilft. Deshalb ist der Mittelfußlauf nach medizinischen Kriterien ungünstig.

(C) Vorfußlauf:
    Er kommt dem Barfußlauf am nächsten und wird vorwiegend beim Sprinten, Springen und im Mittelstreckenbereich angewandt. Aber auch im Langstreckenlauf kann man ihn zunehmend, vor allem bei afrikanischen Läufern, beobachten. Der Aufprall erfolgt im Bereich des Großzehenballens, dann folgt eine kurzfristige Aufsetzbewegung des Mittelfußes bis zur Ferse (Kipphebel), im weiteren der Abstoß über den Großzehenballen.

Die Vor- und Nachteile der einzelnen Laufstilarten aus der Sicht des Trainers sollen hier nicht diskutiert werden, dafür aber die medizinischen Auswirkungen im Hinblick auf die Überlastungsschäden. Zu dieser Beurteilung ist die Betrachtung der Laufbewegung zusätzlich von hinten unbedingt erforderlich.
Der Großteil der Läufer aller Stilrichtungen setzt normalerweise den mit einem Laufschuh ausgerüsteten Fuß mit Außenrandbetonung (Supination) auf. Anschließend erfolgt ein leichtes Innenknicken (Pronation) in die Stützphase und dann eine annähernd gerade Abstoßbewegung nach vorne (Abb. 117). Kleinere Abweichungen von diesen Bewegungsmustern sind durchaus tolerierbar, der biomechanische Streubereich ist hier sehr hoch. Größere Abweichungen wie:

144

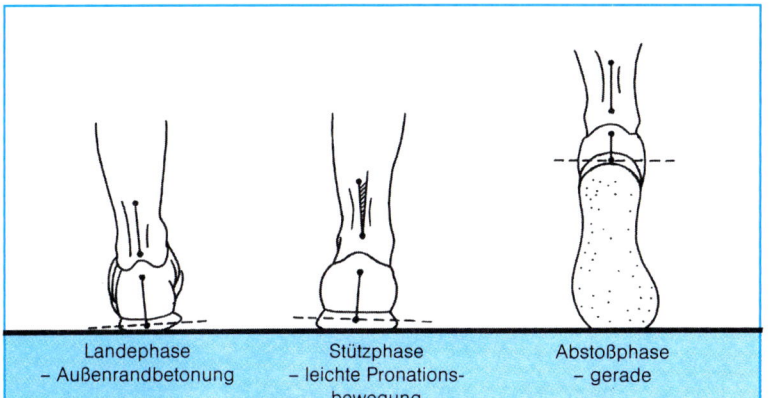

Landephase
– Außenrandbetonung

Stützphase
– leichte Pronations-
bewegung

Abstoßphase
– gerade

Abbildung 117
Bewegungsphasen des linken Fußes beim Laufen aus der Sicht von hinten (physiologisches Bewegungsmuster)

- Überpronation in der Lande- und Stützphase
- Übersupination in der Abstoßphase
führen allerdings häufig zu Überlastungsschäden (Abb. 118).

Eine kurze Begutachtung des Laufstils und der Bewegungsphasen des Fußes sollte deshalb immer zum Untersuchungsumfang bei Überlastungsschäden der unteren Extremität gehören, wenn sie ursächlich zunächst unklar sind. Diese Untersuchung sollte nicht barfuß, sondern immer mit Laufschuhen erfolgen.

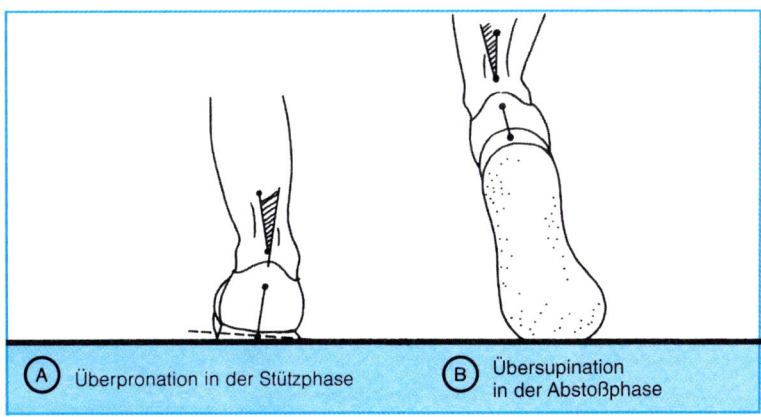

A Überpronation in der Stützphase

B Übersupination in der Abstoßphase

Abbildung 118
Biomechanisch ungünstige Bewegungsmuster, wie Überpronation Ⓐ oder Übersupination Ⓑ, führen zu Beschwerden (jeweils linker Fuß)

145

In der Praxis hat es sich aus Zeit- und Platzgründen bewährt, zunächst die getragenen Sportschuhe auf Abnutzungserscheinungen an der Sohle zu untersuchen. Diese lassen häufig indirekt Rückschlüsse auf eine Überpronation (innenseitiger Abrieb) oder Übersupination (außenseitiger Abrieb) zu (Abb. 119).

Abbildung 119
Typischer Sohlenabrieb bei unterschiedlichen Achsenabweichungen im Sprunggelenk (rechte Sohle)

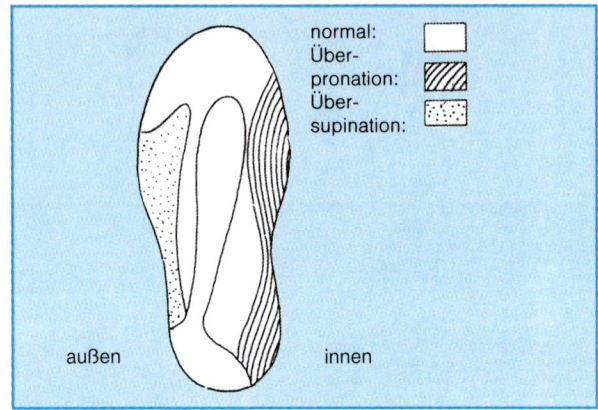

Prinzipiell kann jeder Laufstil mit stärkeren Abweichungen im Sinne einer Überpronation oder einer Übersupination kombiniert sein. Statistisch findet man allerdings die Kombination mit einer Überpronation häufiger. Meist besteht gleichzeitig ein Senk- oder Plattfuß. Konträr dazu liegt einer Übersupination in der Regel ein Hohlfuß/Hohlspreizfuß zugrunde.
Neben den beschriebenen Fußdeformitäten können folgende disponierende Faktoren übermäßige Achsenabweichungen im Sprunggelenk begünstigen:

- Bandlaxizitäten
- muskuläre Ungleichgewichte
- Abweichungen des Knieachsenwinkels (X-Bein, O-Bein)
- Rotationsfehlstellung im Hüftgelenk (angeborene Hüftgelenksdysplasie)
- Beinlängenverkürzung
- Lendenwirbelsäulensyndrome (neurogene Fehlsteuerung)
- reflektorische Schonhaltungen nach Verletzungen oder bei Schmerzen
- falsches Sportschuhmaterial

Bei einer kausalen Denkweise sollte als Quintessenz der bisher beschriebenen Faktoren und als grundsätzliche Therapievoraussetzung von Überlastungsschäden im Beinbereich dem Sportschuh und dessen orthopädieschuhtechnischer Zurichtung und Versorgung mit sportgerechten Einlagen eine herausragende Bedeutung zukommen. Beispielhaft seien hier wesentliche Elemente des Laufschuhs demonstriert.

146

Anforderungen an einen guten Laufschuh

Im wesentlichen sind drei Kriterien zu beachten (Abb. 120):

Dämpfen
Der Aufprall der Ferse soll in der Landephase abgedämpft werden (2–3faches Körpergewicht), ohne daß das Fersendämpfungsmaterial zu weich ist und durchschlägt. Zu weiches Material begünstigt Deformitäten. Je schwerer der Läufer ist, um so härter sollte das Dämpfungsmaterial sein.

Stützen
Übermäßiges Innen- und Außenknicken wird durch entsprechende Stütz-elemente (Pronations-, Supinationsstützen) verhindert. Wichtigsten Halt gibt eine stabile Fersenkappe, die eng anliegen sollte.

Führen
Der Fuß wird durch einen flexiblen Abrollbereich, Verstärkungen im Seit- und Vorfußbereich und spezielle Vorfußkappen möglichst gerade in die Abstoß-bewegung geführt.

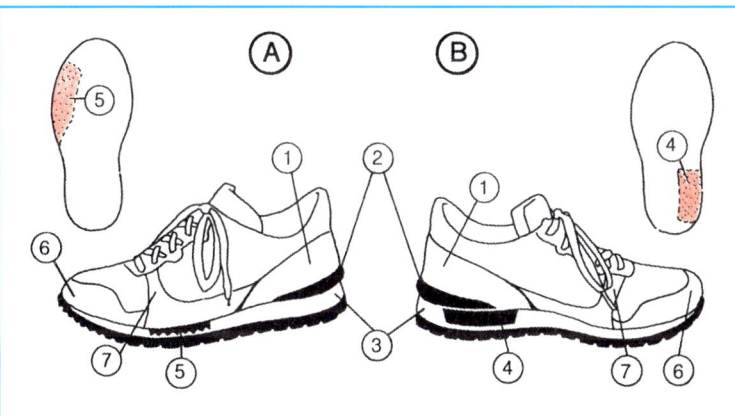

Abbildung 120
Wichtige Kon-struktionsmerk-male des Lauf-schuhs

Ⓐ Außenseite   Ⓑ Innenseite

① Fersenkappe, innenseitig weiter nach vorne gezogen
② Fersenstabilisator
③ flexibles, nicht zu weiches Zwischensohlenmaterial) (30–35 shore)
④ Pronationsstütze (härteres Zwischensohlenmaterial) im Innenbereich
⑤ Supinationsstütze (härteres Zwischensohlenmaterial) im Außenbereich
⑥ Vorfußkappe
⑦ Zehenriegel

147

Je nach Laufstil werden im Schuhhandel unterschiedliche Modelle angeboten:

- Schuhe für Fersenläufer sollten eine stabile, umschließende Fersenkappe und ein Dämpfungselement von 30–35 shore bei 20–30 mm Dicke besitzen.
- Schuhe für Mittel-/Vorfußläufer sollten neben Stützelementen vor allem Vorfußkappen mit starken Zehenriegeln aufweisen (Vorfußstabilität).

Da laut Statistik nur 40% aller Läufer nach biomechanisch-medizinischen Gesichtspunkten »richtig« laufen und keine wesentlichen Achsenabweichungen im Sprunggelenk aufweisen, werden für die restlichen 60% auf dem Schuhmarkt Modelle gegen Überpronation bzw. Übersupination mit entsprechend konstruktiven Merkmalen angeboten. Nach einer Laufanalyse findet nun jeder, je nach Laufstil und Achsenabweichung, den richtigen Schuh. Die Praxis zeigt allerdings oft, daß die Schuhwahl häufig mehr von Optik und Preis als von funktionellen Gesichtspunkten bestimmt wird. Kauft sich z. B. ein Fersenläufer mit Pronationsproblemen fälschlicherweise einen Schuh für Vorfußlauf und Übersupination, so ist der Überlastungsschaden programmiert.

> Bei jeder Untersuchung eines Läufers mit Überlastungsproblemen im Bein-/Fußbereich sollte deshalb auch der Laufschuh nach Eignung und, wie bereits besprochen, nach Abnutzungserscheinungen begutachtet werden.

Lassen sich die Achsenprobleme durch die richtige Schuhwahl nicht kompensieren, so kann die Versorgung mit passiven Schaumstoffeinlagen mit hochgewalktem Rand nach Abdruck oftmals kleine Wunder vollbringen. Vom Orthopädieschuhtechniker werden sie anstelle der Originaleinlagen individuell in den Laufschuh »eingebaut«. Über eine Erhöhung des Außen- oder Innenrandes, einen Teilausgleich (bis 6 mm) bei Beinlängenverkürzung usw. kann eine Fehlstatik meist verbessert werden. Auch am Laufschuh sind entsprechende Zurichtungen in besonderen Fällen möglich.

Gleiches gilt nahezu für den gesamten Sportschuhbereich, z. B. Hallenschuh, Bergschuh, Skischuh usw.

Lokalisation der Überlastungsschäden

Nach statistischen Erhebungen über die relative Häufigkeit von Laufbeschwerden findet sich folgende Verteilung, bezogen auf den ganzen Körper (Abb. 121):

Ganz im Vordergrund steht am Kniegelenk die Chondropathia patellae. Sie wurde bereits mit weiteren Überlastungsschäden ausführlich im Kapitel »Der Knorpelschaden des Kniegelenkes« (S. 114) besprochen.

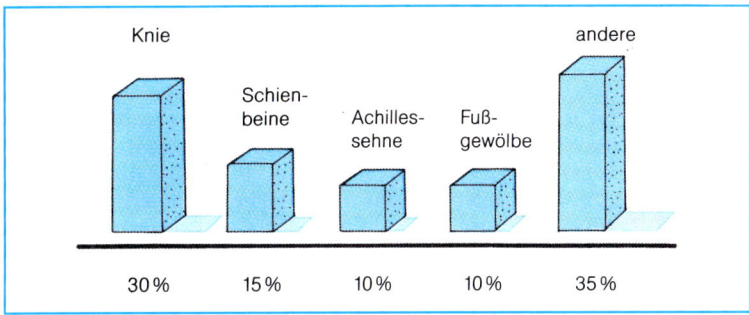

Abbildung 121
Statische Häufig-
keit von Laufbe-
schwerden nach
anatomischen
Regionen

Schmerzzustände im Schienbeinbereich

Grundsätzlich sind diese in drei Gruppen einteilbar:
1. Insertionstendinosen/Tendoperiostosen (Sehnenansatzentzündungen)
2. Muskellogen-(Kompartment-)Syndrome
3. Peritendinitiden/Tendovaginitiden (Sehnen- und Sehnenscheidenentzündun-
   gen)

Sehnenansatzentzündungen (Insertionstendinosen)

Sie werden auch als Schienbeinkantensyndrome bezeichnet.
Am häufigsten ist hier das innere Schienbeinkantensyndrom, eine Inser-
tionstendinose des M. tibialis posterior oder des M. flexor digitorum longus
(Abb. 122). Seltener findet sich das vordere Schienbeinkantensyndrom, eine
Insertionstendinose des M. tibialis anterior (Abb. 122).

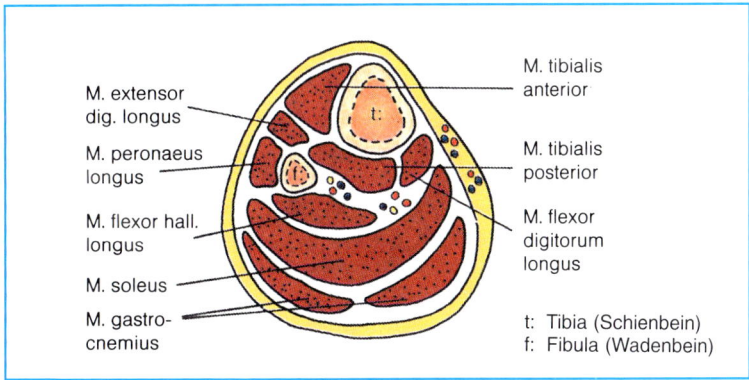

Abbildung 122
Querschnitt durch
die Muskulatur
des mittleren
Unterschenkel-
drittels

149

Die Ursache dieser belastungsabhängigen Schmerzsyndrome (Lokalisation s. Abb. 123) ist häufig in einer fehlstatischen Voraussetzung unter erhöhten Belastungsbedingungen auf ungünstigen Böden zu finden (Tartan, Halle).

Das innere Schienbeinkantensyndrom findet sich gehäuft bei Sportlern mit O-Bein und Hohlfuß bei primärer Belastungssupination mit starker kompensatorischer Überpronation in der Abroll- und Abdruckphase oder bei primärer Überpronation in der Landephase.

Das vordere Schienbeinkantensyndrom tritt oft beim Senkspreizfuß mit zusätzlicher Überpronation auf.

Diagnostisch besteht eine starke Druckschmerzhaftigkeit im Bereich der jeweiligen Schienbeinkanten.

Die ansatznahe Muskulatur ist verhärtet tastbar.

Bei der Therapie muß eine gestörte Fußführung unbedingt berücksichtigt werden (Laufanalyse) und durch entsprechende Auswahl des Sportschuhs, Sporteinlagenversorgung und gegebenenfalls Schuhzurichtung korrigiert werden. Erst dann sind Maßnahmen, wie Infiltrationsbehandlung mit Phytotherapeutika/Lokalanästhetika, aktive und passive Dehnübungen der gesamten Wadenmuskulatur, vorsichtige Massagen der ansatzfernen Muskelanteile, physikalische Maßnahmen, wie Elektrotherapie, Auftragen von antirheumatischem Gel, auf Dauer erfolgreich. Eine systemische Therapie mit Antirheumatika/Antiphlogistika ist routinemäßig nicht indiziert. Die sportliche Betätigung sollte vorübergehend reduziert werden, insbesondere Beton-, Teer- oder Hallenböden sind weitgehend zu vermeiden. Sportverbot muß nur in den seltensten Fällen erteilt werden.

Differentialdiagnostisch sollte immer eine Streßfraktur des Schienbeines ausgeschlossen werden!

Abbildung 123
Schmerzlokalisation beim inneren und vorderen Schienbeinkantensyndrom

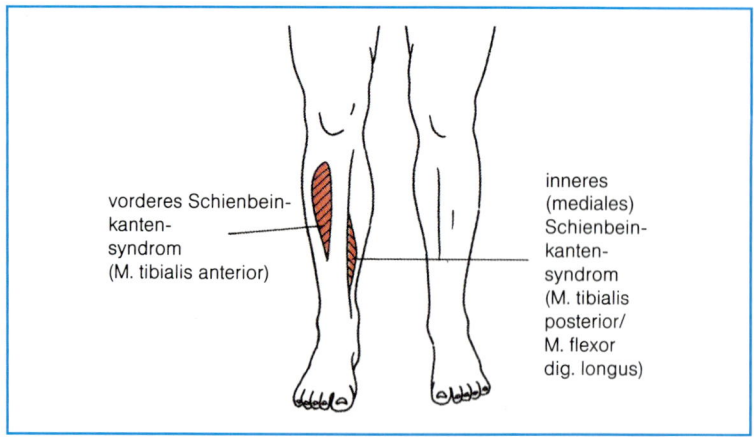

vorderes Schienbein-
kanten-
syndrom
(M. tibialis anterior)

inneres
(mediales)
Schienbein-
kanten-
syndrom
(M. tibialis
posterior/
M. flexor
dig. longus)

150

Muskellogensyndrome

Bei den Muskellogensyndromen handelt es sich um eine akute oder chronische Druckerhöhung in einem umschriebenen, mit starkem Bindegewebe umgebenen Muskelkompartiment. Die anatomische Fächerung des Unterschenkels in einzelne Muskellogen begünstigt solche sogenannten Kompartmentsyndrome (Abb. 124).

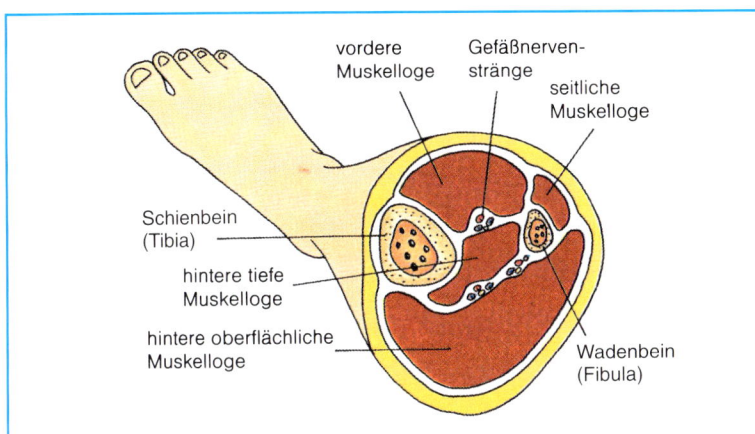

Abbildung 124
Die Muskellogen des Unter-schenkels

vordere Muskelloge
Gefäßnerven-stränge
seitliche Muskelloge
Schienbein (Tibia)
hintere tiefe Muskelloge
hintere oberflächliche Muskelloge
Wadenbein (Fibula)

Ungewohnte oder übermäßige Belastungen auf harten Böden bei vorbestehender Fehlstatik können zu akuten und trainingsbedingte Muskelhypertrophie zu chronischen Logensyndromen führen (direkt traumatische Ursachen, wie Blutungen usw., werden hier nicht berücksichtigt).
Für die Entstehung sind, neben der beschriebenen Muskelhypertrophie, Ödembildung bei muskulärer Übersäuerung, kapilläre Minderdurchblutung infolge erhöhten Gewebsdruckes und Mikrothrombosierungen im venösen System verantwortlich zu machen (Abb. 125).
Als Folge dieser Drucksteigerung in der Muskelloge können Irritationen der einliegenden Gefäßnervenstränge auftreten, mit der Folge von:

- venöser Stauung bis Thrombosierung
- arterieller Durchblutungsstörung
- mechanischer Nervenschädigung

Im Muskel selbst kann es zu progredientem Gewebstod kommen. Betroffen ist vor allem die vordere Muskelloge mit M. tibialis anterior, Extensorengruppe und vorderem Gefäßnervenstrang und die hintere tiefe Muskelloge mit M. tibialis posterior, M. flexor digitorum longus, M. flexor hallucis longus und dem zugehörigen Gefäßnervenstrang.
Nach dieser topographischen Einteilung richten sich auch die klinischen Symptome.

151

Abbildung 125
Circulus vitiosus
des nichttrauma-
tischen Muskel-
logensyndroms

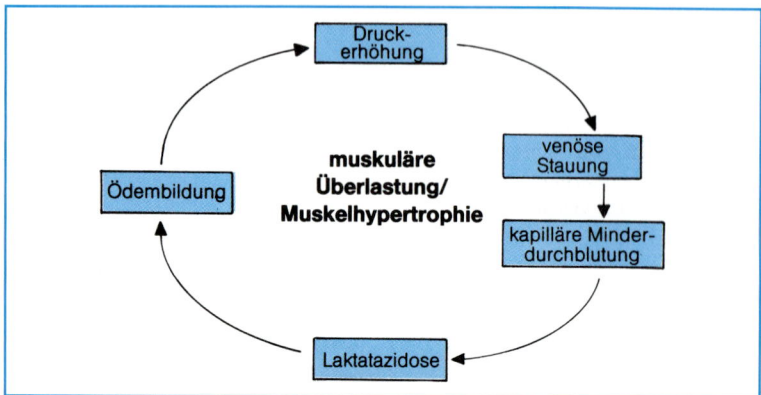

Druckerhöhung in der vorderen Muskelloge führt zu Schmerzen und neurologischen Ausfällen im Bereich des vorderen Unterschenkels und der Fußheber,
Druckerhöhung in der hinteren tiefen Muskelloge zu Ausfällen im Bereich der
Unterschenkelrückseite und der Fußsohle.
Für die Diagnostik typisch ist auch die kontinuierliche Zunahme der Beschwerden unter Belastung bis zum Belastungsabbruch (im Gegensatz zur Insertionstendinose, die sich unter Belastung eher bessert).
Bei der Untersuchung ist die entsprechende Muskelloge verhärtet und
schmerzhaft tastbar. »Ameisenlaufen« oder Gefühlsstörungen in entsprechen-
den Nervenversorgungsgebieten sind diagnoseweisend.
Apparative Methoden können die Diagnostik erleichtern: direkte Messung des
Kompartmentdruckes, Dopplersonographie (Ultraschall) und EMG (Elektrische Muskelableitungen).

Die Therapie richtet sich immer nach der Dramatik des Befundes:

Akut
- Belastungspause
- Heparin-Injektion oder Azetylsalizylsäure in niedriger Dosierung zur Verbesserung der Durchblutungssituation
- Hochlagerung etwas über Herzhöhe und »Auspumpen« des Ödems durch
  passive Beugung und Streckung im Sprunggelenk durch Therapeuten (keine
  Muskelanspannung)
- hohe Dosen eines bromelainhaltigen Enzympräparates zur Fibrinolyseakti-
  vierung und Ödemausschwemmung
- keine wassertreibenden Mittel, wie oft empfohlen, sie bewirken eine passagere Bluteindickung mit der Gefahr von Mikrothrombosierungen.

Bei Therapieresistenz oder rascher Progredienz der klinischen Symptomatik
mit Gefäß-/Nervenbeteiligung ist eine operative Vorgehensweise (Fasziotomie)
angezeigt.

152

Vor Wiederaufnahme der sportlichen Betätigung ist dringend auf den Ausgleich eventueller fehlstatischer Voraussetzungen zu achten.

Chronisch
- Belastungsumstellung:
  - Trainingsintensität und -häufigkeit reduzieren
  - Wechsel auf belastungsfreundlichen Bodenbelag
  - Hypertrophietraining der Unterschenkelmuskulatur vermeiden
- Ausgleich fehlstatischer Belastungsbedingungen:
  - Schuhwechsel, Schuhzurichtung
  - Schaumstoffeinlagen
  - Verbesserung des Laufstils
- Regenerative Maßnahmen:
  - Auslaufen nach intensiven Belastungen
  - Stretching
- Durchblutungsfördernde Maßnahmen:
  - Wechselduschen
  - Heparin-Gel-Anwendung
- Lokale Infiltrationsbehandlung mit Phytotherapeutika/Lokalanästhetika (größere Lösungsmengen wegen zusätzlicher Druckerhöhung vermeiden)
- Dosierte physikalische Therapie:
  - vorsichtige Friktionsmassagen
  - Elektrotherapie (Achtung: auf Ultraschall gelegentlich Verschlechterung!)
  - Kälte-/Wärmeanwendung nach subjektiver Einschätzung des Patienten
  - bromelainhaltiges Enzympräparat

Messungen in den Muskelkompartimenten des Gesunden ergaben, daß der Druck in der Loge des M. tibialis anterior beim Marschieren oder forcierten Gehen/Wettkampfgehen deutlich höher ist als beim lockeren Laufen. Dies sollte bei den therapeutischen Anweisungen berücksichtigt werden.

Entzündungen der Sehnenhüllen (Peritendinitiden, Tendovaginitiden)

Sprung- und Laufdisziplinen provozieren nicht selten Entzündungen des Sehnen- und Sehnengleitgewebes im Unterschenkel- und Fußbereich. Besonders häufig sind sie im Bereich der Tibialis-anterior- und -posterior-Sehne (Abb. 126).
Belastungsbedingte Überpronation und harte Böden (Halle, Kunstrasen, Kunststoffbahnen, »Hartplätze« usw.) begünstigen zudem diese Überlastungsschäden.

Abbildung 126
Ⓐ Tibialis-anterior-Sehnenverlauf
Ⓑ Tibialis-posterior-Sehnenverlauf mit den Prädilektionsstellen für überlastungsbedingt entzündliche Reaktionen

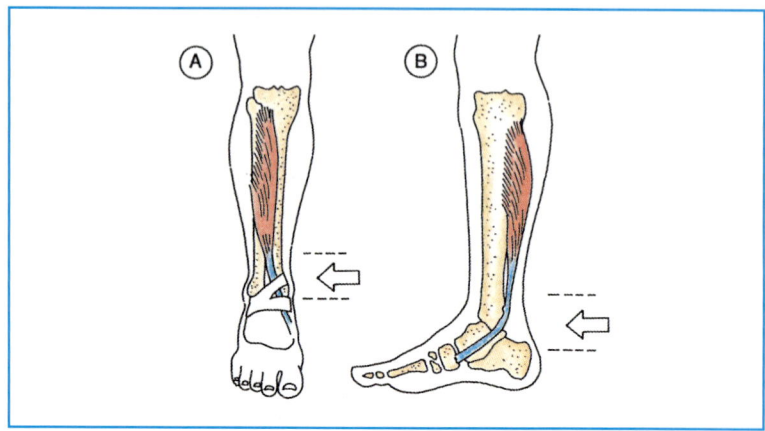

Tibialis anterior – Peritendinitis/Tendovaginitis

■ Lokalisation:
 – kurz über und hinter Retinaculum extensorum, der bandartigen Verspannung über dem oberen Sprunggelenk
■ Symptome:
 – Schmerzen bei Anheben des Fußes und unter Laufbelastung
■ Diagnose:
 – Druckschmerz
 – Sehenreiben (auch mit Stethoskop hörbar)
 – Schwellung
 – Rötung

Tibialis posterior – Peritendinitis/Tendovaginitis

■ Lokalisation:
 – am Umlenkpunkt um den Innenknöchel bis 4 cm ober- und unterhalb
■ Symptome:
 – Schmerzen innenseitig über dem Sprunggelenk bei provozierter Überpronation
■ Diagnose:
 – Druckschmerz
 – Schwellung
 – seltener Reibegeräusch und Rötung

Die Therapie beider Syndrome sollte zunächst in einer etwa einwöchigen Ruhigstellung mittels funktioneller Verbände (elastische Klebeverbände mit Zuggurtung gegen Überpronation) bestehen. Fehlstatische Voraussetzungen (Überpronation/Spreizfuß) sollten zunächst mit provisorischen Pelotten, Innenranderhöhung usw., später mit Schaumstoffeinlagen ausgeglichen werden. Überlappend empfiehlt sich erst eine Kälte-, später eine Wärmebehandlung, lokale Infiltration mit Phytotherapeutika durch den Arzt, Auftragen von entzündungshemmenden Gelen und eine funktionelle Therapie mittels krankengymnastischer Übungsbehandlung, um Verklebungen der Sehne oder Verengungen im Verlauf durch die Sehnenscheide zu vermeiden. Nur stark chronifizierte Fälle befürfen einer operativen Revision.

Bei der Abgrenzung der Diagnose empfiehlt es sich, auch ein Tarsaltunnelsyndrom in Erwägung zu ziehen (s. »Nervenengpaßsyndrome« S. 73), das zusätzlich auch noch von Störungen und Ausfällen der Fußsohlennerven gekennzeichnet ist.

Schmerzzustände im Schienbeinbereich kommen gehäuft bei folgenden Sportarten als Überlastungsfolge vor:

Leichtathletik:	Langstrecke (Geher und Läufer)
	Mittelstrecke
	Sprint
	Sprung
Hallensport:	Tennis
	Hallenfußball
	Handball
Skisport:	Alpin
	Langlauf
	(Skating-Technik)
Schlittschuhsport:	Eisschnellauf
	Eishockey

Achillessehnenbeschwerden

Die medizinische Bezeichnung Achillodynie für Schmerzen im Achillessehnenbereich stellt einen Sammelbegriff für ursächlich unterschiedliche Krankheitsbilder dar. Die wichtigsten überlastungsbedingten Schäden sind (Abb. 127):

- Tendinitis/Peritendinitis der Sehne, die Entzündung der Sehne selbst
- Paratenonitis, die Entzündung des Gleitgewebes
- Bursitis achillaea, die Schleimbeutelentzündung
- hinterer Fersensporn, die chronische Entzündung mit Kalkeinlagerung am Fersenbeinansatz

Entzündung der Achillessehne (Tendinitis/Peritendinitis)

Mikroskopisch finden sich meist umschriebene entzündliche Veränderungen im Bereich der äußeren und inneren Sehnenhüllen sowie innerhalb der Faserbündel. Im fortgeschrittenen Stadium entwickeln sich lokale Degenerationsherde (Löschpapiereffekt) und Mikrorupturen von Sehnenfasern, die bis zum partiellen Riß reichen können.

155

Abbildung 127
Achillodynie und
ihre häufigsten
Ursachen

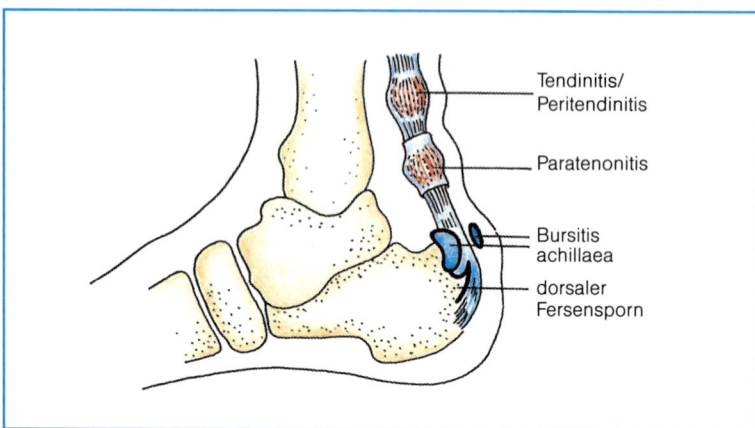

Tendinitis/
Peritendinitis

Paratenonitis

Bursitis
achillaea

dorsaler
Fersensporn

Zugrunde liegt dieser Überlastungsreaktion ursächlich:
- ein asymmetrischer Sehnenzug (Abb. 128) als Folge von
  - übermäßiger Supination (Calcaneus varus)
  - Überpronation (Calcaneus valgus)
  - Bandlockerungen am Sprunggelenk, z. B. Lig. fibulocalcaneare (Calcaneus varus)
- eine verkürzte Wadenmuskulatur im Zusammenhang mit
  - ungenügender Regeneration
  - harten (Hallen-) oder zu weichen (Sand-)Böden
- eine mangelhafte Belastungsadaptation
  - nach Trainingspausen
  - als Trainingsanfänger
  - durch niedrige Umgebungstemperaturen

Abbildung 128
Asymmetrische
Achillessehnenbe-
lastung bei Über-
pronation Ⓐ und
Übersupination Ⓑ
(jeweils rechter
Fuß)

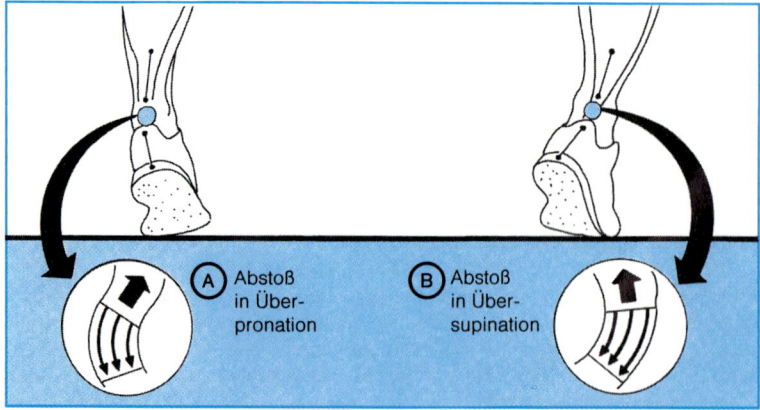

Ⓐ Abstoß
in Über-
pronation

Ⓑ Abstoß
in Über-
supination

Diagnostisch findet sich eine starke Druckschmerzhaftigkeit beim Klammergriff im Bereich des schon mit bloßem Auge erkennbar verdickten Sehnenabschnitts (diffus oder spindelförmig). Reiskornartige Einlagerungen weisen auf eine erhöhte Rißgefahr hin (zur Achillessehnenspontanruptur s. Kapitel »Schwachstellen im Muskel-, Sehnen-, Gelenksystem« S. 52). Die Ultraschalluntersuchung läßt eine gewisse Differenzierung des Schweregrades und der betroffenen Strukturen zu.

Therapeutisch gilt es, die Belastungssymmetrie durch geeignete orthopädieschuhtechnische Maßnahmen wiederherzustellen, nur im akuten Stadium die Zugbelastung durch Fersenkeile zu erniedrigen und durch lokale Maßnahmen, wie ärztliche sehnennahe Infiltrationsbehandlung mit Phytotherapeutika und Heparin (keine Kortikosteroide) und lokale Applikation von heparinhaltigem Gel, die Entzündungsreaktion positiv zu beeinflussen. Physiotherapeutisch stehen Lymphdrainage, PNF-Dehntechniken und Elektrotherapie im Vordergrund. Ruckartige Zugbelastungen (Sprint), Bergauflaufen und Hallensport sind bis zum Abklingen der Beschwerden zu untersagen. Die meist funktionell verkürzten Wadenmuskeln bedürfen eines gezielten, wohldosierten Stretchingprogramms. Um die Verkürzung der Wadenmuskulatur nicht noch zu begünstigen, sollte bei chronischen Achillessehnenentzündungen auf das Tragen von Fersenkeilen verzichtet werden.

Entzündung der Sehnengleithülle (Paratenonitis)

Durch Druck von außen (ungeeignete Fersenkappen, Alpinskischuhe) oder als Folge einer Achillessehnenperitendinitis kommt es gelegentlich zu einer entzündlichen Reaktion des Sehnenhüllgewebes mit der Gefahr von Gewebsverklebungen und Einschränkung der Sehnenbeweglichkeit.

Klinisch weist eine auch in Bewegung (Streckung und Beugung im oberen Sprunggelenk) kaum verschiebbare kolbenförmige Schwellung im unteren Achillessehnenbereich auf diese Reaktion hin.

Eine konservative Behandlung mit Ultraschall, Bürstenmassagen, Lymphdrainage und lokal anwendbaren Antirheumatikagelen ist bei gleichzeitiger funktionell krankengymnastischer Behandlung häufig erfolgreich. Für paratendinöse Infiltrationen gelten die oben angeführten Gesichtspunkte. Bei Therapieresistenz, insbesondere bei einer fortbestehenden Gleiteinschränkung der Achillessehne, ist eine operative Sanierung angezeigt.

Die gelegentlich praktizierte Einspritzung von Kälberblutderivaten ist wegen der Allergisierungsneigung und des oft eher aktivierenden Effektes bei fehlender pharmakodynamischer Notwendigkeit problematisch.

Entzündung des Schleimbeutels
(Bursitis achillaea/subachillaea)

Zu große Kippbewegungen des Fersenbeines nach außen oder innen, schlecht sitzende Sportschuhe mit Druckstellen im Fersenbereich (z. B. Skischuh, Bergschuh) oder mangelnde Fersenstabilität (z. B. insuffiziente Fersenkappe am

157

Laufschuh) führen gelegentlich über eine lokale Irritation zu einer stark schmerzhaften Schleimbeutelentzündung im Bereich des Achillessehnenansatzes. Bei der Untersuchung findet sich eine druckschmerzhafte, eher prallelastische Schwellung im Ansatzbereich der Achillessehne, die sich als Bursitis auch ultraschallmäßig gut darstellen läßt.

Therapeutisch ist die unkomplizierte Schleimbeutelentzündung mit der Einspritzung von Phytotherapeutika, gegebenenfalls Kortikosteroid-Kristallsuspensionen (streng intrabursal), und lokaler DMSO-Gelanwendung gut beherrschbar. Auf eine Verbesserung des Schuhmaterials ist aber im Sinne einer Rückfallprophylaxe nicht zu verzichten.

Die Kombination mit einer Knochenzackenbildung (Haglund-Exostose) führt oft zu einer konservativen Therapieresistenz, so daß eine Schleimbeutelentfernung mit gleichzeitiger operativer Abtragung der Exostose nicht zu umgehen ist. Neuerdings zeigt auch eine Stoßwellenbehandlung gute Ergebnisse.

Abgrenzen sollte man im jugendlichen Alter auch eine Apophysitis calcanei, eine entzündliche Wachstumsfugenstörung mit gelegentlicher Ablösungstendenz.

Eine röntgenologische Abklärung ist bei therapieresistenten Schmerzen im Ansatzbereich der Achillessehne immer erforderlich.

Hinterer Fersensporn (Haglund-Exostose)

Schmerzhafte, spornartige Verknöcherungen am Achillessehnenansatz sind Ausdruck chronischer Ansatzüberbeanspruchung mit entzündlicher Reaktion und sekundärer Mineralisierung (Kalkeinlagerung). Neben einer sportlichen Überbelastung spielen auch Fehlstatik (Hohlfuß) und mechanische Irritation (Fersenkappe, Skischuh) eine entscheidende Rolle.

Die Diagnosesicherung erfolgt röntgenologisch. Therapeutisch gelten die unter der Bursitis achillaea angegebenen Grundsätze.

Achillodynien finden sich vorwiegend bei folgenden sportlichen Disziplinen:

Laufsport:	Langstrecke
	Berglauf
Sprungsport:	Hochsprung
	Weitsprung
	Dreisprung
Tanzen:	Ballett
Hallensport:	Volleyball
	Basketball
Rückschlagspiele:	Tennis
	Badminton
Skisport:	Ski-Alpin, Ski-Langlauf

Fußgewölbebeschwerden

Fußgewölbe- und Fußsohlenbeschwerden sind für den Athleten und für den behandelnden Arzt unangenehm, da sie meist sehr schmerzhaft und therapeutisch schwer angehbar sind. Ihre Diagnose und vor allem die Therapie setzen Kenntnisse der Fußgewölbekonstruktion und der Bewegungsdynamik voraus, wie sie eingangs dargestellt wurden. Diagnosen wie z. B. Mittelfußschmerz (Metatarsalgie) sind Syndrombegriffe, die einer genaueren topographischen Zuordnung bedürfen.

Am häufigsten finden sich:
- chronische Fersenreizung
- Fasciitis plantaris (Sehnenplattenentzündung)
- unterer Fersensporn
- Ermüdungsbrüche
- Nervenkompressionssyndrome
- Hallux valgus/Hallux rigidus/Turfzehensyndrom

Chronische Fersenreizung

Normalerweise weist die Ferse durch ein septiertes Fettpolster gute Dämpfungseigenschaften zwischen Fersenbein und Aufprallfläche auf. Durch betonten Fersenlauf, hohes Körpergewicht und »Durchschlagen« des Absatzdämpfungsmaterials am Sportschuh kommt es zu Einrissen in diesen Bindegewebssepten und das Fettgewebe wird nach beiden Seiten abgedrängt (Abb. 129). Das Fersenbein liegt dann ungeschützt, gut tastbar unter der Haut. Betroffen sind vor allem Langstreckenläufer, Hürdenläufer, Dreispringer und Basketballspieler.

Eine reaktive Knochenhautentzündung am Fersenbein bereitet dem Sportler belastungsabhängige Schmerzen in der Landephase. Zusätzlich findet sich gelegentlich noch eine Entzündung des zwischen Fersenbein und Fettpolster gelegenen Schleimbeutels.

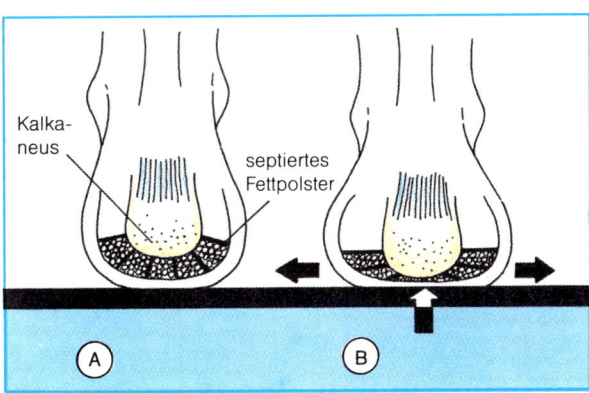

Kalkaneus

septiertes Fettpolster

Abbildung 129
Ⓐ Normale Fersenfettpolsterung, Ⓑ seitlich abgedrängtes Fettpolster, das Fersenbein liegt weitgehend ungeschützt unter der Haut

159

Therapeutisch stehen Entlastung durch zweiwöchige Sportpause, Versorgung mit geeignetem Schuh- und Einlagenmaterial (spezielle Abpolsterung) und die Lokalbehandlung mit Ultraschall und Eis im Vordergrund. Die lokale Injektion von entzündungshemmenden Medikamenten, insbesondere Kortikosteroiden, ist wegen des zu befürchtenden Fettzellunterganges problematisch. Eine systemische Behandlung mit nichtsteroidalen Antirheumatika spricht dagegen gut an.

Fasciitis plantaris und unterer Fersensporn

Bei der Plantaraponeurose (Plantarfaszie) handelt es sich um eine Sehnenplatte, die das Fußlängsgewölbe verspannt. Sie entspricht in etwa der Sehne eines Bogens, die analog der Bogenbiegung und der Zugkräfte unterschiedlichen Spannungen ausgesetzt ist (Abb. 130).
Unter Belastung erhöht sich die Zugspannung, wobei besonders bei vorbestehendem Senkfuß hohe Spannungsspitzen am Aponeurosenursprung am Fersenbein auftreten (Abb. 130 B, Stützphase). In der Abstoßphase (Abb. 130 C) kommt es infolge der physiologischen Krallenstellung der Zehen zu einem weiteren Spannungsanstieg. Als Folge dieser hohen, peitschenschlagartigen Ruckbeanspruchung am Fersenbein zeigen sich Mikroverletzungen mit entzündlicher Reaktion im Ursprungsgebiet: Fasciitis plantaris (Abb. 131 A).

Disponierend für die Entwicklung einer Fasciitis plantaris sind:
- Senkfuß
- Überpronation
- harte Böden

Abzugrenzen gilt es eine Pfannenbandzerrung, die bei gleicher Disposition mit einer weiter innen und nach vorne verlagerten Lokalisation auftritt (Abb. 131 B) und direkt verletzungsbedingt ist.

Abbildung 130
Unterschiedliche Zugspannungen der Plantaraponeurose bei verschiedenen Belastungsphasen

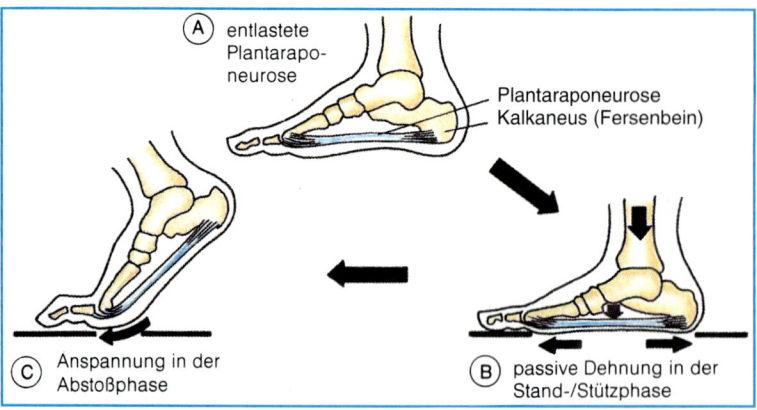

160

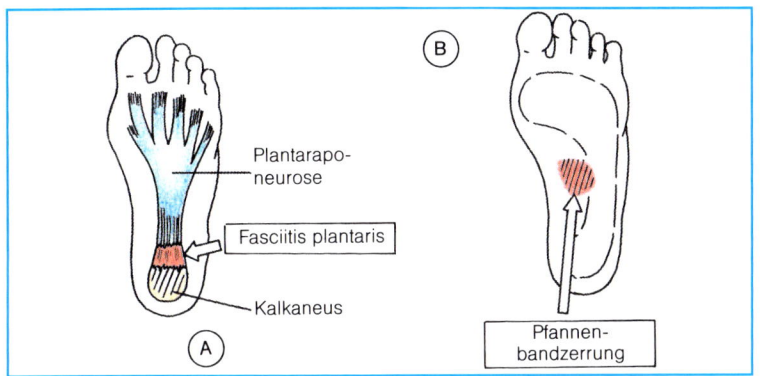

Abbildung 131
Lokalisationsorte:
Ⓐ Fasciitis plantaris, Ⓑ Pfannenbandzerrung (Lig. calcaneonaviculare)
Blick von unten

Die Diagnose der Fasciitis plantaris beinhaltet in der Regel einen in der Erkrankungsgeschichte angegebenen Belastungsschmerz (Lauf, Zehenstand) und einen umschriebenen Druckschmerz am Aponeurosenursprung am Fersenbein. Röntgenologisch fällt gelegentlich bei chronischer Fasciitis die Entwicklung eines Fersenspornes auf (Abb. 132), der allerdings auch ohne klinische Symptome vorhanden sein kann.

Die Therapie besteht in einer Entlastung des Fußgewölbes und der betroffenen Ursprungszone durch passive Schaumstoffeinlagenversorgung mit einer silikongefütterten Aussparung am Hauptschmerzpunkt. Eine Sportpause von ca. zwei Wochen ist meist angezeigt, in besonders schmerzhaften Fällen empfiehlt sich eine völlige Entlastung mittels Unterarmgehstützen für die erste Woche.

Die von innenseitig her durchgeführte lokale Infiltration mit pflanzlichen Antiphlogistika ist oft hilfreich, desgleichen eine Ultraschalltherapie und vorsichtiges Massieren und Dehnen der Fußgewölbemuskulatur. Auf Kälte zeigt die Fasciitis plantaris meist ein ungünstiges Ansprechen.

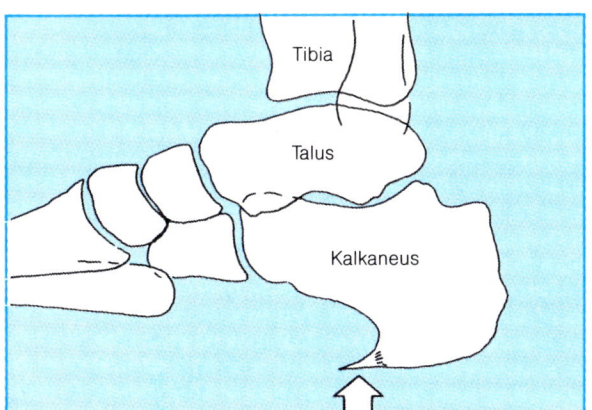

Abbildung 132
Unterer (plantarer) Fersensporn

161

Entzündungshemmende systemische Medikamentengabe ist der lege artis durchgeführten lokalen Infiltration unterlegen. In schweren Fällen ist eine operative Behandlung häufig nicht zu umgehen, besonders bei chronischem Verlauf mit Ausbildung eines Fersenspornes.

Ermüdungsbrüche

Von diesen sogenannten Streßfrakturen am Fuß sind folgende Knochen besonders häufig betroffen:
- Ossa metatarsalia II-V (Mittelfußknochen)
- Os naviculare (Kahnbein)
- Ossa sesamoidea (Sesambeine)
- Kalkaneus (Fersenbein)

> Bei unklaren »Metatarsalgien« ist immer auch an einen Ermüdungsbruch zu denken!

Zur Ursache und Entwicklung dieser Frakturform siehe Kapitel »Ermüdungsbrüche« S. 71.
Disponierend wirken dazu sicher auch fehlstatische Veränderungen im Bereich der Fußgewölbekonstruktion (z. B. Hohl-, Senk-, Spreizfuß).
Die Diagnosesicherung erfolgt röntgenologisch bzw. in Zweifelsfällen szintigraphisch (mittels radioaktiver Marker).
Therapeutisch ist eine Gips- oder gar eine operative Behandlung nur in den seltensten Fällen nötig. Bei Ausschaltung der Belastungsursache für 4–6 Wochen, Ausgleich der Fehlstatik und funktioneller Ruhigstellung mittels tapeverstärkter Klebeverbände und/oder Tragen eines stabilisierenden Schuhs (z. B. Adimed-stabil-Programm) zeigen die Ermüdungsbrüche eine sehr gute Heilungstendenz.

Vorwiegend röntgenologisch sind auszuschließen:
- Arthrosen im oberen/unteren Sprunggelenk und im Bereich der Fußwurzel, z. B. infolge Bandlaxizität bei habituellem Umknicken oder beim »Fußballerknöchel« (chronische Mikrotraumatisierung)
- Osteochondrosis dissecans (»Gelenkmaus«), häufig am Talus (Sprungbein)
- Osteonekrosen (Köhlersche Erkrankung) am Naviculare (Kahnbein) bzw. am Köpfchen der Metatarsalia (Mittelfußknochen)
- knöcherne Randzackenbildung durch chronischen Druck von außen (z. B. am Naviculare [Kahnbein] durch schlecht passenden Skischuh)

Nervenkompressionssyndrome

Von sportmedizinischer Bedeutung sind:
- Tarsaltunnelsyndrom
- Morton-Metatarsalgie

Tarsaltunnelsyndrom

Im Zusammenhang mit entzündlichen Veränderungen der Tibialis-posterior-Sehne, aber auch durch exzessive Wiederholungsreize von endgradigen Belastungen im Sprunggelenk (z. B. Sprungtraining) kommt es zu einer mechanischen Irritation des N. tibialis im sogenannten Tarsaltunnel, dem bandüberdachten Raum zwischen Innenknöchel und Fersenbein.

Bei der Untersuchung finden sich:
- eher diffuse Schmerzen in der Fußsohle (Dysästhesien) bei endgradiger Streckung im oberen Sprunggelenk
- Spontan- und Druckschmerz hinter dem Innenknöchel
- Gefühlsabschwächung im Versorgungsgebiet der Fußsohlennerven

Den Beweis erbringen elektromyographische Veränderungen der betroffenen Nervenäste (Neurologe).
Therapeutisch erfolgt zunächst Trainingsumstellung, Korrektur statischer Fehlbelastung, Lokalbehandlung der Nervensehnenloge mit vorübergehender Ruhigstellung, Auftragen abschwellender Salben und Gele und systemische Gaben eines hochdosierten Vitamin-B-Komplexes, gegebenenfalls unter Antirheumatikazusatz. Beim Fortdauern der Beschwerden sollte eine operative Dekompression des Nervs durchgeführt werden.

Morton-Metatarsalgie

Im Vorfußbereich zu enge Sportschuhe und/oder eine ausgeprägte Spreizfußbildung können unter erhöhten Belastungsanforderungen zu dieser mechanischen Nervenirritation führen: Die eng an dem Mittelfußköpfchen vorbeilaufenden Interdigitalnerven werden unter Fehlbelastungsbedingungen von diesen chronisch irritiert, und es entwickelt sich besonders zwischen Mittelfußköpfchen III und IV ein Neurom (Abb. 133), eine gutartige Nervengeschwulst. Die Schmerzsymptome sind in der Regel von der Nervenreizung geprägt:

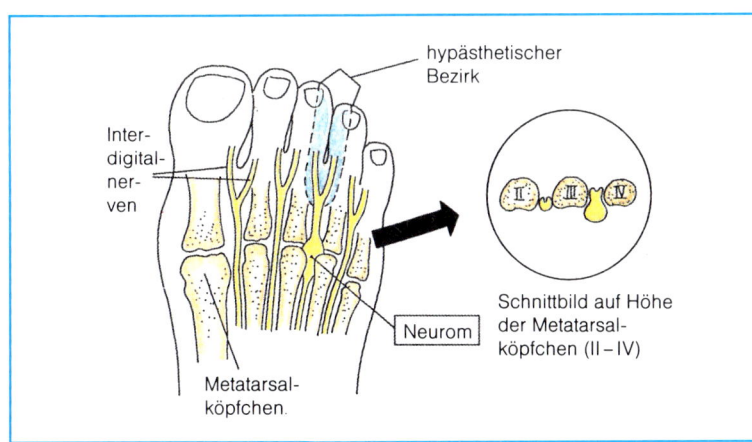

Abbildung 133
Neurombildung zwischen III. und IV. Mittelfußköpfchen bei Morton-Metatarsalgie

163

Brennen im Vorfuß, teilweise »elektrisierendes« Gefühl. Meist verschwinden sie beim Barfußlaufen wieder.

Diagnostisch auffällig ist beim Umfassen ein Klammerschmerz im Vorfuß, eine Gefühlsminderung im Zehenzwischenraum, meist III/IV, und eine vorübergehende Schmerzfreiheit nach Lokalanästhetikainfiltration.

Die Therapie konzentriert sich zunächst auf die Ausschaltung der mechanischen Noxen:

- Trainingspause
- statische Wiederherstellung des Quergewölbes mittels Schaumstoffeinlagen oder Einbau von Quergewölbestützen
- bequemer Sport-/Laufschuh mit Mokassinschnitt
- Training der Fußmuskulatur, insbesondere des M. adductor hallucis longus (muskuläre Stützfunktion), z. B. über 5–10minütiges Minitrampolinspringen jeden zweiten Tag

Die symptomatische Therapie entspricht der des Tarsaltunnelsyndroms. Die operative (mikrochirurgische) Neuromabtragung führt bei therapieresistenten chronischen Fällen immer zu Schmerzfreiheit.

Großzehengrundgelenkdeformität (Hallux valgus)

Eine Abweichung der Großzehe von mehr als zehn Winkelgraden im Großzehengrundgelenk nach außen bezeichnet man als Hallux valgus (Abb. 134). Folgen dieser Achsenabweichung sind eine druckbedingte Knochenanlagerung und eine Schleimbeutelbildung und -entzündung direkt über dem Knochensporn. Spätfolge ist eine Großzehengrundgelenkarthrose (s. Hallux rigidus, S. 165).

Ursache ist in der Regel eine Abflachung des Fußquergewölbes (Spreizfuß). Seltener liegt eine muskuläre Dysbalance bzw. eine Verlagerung des ersten Mittelfußknochens zugrunde.

Abbildung 134
Hallux valgus (Achsenabweichung > 10°) mit Exostose (Knochenanlagerung) und Bursitis (Schleimbeutelbildung und Entzündung)

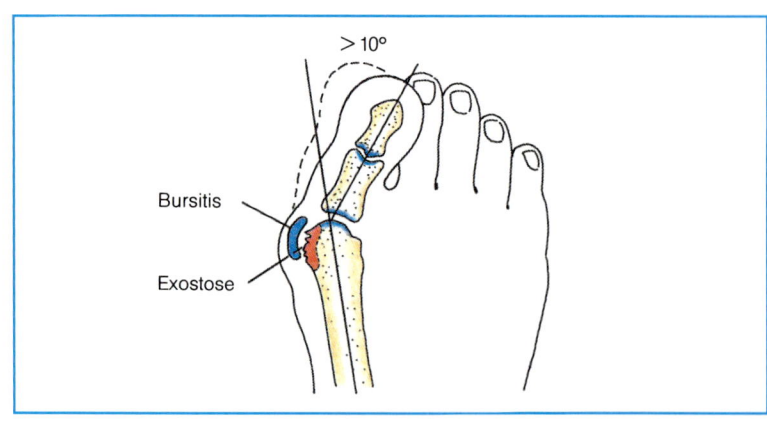

> 10°

Bursitis

Exostose

Symptomatik und klinischer Befund sind augenfällig:
- Achsendeviation (> 10°)
- Druckschmerz und Rötung über dem inneren Großzehengrundgelenkanteil
- häufig zusätzliche Hammerzehenbildung der Zehen II und III

Therapeutisch sinnvoll sind:
- leichtes Anheben des Quergewölbes durch Einkleben von Spreizfußpelotten oder Schaumstoffeinlagen
- entlastende Schuhkonstruktion: Mokassinschnitt ohne Zehenriemen
- lokale Infiltration von Kortikosteroiden in Verbindung mit einem Lokalanästhetikum
- Operation bei Therapieresistenz, ausgeprägten Beschwerden und in extremen Fällen

Großzehensteife (Hallux rigidus)

Die zunehmende Versteifung des Großzehengrundgelenkes wird als Hallux rigidus bezeichnet. Ursächlich kann ein Hallux valgus, aber auch eine chronische Mikrotraumatisierung (Langstreckenlauf, Fußball) zugrunde liegen.
Durch die teilweise ausgeprägte Schmerzsymptomatik bereits beim Gehen oder Laufen besteht beim Sportler ein hoher Leidensdruck.
Klinisch findet man eine starke Druckschmerzhaftigkeit über dem Großzehengrundgelenk, eine Verdickung der Gelenkkapsel und eine Bewegungseinschränkung mit Bevorzugung der Großzehenstreckung.
Der röntgenologische Befund ist meist nicht dramatisch und weist höchstens Zeichen einer beginnenden Arthrose auf.

Die wichtigsten therapeutischen Ansätze sind:
- Ausgleich eventuell bestehender Fehlstatik
- krankengymnastische Mobilisation mit Wärme- und Ultraschallanwendung
- Antirheumatika/Antiphlogistika (zum Schlucken und als Gel)
- operatives Vorgehen

Die Prognose ist trotz optimaler Therapie gerade für den Langstreckenläufer oft nicht befriedigend. Gelegentlich ist sogar ein Wechsel der Sportart erforderlich (z. B. zu Radsport). Bei der Ausgrenzung weiterer Erkrankungen ist an eine chronifizierte Gicht (Podagra) zu denken.

Turfzehensyndrom (turf: sinngemäß Kunstrasen)

Auf stark bremsenden Kunststoffbelägen (Hallenböden, Allwetterplätzen) kommt es beim Abbremsen von kraftvollen Lauf- oder Sprungbewegungen (Tennis, Squash, Fußball) zum plötzlichen Stoppen der Schuhsohle infolge vergrößerter Haftreibung, während der Fuß innen weiter nach vorne rutscht und chronisch im Großzehengrundgelenk gestaucht bzw. überstreckt wird (Mikrotraumatisierung). Erschwerend wirken zu kleine, aber auch zu große, schlecht geschnürte Sportschuhe.

165

Reaktiv setzt eine entzündliche Kapselschwellung ein, die Großzehengrundgelenkbewegung ist endgradig schmerzhaft eingeschränkt. In extremen Fällen werden Knorpelschäden und Bandlockerungen beschrieben.

Die Therapie beinhaltet eine ca. ein- bis zweiwöchige Sportpause, in der Akutphase Kälteanwendung und Antirheumatika-Gelapplikation, im weiteren Tapeverband und eine Verbesserung des Sportschuhmaterials, wobei besonders Tiefzugösen zur Schaftfixierung zu empfehlen sind. Auf eine gleichmäßige Schnürung, insbesondere der häufig vernachlässigten unteren Abschnitte, sollte geachtet werden.

Fußgewölbebeschwerden kommen besonders oft bei folgenden Sportarten vor:

Leichtathletik:	Langstreckenlauf
	Sprungdisziplinen
Rückschlagspiele:	Tennis
	Squash
Ballsport:	Fußball
	Hallenhandball
	Basketball
	Volleyball

Zusammenfassung

Zusammenfassend läßt sich feststellen, daß die meisten Überlastungsschäden im Unterschenkel- und Fußbereich primär eine fehlstatische Voraussetzung im Bereich des unteren Bewegungsapparates oder des Sportschuhmaterials aufweisen. Ungünstige biomechanische Auswirkungen sind daher ein wesentlicher Faktor in der Ursachenkette.

Durch eine qualifizierte ärztliche Beratung bezüglich Schuhmaterial, Hilfsmittel und Trainingsbedingungen ist gerade im Unterschenkel-/Fußbereich eine ausgezeichnete Überlastungsschadensprophylaxe möglich.

Erfreulich aber ist, daß die meisten dieser überlastungsschadendisponierenden Fehlvoraussetzungen sowohl in therapeutischer wie auch in prophylaktischer Hinsicht orthopädietechnisch gut angehbar sind. Die Fortschritte im Sportschuhbau und in der Orthopädieschuhtechnik sollten in diesem Sinn vom erkrankten Sportler und seinem behandelnden Arzt anerkannt und voll zur Anwendung gebracht werden.

12 Überlastungsreaktion der Wirbelsäule

Nirgends gehen die Ansichten über die sportliche Belastbarkeit des Bewegungsapparates so weit auseinander wie bei der Wirbelsäule. Die folgende anatomisch-funktionelle Darstellung soll gemeinsam mit empirisch gesicherten Daten Hilfestellung bei der Bewertung von überlastungsbedingten Wirbelsäulenbeschwerden geben. Eine Entscheidung bezüglich der krankmachenden Auswirkungen des Sports muß immer im Einzelfall getroffen werden. Hierbei kommt auch der Prophylaxe von Sportschäden eine große Bedeutung zu. Pauschalurteile, wie z. B. »Rudern schadet der Wirbelsäule«, haben hier nichts verloren.

Besondere Aufmerksamkeit ist dem Belastungszeitpunkt während der Wirbelsäulenentwicklung, dem physiologisch und technisch richtigen Bewegungsablauf und einer etwaig vorbestehenden Wirbelsäulenerkrankung im Sinne einer fehlstatischen Voraussetzung zu schenken (Abb. 135). Auf primär entzündliche, stoffwechselbedingte oder tumorbedingte Wirbelsäulenerkrankungen wie auch auf eine direkte traumatische Schädigung soll hier nicht eingegangen werden.

Zur Wirbelsäulenentwicklung

Viele Sportarten mit mehr oder weniger leistungssportlichem Ziel werden bereits im Kindesalter betrieben, da in dieser Entwicklungsphase hohe, technisch

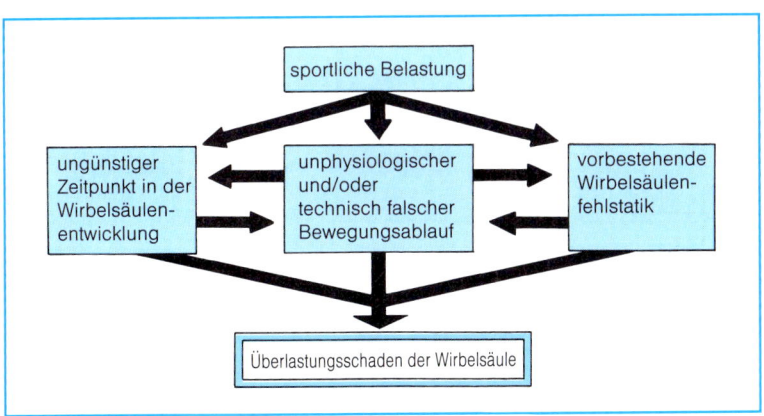

Abbildung 135
Pathogenetische Gesichtspunkte zur Überlastungsreaktion der Wirbelsäule

koordinative Bewegungsaufgaben gut angenommen werden. Diesem hohen zentralnervös-muskulären Niveau steht ein wenig widerstandsfähiger Bewegungsapparat gegenüber, wobei neben den Wachstumsfugen insbesondere die Wirbelsäule gefährdet ist.

Der Wirbelkörper

Die Entwicklung des Wirbelkörpers (Abb. 136) ist beim Eintritt in die Pubertät, also mit 11 (Mädchen) bis 12 (Jungen) Jahren, besonders störanfällig.
Die verminderte mechanische Belastbarkeit im Bereich der Wirbelkörperwachstumszonen kann Mitursache für Krankheitsbilder wie M. Scheuermann, Kyphosen und Skoliosen (s. d.) sein. Erschwerend kommt eine Änderung der Hebelverhältnisse durch den Längenwachstumsschub in der ersten puberalen Phase hinzu, die muskulär in diesem Entwicklungszeitraum in der Regel nicht kompensiert werden kann. So ist die Rückenmuskulatur erst in der zweiten puberalen Phase gut trainierbar.

Der Wirbelbogen

Der Wirbelbogen steht nach der Geburt mit dem Wirbelkörper ebenfalls über eine Wachstumsfuge in Verbindung. Obwohl sich hier die Wachstumsfugen deutlich früher als beim Wirbelkörper selbst schließen, besteht aufgrund noch ungenügender Krafthebelstabilität eine Schwachstelle. So wirken sich muskulär nicht gesicherte, extreme Bewegungsausschläge mit der Folge von Spondylolysen (Spaltbildungen) und Spondylolisthesen (Wirbelgleiten) besonders fatal aus. Deshalb ist dieser Problematik z. B. beim Kunstturnen große Beachtung zu schenken, da hier schon im Vorschulalter mit erhöhter sportlicher Belastungsanforderung begonnen wird.

Abbildung 136
Wirbelkörper-
entwicklung

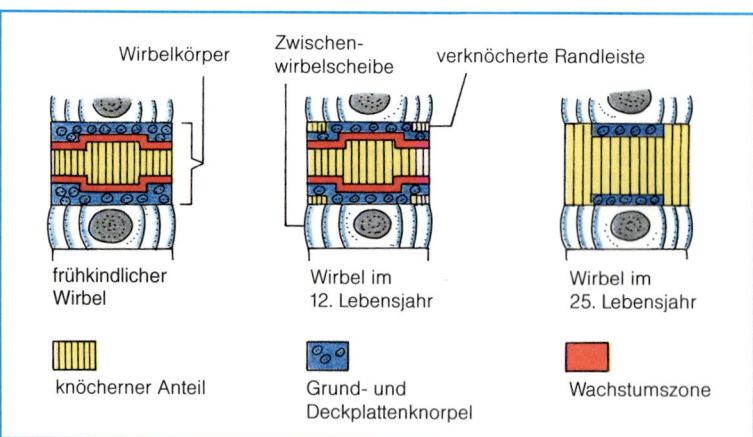

Das Bandscheibengewebe

Das Bandscheibengewebe selbst ist im Normalfall zum Geburtszeitpunkt bereits so gut ausgebildet, daß es den gesteigerten Anforderungen des sportlichen Trainings im Kindes- und Jugendalter weitgehend gewachsen ist.

Die alternde Wirbelsäule

Die alternde Wirbelsäule ist besonders im Bereich der Zwischenwirbelscheibe anfällig für überlastungsbedingte Sportschäden. Die physiologische Alterung der Bandscheibe wird erheblich beschleunigt durch hohe Stauchungs-, Biege- und Scherkräfte, aber auch durch stereotype Belastungswiederholung mit dem Ergebnis einer vorzeitigen Aufbrauchserscheinung (Osteochondrosis). Bei asymmetrischer axialer Belastung besteht mit einem Altersgipfel zwischen 30 und 50 Jahren zudem das Risiko einer Massenverschiebung des Bandscheibenkernes (Protrusion = Vorwölbung, Prolaps = Vorfall), da dieser im genannten Lebensalter bei bereits degenerativ verändertem Faserring noch prall und wanderfreudig ist. In höherem Alter nimmt der Druck des Kernes und damit auch die Neigung zum Bandscheibenvorfall wieder ab.

Bei erhöhter sportlicher Belastung, insbesondere bei unsachgemäßem Krafttraining, weist gerade der Abschnitt des Kindes- und Jugendalters bis etwa Mitte der zweiten puberalen Phase eine erhöhte Schädigungsneigung des Wirbelkörpers und -bogens auf, der Altersabschnitt zwischen 30 und 50 Jahren eine erhöhte Gefährdung der Zwischenwirbelscheibe. Demnach liegt der günstigste und auch effektivste Trainingszeitraum mit einer erhöhten Belastung der Wirbelsäule zwischen 15 und 30 Jahren, wobei sachgemäße Technik im physiologischen Sinne Voraussetzung ist. Außerhalb dieses Zeitraumes sollten nur Trainingsformen unter Entlastung der Wirbelsäule zur Anwendung kommen!

Anatomische Funktion der Wirbelsäule

In ihrer anatomischen Funktion dient die Wirbelsäule vorwiegend als bewegliche Tragsäule, als axialer Stoßdämpfer und als Schutz des Rückenmarkes.

Das Bewegungssegment

Das Bewegungssegment (Abb. 137) stellt hierbei die wichtigste funktionelle Untereinheit dar.

Hierunter versteht man:

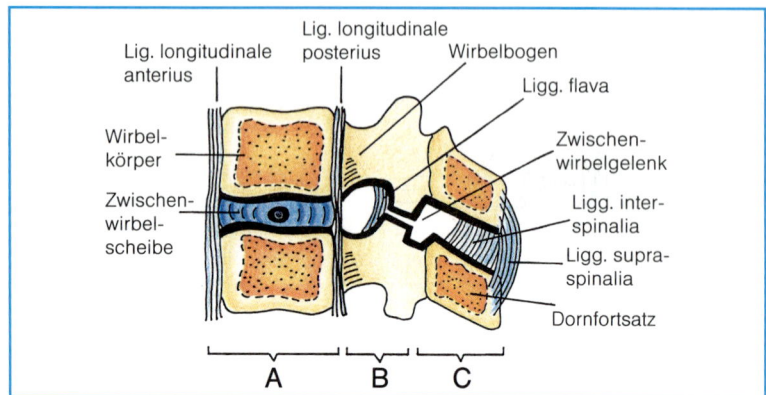

Abbildung 137
Schnittbild eines
Bewegungs-
segmentes

A die »halbgelenkige« Verbindung von Zwischenwirbelscheibe und Wirbelkörper einschließlich vorderem und hinterem Längsband (Lig. longitudinale anterius und posterius)
B die Zwischenwirbelgelenke mit Wirbelbögen und gelben Bändern (Ligg.
flava)
C den Bandapparat zwischen Quer- und Dornfortsätzen (Ligg. inter- und su-
praspinalia)
Ausnahmen von dieser Anordnung bilden das obere und untere Kopfgelenk
(Hinterhaupt/Atlas/Axis), die bei fehlender Zwischenwirbelscheibe eine spe-
zialisierte gelenkige Verbindung untereinander eingehen.

Die Zwischenwirbelscheiben (Bandscheiben)

Die Zwischenwirbelscheibe besteht aus Bindegewebe und unterteilt sich in den
Anulus fibrosus, der vorwiegend aus Fasergewebe zusammengesetzt ist, und in
den Nucleus pulposus, den Gallertkern aus Grundsubstanz (Abb. 138).
Der Anulus fibrosus geht eine feste Verankerung mit den Grund- bzw. Deckplatten der benachbarten Wirbelkörper ein. Vorderes und hinteres Längsband
verstärken die Grenzschichten der Zwischenwirbelscheibe.
Die Ernährung erfolgt ab dem 2.–4. Lebensjahr ausschließlich durch Diffusion
(bradytroph). Axiale Belastungen und Kippbewegungen der Wirbelkörper, wie
Beugen, Strecken oder Seitwärtsneigen, führen zu einer Ausweichbewegung
des prallelastischen Nucleus pulposus, ähnlich der Funktion eines Wasserkis-
sens (Abb. 139 a, b), die unter physiologischen Verhältnissen vom umgebenden Faserring in Grenzen gehalten wird. Eine Vorschädigung oder Degeneration dieser Faserstrukturen kann zu einer übermäßigen Kernwanderung mit
dem Ergebnis einer Protrusion (Vorwölbung) oder eines Prolapses (Vorfalls) in
Richtung der Nervenwurzeln oder des Rückenmarkes führen (Abb. 139 c).
Insbesondere Beugebewegungen unter Zusatzlast, eventuell noch unter gleichzeitiger Rotation, können einen Bandscheibenvorfall (Diskusprolaps) fördern.

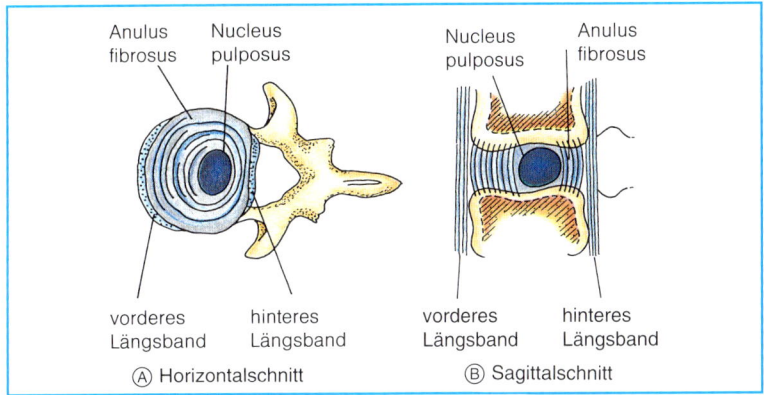

Abbildung 138
Aufbau der Zwischenwirbelscheibe

Die zuvor besprochene biomechanische Funktion der Zwischenwirbelscheibe korreliert im hohen Maß mit ihrem Wassergehalt: Je höher der Wasseranteil, um so besser ist die Dämpfungsfunktion. Der Wasseranteil ist in der Hauptsache von der äußeren Druckbelastung und vom kolloidosmotischen Innendruck (Saugdruck) der Zwischenwirbelscheibe abhängig (Abb. 140). Drucksteigerung von außen und Abnahme der Teilchenzahl innerhalb der Bandscheibe bedeuten Wasserabgabe, Druckreduzierung und Teilchenzunahme geht mit Wasseraufnahme einher. Dieser »Pumpmechanismus« fördert damit die Aufnahme von Nährstoffen, die dem Diffusionsprinzip unterliegt, und die Abgabe von Schlackenstoffen. Ein regelmäßiger Wechsel von Be- und Entlastung ist für den Betriebsstoffwechsel der Bandscheibe von entscheidender Bedeutung. Übermäßige Belastung oder Fehlbelastungen führen zu einem verminderten Druckpumpenmechanismus und zu einer Stoffwechselverschlechterung mit der Folge einer vorzeitigen Zwischenwirbelscheibendegeneration.

Abbildung 139
Physiologische Funktion und pathologische Reaktion der Zwischenwirbelscheibe

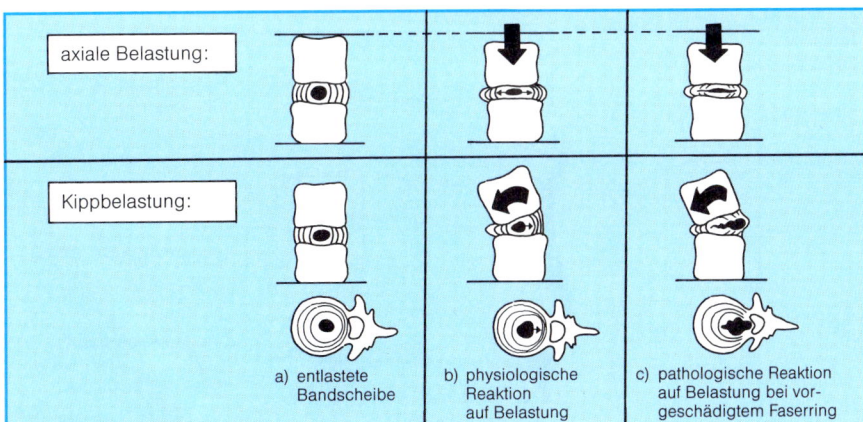

171

Abbildung 140
Pumpmechanis-
mus der Zwi-
schenwirbel-
scheibe
(intradiskal: inner-
halb, extradiskal:
außerhalb der
Bandscheibe)

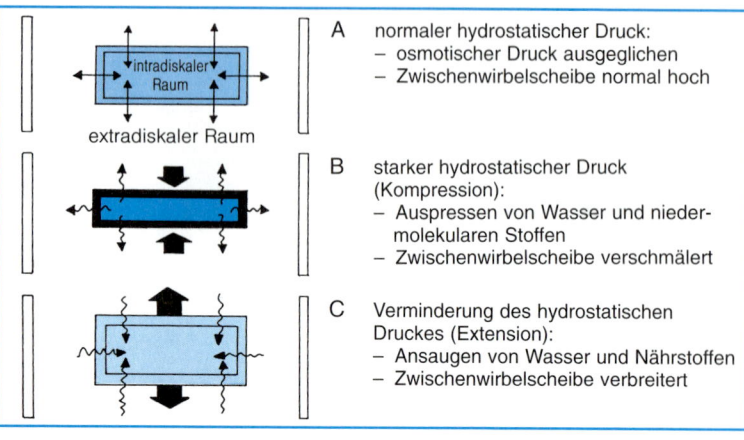

A normaler hydrostatischer Druck:
– osmotischer Druck ausgeglichen
– Zwischenwirbelscheibe normal hoch

B starker hydrostatischer Druck
(Kompression):
– Auspressen von Wasser und nieder-
molekularen Stoffen
– Zwischenwirbelscheibe verschmälert

C Verminderung des hydrostatischen
Druckes (Extension):
– Ansaugen von Wasser und Nährstoffen
– Zwischenwirbelscheibe verbreitert

Die Zwischenwirbelgelenke

Die paarig angeordneten Zwischenwirbelgelenke steuern die Wirbelsäulenbe-
weglichkeit: Sie stehen im Bereich der Halswirbelsäule schräg (45° zur Hori-
zontalen) von vorne oben nach hinten unten, im Bereich der Brustwirbelsäule
annähernd frontal und an der Lendenwirbelsäule fast sagittal (Abb. 141).
Durch diese Anordnung der kleinen Wirbelgelenke und aufgrund der zunehmenden statischen Belastung nimmt die mehrdimensionale Wirbelsäulenbe-
weglichkeit von oben nach unten ab. Die im Sport häufigen Rotationsbewegungen sind im Hals- bzw. Brustwirbelsäulenbereich bis zu einem gewissen
Bewegungsausschlag gut möglich, während sie im Lendenwirbelsäulenbereich
zu einer Schädigung der Zwischenwirbelgelenke und des Kapsel-Band-Apparates mit den Folgen einer Überbeweglichkeit (Hypermobilität) führen.

Abbildung 141
Stellung der klei-
nen Wirbelgelenke
auf verschiedenen
Wirbelsäulen-
abschnitten

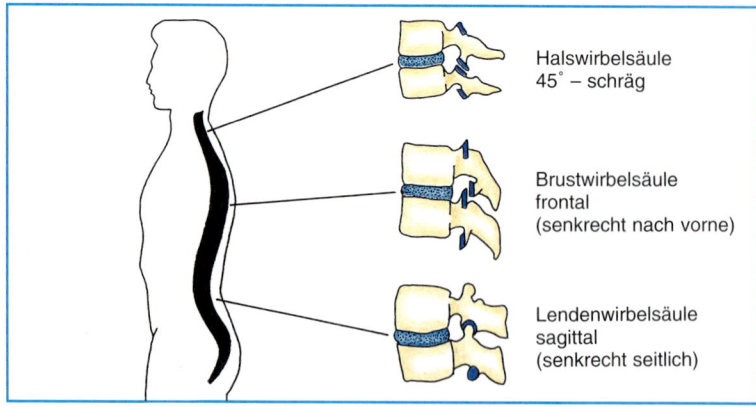

Halswirbelsäule
45° – schräg

Brustwirbelsäule
frontal
(senkrecht nach vorne)

Lendenwirbelsäule
sagittal
(senkrecht seitlich)

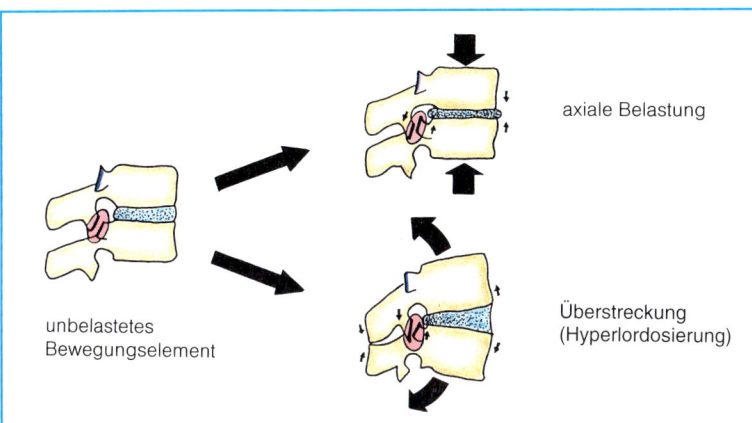

axiale Belastung

unbelastetes
Bewegungselement

Überstreckung
(Hyperlordosierung)

Abbildung 142
Einfluß der Band-
scheibenhöhe auf
die Mechanik der
kleinen Wirbel-
gelenke

Die Mechanik der kleinen Wirbelgelenke wird zwangsläufig auch durch die Bandscheibenhöhe beeinflußt (Abb. 142): Rasch auftretende, anhaltende Höhenverminderungen können zum schmerzhaften »Facettensyndrom«, chronische zur Arthrosis deformans der Zwischenwirbelgelenke führen.

Unphysiologische Gelenkausschläge, chronische Bandscheibenverschmäle-rung oder ständige Überstreckung (Hyperlordose) führen zur Segment-instabilität mit der Ausbildung einer Wirbelsäulenarthrose.

Zusammenfassend gilt vereinfacht:
Übermäßige Beugebelastung schadet der Zwischenwirbelscheibe.
Übermäßige Überstreckbelastung schadet den Zwischenwirbelgelenken.

Der Bandapparat der Wirbelsäule

Die Höhenminderung einer überlasteten oder vorzeitig verschlissenen Zwi-schenwirbelscheibe führt zwangsläufig zu Bandlockerungen. Zusätzlich wir-ken sich endgradige Bewegungsausschläge besonders im Hals- und Lenden-wirbelsäulenbereich, wie sie im Sport häufig üblich sind, bei ungenügender muskulärer Absicherung erschwerend aus. Dies gilt insbesondere auch für falsche Gymnastik- und Stretchingtechniken, die die Bänder zwischen Dorn- und Querfortsätzen überdehnen: z.B. »Klappmesser«-Übung, Hürdensitz-stretching usw. (Abb. 143). Die nahezu immer gemeinsam auftretende Ab-flachung der Zwischenwirbelscheibe mit Gefügelockerung des Faserringes, die Instabilität der Zwischenwirbelgelenke und die Überdehnung des Bandappa-rates münden in eine Überbeweglichkeit des Bewegungssegmentes, die ihrer-seits wieder zu einer »Verklemmung« der Gelenke führen kann, der sogenann-ten Blockierung (Wirbelblock).

173

Abbildung 143
Überdehnung der
hinteren Wirbel-
säulenbänder
(Dornfortsatz
dient als Hebel-
umlenkung) bei
vehementer
Flexion

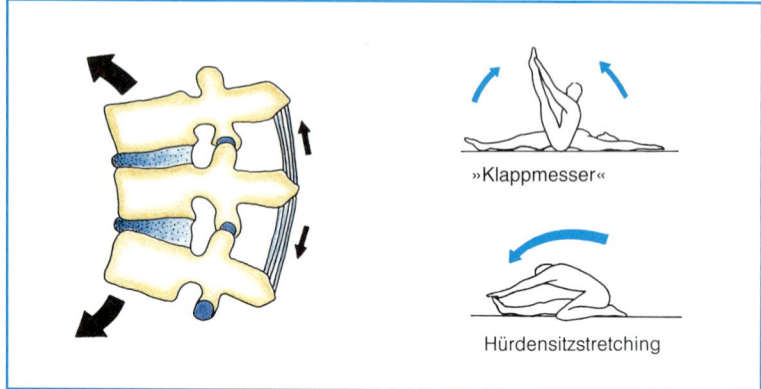

»Klappmesser«

Hürdensitzstretching

Prädilektionsstellen hierfür sind:
- untere Halswirbelsäule
- obere Brustwirbelsäule
- untere Lendenwirbelsäule

Die Beziehung des Rückenmarks und der Nervenwurzeln zum Bewegungssegment

Eingebettet in den Wirbelkanal, gibt das Rückenmark auf Höhe der Bewegungssegmente durch die Zwischenwirbellöcher paarig Nervenwurzeln ab (segmentale Anordnung der Nervenwurzeln Abb. 144 u. 145).

Anmerkung
Die Zwischenwirbelscheibe selbst besitzt mit Ausnahme ihrer hinteren Begrenzung keine schmerzleitende Nervenversorgung. Beginnende Schädigungen des Faserringes und Gallertkernes ohne Massenverschiebung oder Funktionsstörung des Bewegungssegmentes machen sich deshalb klinisch nicht bemerkbar.

Abbildung 144
Segmentale An-
ordnung der Ner-
venwurzeln (Sagi-
tallschnitt)

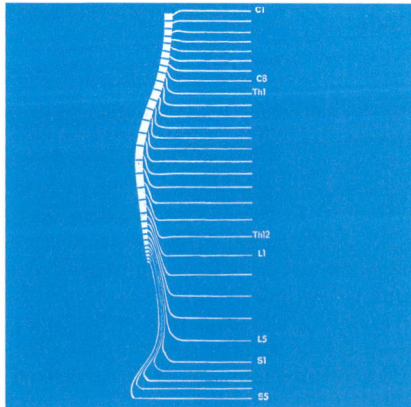

Irritationen des Rückenmarks im Verlauf durch den Rückenmarkkanal lassen sich infolge der segmental angeordneten neurologischen Ausfälle gut zuordnen, ebenso Irritationen der Nervenwurzel im Verlauf durch die Zwischenwirbellöcher, wobei hier aber die differenzierte Anordnung der Nervenäste (Ramus anterior, Ramus posterior, Ramus meningeus) mit ihren verschiedenen Versorgungsgebieten dringend in die diagnostischen Überlegungen mit einzubeziehen ist (Abb. 145).

Irritation
■ des vorderen Astes:
klassischer Wurzelschmerz entlang der Dermatome (radikulärer Schmerz)
■ des hinteren Astes:
Facettenschmerz, Rückenmuskelbeschwerden, Gefühlsstörungen Rückenhaut
■ des Ramus meningeus:
Wirbelsäulenbewegungsschmerz ohne neurologisch nachweisbare Ausfälle

Dagegen führen seitliche (laterale) Bandscheibenvorwölbungen und -vorfälle in der Regel zu einem Mischbild, da die Irritation hier vom Inneren des Rückenmarkkanals ausgeht, also vor Abgang der einzelnen Nervenäste die Nervenwurzel trifft (präganglionäre Kompressionssymptomatik).
Die Wurzelirritation mit den beschriebenen neurologischen Komplikationen ist meist das erste und einzige klinische Symptom für eine Störung im Bewegungssegment. Wesentlich häufiger als die oben erwähnte Protrusion oder der Prolaps ist dabei eine Kompressionssymptomatik als Folge eines verengten Zwischenwirbelloches.

Abbildung 145
Schematisierter Horizontalschnitt durch Wirbelsäule, Rückenmark und Nervenwurzeln mit den zugehörigen nervalen Versorgungsgebieten

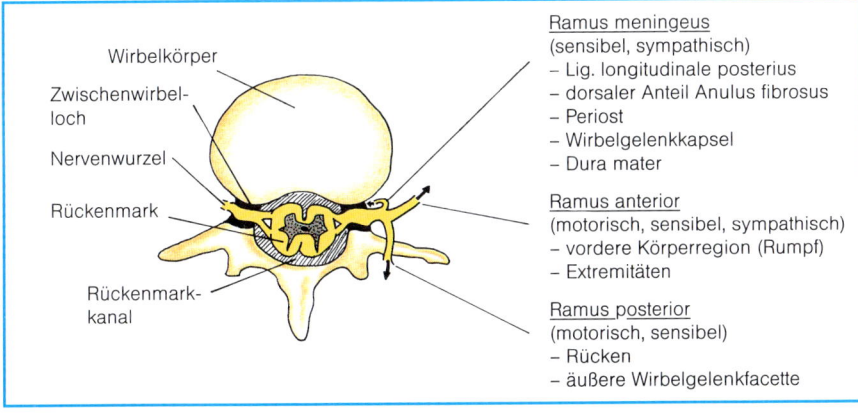

Wirbelkörper
Zwischenwirbelloch
Nervenwurzel
Rückenmark
Rückenmarkkanal

Ramus meningeus
(sensibel, sympathisch)
– Lig. longitudinale posterius
– dorsaler Anteil Anulus fibrosus
– Periost
– Wirbelgelenkkapsel
– Dura mater

Ramus anterior
(motorisch, sensibel, sympathisch)
– vordere Körperregion (Rumpf)
– Extremitäten

Ramus posterior
(motorisch, sensibel)
– Rücken
– äußere Wirbelgelenkfacette

175

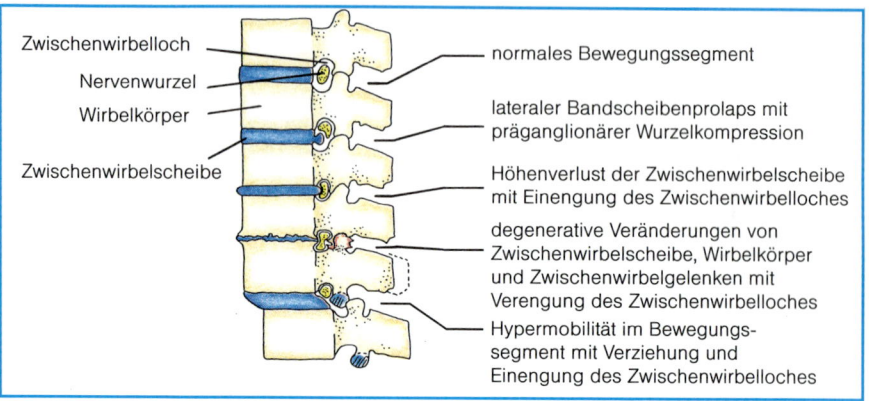

Abbildung 146
Überlastungs-
bedingte Nerven-
wurzelirritationen

Hierfür häufigste Ursachen im Sport sind überlastungsbedingte Bandscheiben-veränderungen mit Höhenabnahme und Gefügestörung, degenerative Verän-derungen der Wirbelkörper und Zwischenwirbelgelenke mit Ausbildung von Randzacken und Hypermobilität einzelner Wirbelkörper (Abb. 146).

Physiologische Krümmung und muskuläre Verspannung der Wirbelsäule

Richtige Haltung und Fehlhaltungen der Wirbelsäule

Von der Seite betrachtet, weist die Wirbelsäule aus Gründen der größeren Wi-derstandsfähigkeit gegen Abbiegungen aus der Körperachse (Einsparung von

Abbildung 147
Fehlhaltungen der
Wirbelsäule in der
Sagittalebene
(nach STAFFEL) mit
Darstellung der
Beckeneinstellung

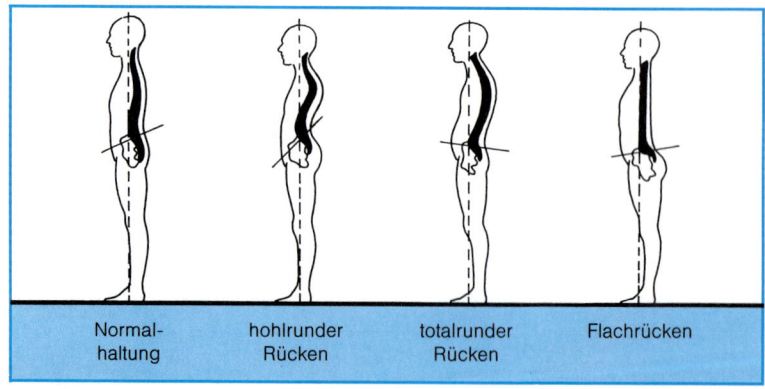

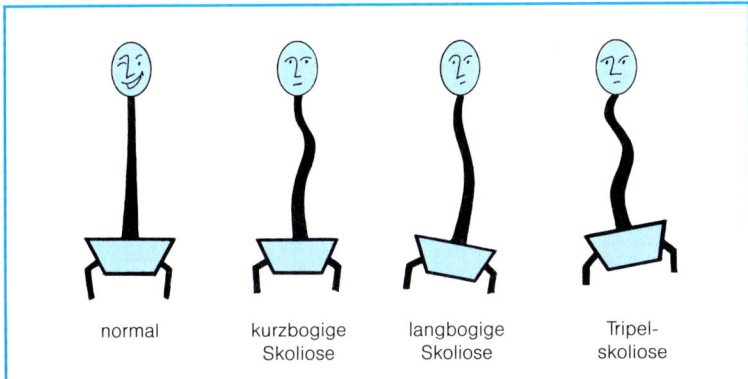

Abbildung 148
Skoliose: Abweichung der Wirbelsäule in der Frontalebene

normal   kurzbogige Skoliose   langbogige Skoliose   Tripelskoliose

Muskelarbeit) und wegen der günstigeren Abfederung von axialer Stoßbelastung eine sogenannte physiologische Schwingung (Krümmung) in Doppel-S-Form auf. Abweichungen von dieser Stellungsänderung in sagittaler Richtung bezeichnet man als Fehlhaltungen (Abb. 147).

Von vorne gesehen, bildet die Wirbelsäule einen mehr oder weniger geraden Stab. Nur stärkere Abweichungen von dauerhafter Natur (mehr als 10° von der Senkrechten) sollte man als Skoliose bezeichnen (Abb. 148).

Geringgradige Abweichungen vom Lot kann man als sogenannte physiologische Skoliose tolerieren. Ihnen kommt keine wesentliche Krankheitsbedeutung zu. Auf die differenzierte Entstehung und die unterschiedlichen Ausprägungsformen der schweren Haltungsfehler kann hier nicht eingegangen werden. Die Beurteilung der sportlichen Belastbarkeit wird in einem späteren Kapitel behandelt.

In jedem Falle aber stellen die schweren Haltungsfehler eine ungünstige statische Voraussetzung im Hinblick auf sportbedingte Überlastungsschäden dar. Eine individuelle sportartspezifische Beurteilung durch einen sportmedizinisch erfahrenen Orthopäden/Kinderorthopäden ist immer erforderlich.

Muskuläre Verspannung

Die muskuläre Verspannung zur Aufrechthaltung des Körpergewichts in Ruhe bei erhaltener physiologischer Krümmung und zur Stabilisierung der Wirbelsäule bei Rumpfbewegungen setzt sich im wesentlichen aus den in Abbildung 149 dargestellten Muskelgruppen zusammen.

Der lange Rückenstrecker (M. erector spinae) stellt einen Sammelbegriff für die Muskulatur der tiefen innenseitigen und äußeren Muskelstränge dar. Für die krankengymnastische Übungsbehandlung von eminenter Bedeutung, wird diese Muskelgruppe von den Sportlern oft unterschätzt, da sie im Gegensatz

177

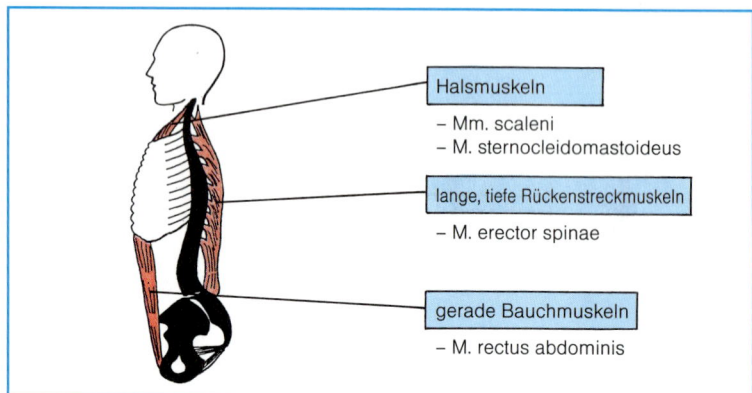

Abbildung 149
Muskuläre Ver-
spannung der
Wirbelsäule durch
Beuge- und
Streckmuskulatur

Halsmuskeln
– Mm. scaleni
– M. sternocleidomastoideus

lange, tiefe Rückenstreckmuskeln
– M. erector spinae

gerade Bauchmuskeln
– M. rectus abdominis

zu den oberflächlichen Rückenmuskeln, wie z. B. M. latissimus dorsi, nicht sichtbar trainierbar ist und zudem ein eher statisches, wenig bewegtes Training erfordert. Ähnliches gilt für die vordere Halsmuskulatur, die am wenigsten in den von uns gesichteten Trainingsplänen auftaucht. Erfahrungsgemäß wird die Bauchmuskulatur im Leistungssport regelmäßig, im Breitensport kaum trainiert.

> Dem Training der wirbelsäulenverspannenden und damit stabilisierenden Muskulatur kommt eine wesentliche Bedeutung in der Prophylaxe und Therapie von Sportschäden im Wirbelsäulenbereich zu.

Sportspezifische Überlastung der nicht vorgeschädigten Wirbelsäule

Im Leistungssport sind es vorwiegend die hohen Belastungsspitzen und -zahlen, im Breitensport falsche Techniken, mangelnde Vor- und Nachbereitung und ein falscher Trainingsaufbau, die zu einer Überlastungsreaktion der Wirbelsäule führen können.

Beispielsweise toleriert die Zwischenwirbelscheibe eines jungen Menschen im Hochleistungsalter zwischen 18 und 30 Jahren in etwa einen axialen Belastungsdruck von 800–1000 kp. Diese Fähigkeit ist beim älteren Menschen bis etwa zur Hälfte vermindert. Der Belastungsdruck resultiert aus dem Gewicht des Körpers in Abhängigkeit des Schwerpunktes oberhalb der Zwischenwirbelscheibe, aus dem Muskelzug, der als Haltearbeit erforderlich ist, aus dem Arbeitsgewicht bei Hubarbeit und vor allem aus dem Hebelarm, mit dem das Arbeitsgewicht vor dem Bandscheibenzentrum geführt wird (Abb. 150).

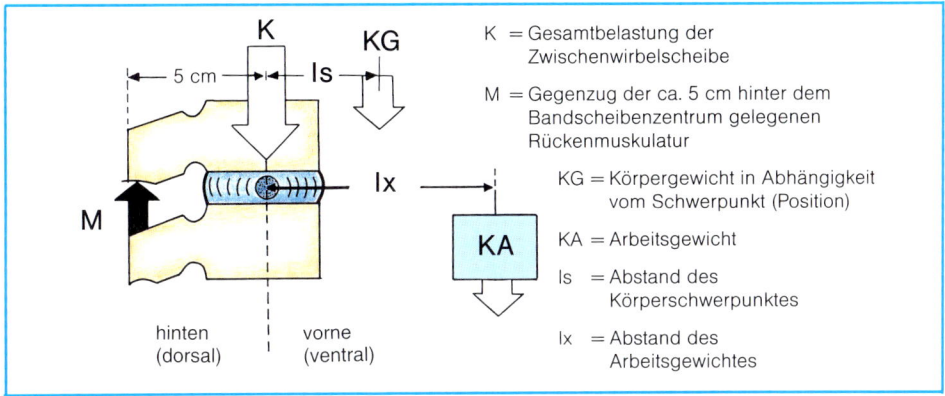

K = Gesamtbelastung der Zwischenwirbelscheibe

M = Gegenzug der ca. 5 cm hinter dem Bandscheibenzentrum gelegenen Rückenmuskulatur

KG = Körpergewicht in Abhängigkeit vom Schwerpunkt (Position)

KA = Arbeitsgewicht

Is = Abstand des Körperschwerpunktes

Ix = Abstand des Arbeitsgewichtes

Während der Abstand des Muskelzuges mit 5 cm zum Bandscheibenzentrum immer annähernd konstant bleibt, wobei der muskuläre Gegenzug ausschließlich über die Rückenmuskulatur gesteuert wird, ändern sich die Kräfte des vorderen Belastungsabschnittes in Abhängigkeit der Hebelarme (Is und Ix) und des Arbeitsgewichtes. Bei konstantem Arbeitsgewicht bewirkt eine Änderung der Körperposition (Schwerpunkt) eine Änderung der Gesamtbelastung der Wirbelsäule. Dies ist beim Training mit Gewichten unbedingt zu berücksichtigen (s. S. 180).

Auch ohne zusätzliche Gewichtsbelastung sind die beim Erwachsenen z. B. in der 3. Lendenbandscheibe gemessenen Drucke dadurch in verschiedenen Körperpositionen auffallend hohen Schwankungen unterworfen (Abb. 151).

Bei Stufenlagerung sind Körpergewicht und Muskelzüge (Iliopsoas) nahezu ausgeschlossen, beim flachen Liegen kommen asymmetrische Muskelzüge zum Tragen, beim aufrechten Stand mit physiologischer Haltung liegt die Belastung

Abbildung 150 Krafteinwirkungen auf die Zwischenwirbelscheibe in Abhängigkeit von Körperschwerpunkt und Hebel des Arbeitsgewichtes

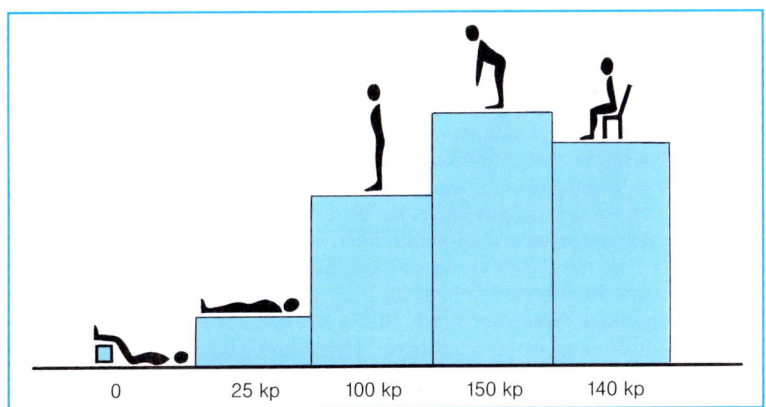

Abbildung 151 Druck innerhalb der 3. Lendenbandscheibe beim Erwachsenen in verschiedenen Körperpositionen

| 0 | 25 kp | 100 kp | 150 kp | 140 kp |

179

bei ca. 80–100 kp, beim Vornüberbeugen in eine leichte Beugestellung steigt der Druck durch die vermehrte muskuläre Haltearbeit deutlich an, ebenso bewirkt der vorverlagerte Körperschwerpunkt beim Sitzen eine Erhöhung des Bandscheibeninnendruckes. Die im Sport ungleich höheren und zum Teil zusätzlich asymmetrischen Kräfte setzen damit das Bewegungssegment erheblichen Belastungen aus.

Fehltraining

Zu dieser Thematik siehe auch Kapitel 1 »Training« und 2 »Übertraining«. Unabhängig von der sportartspezifischen Belastung werden viele Wirbelsäulenüberlastungen häufig schon im Trainingsprozeß gesetzt. Deshalb ist bei ihrer Beurteilung auch dieser zu analysieren.

Ermüdung

Eine Überlastung der Muskulatur durch zu häufige und zu harte Trainingsreize (eventuell auch im Zusammenhang mit Viruserkrankungen) mündet in eine periphere muskuläre Ermüdung mit Anhäufung von leistungsmindernden Stoffwechselmetaboliten (z. B. Milchsäure, Ammoniak), Elektrolytverschiebungen und Entleerung der Energiespeicher. Koordinative Störungen mit unsauberer Bewegungsführung sind die Folge. Besonders beim Training mit der Langhantel können sich diese sogenannten neuromuskulären Dysbalancen ungünstig auf die Wirbelsäule auswirken. Erschwerend kommt nicht selten eine zentrale Müdigkeit mit Nachlassen der Aufmerksamkeit, verlängerter Reaktionszeit und Gleichgültigkeit hinzu.

Nahezu jede Form von Krafttraining erfordert ein vorbereitendes Training der wirbelsäulenstabilisierenden Hals-, Bauch- und Rückenmuskulatur (s. S. 177), um durch eine möglichst hohe Stabilität wirbelsäulenschädigende Krafthebel und Fehler kompensieren zu können.

Technikfehler

Falsche Bewegungstechniken können zu schwerwiegenden Fehlbelastungen der Wirbelsäule führen.
Eine mangelhafte Rudertechnik »aus dem Rücken heraus«, zu starke Verdrehungen der Schulter- und Beckenachse beim Diskus- und Hammerwerfen oder eine zu starke Bogenspannung der Lendenwirbelsäule beim Speerwerfen können mit Überlastungsschäden einzelner Wirbelsäulenabschnitte enden. Ohne hier weiter auf die einzelnen Sporttechniken eingehen zu wollen, sei beispielhaft am Training mit der Langhantel, das Bestandteil vieler Sportarten ist, ein Technikfehler demonstriert (Abb. 152).
Durch eine richtige Hebetechnik und durch eine gut ausgebildete rumpfstabilisierende Muskulatur bei gleichzeitiger Verwendung eines Hebergurtes lassen sich schwerwiegende Wirbelsäulenschäden, z. B. bei Gewichthebern der Leistungsklasse mit Spitzenbelastungen über 50 Tonnen täglich, weitgehend ver-

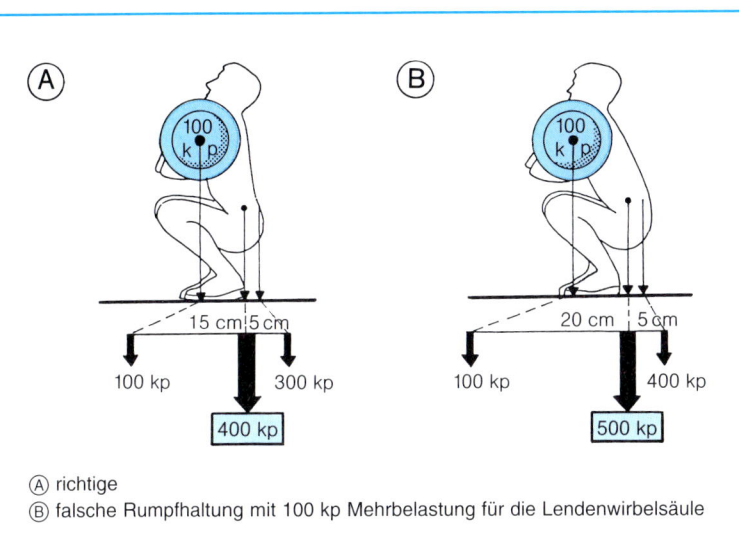

Abbildung 152
Langhantelübung
(Kniebeugen,
Hockumsetzen)

Ⓐ richtige
Ⓑ falsche Rumpfhaltung mit 100 kp Mehrbelastung für die Lendenwirbelsäule

meiden. Der Bauchmuskulatur kommt hier eine zusätzlich entlastende Wirkung zu. Durch ihre Anspannung erhöht sich der Druck im Bauchraum nach oben und unten und wirkt der Kraftentfaltung der wirbelsäulenkomprimierenden Rückenmuskulatur entgegen (Abb. 153).

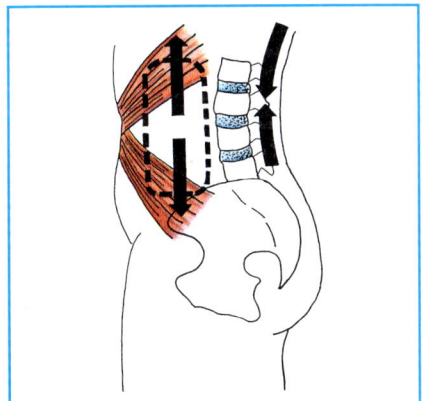

Abbildung 153
Minderung der
komprimierenden
Wirkung der Wirbelsäulenmuskulatur durch Erhöhung des
Druckes im
Bauchraum mittels Anspannen
der Bauchmuskulatur (nach
Wirhed)

Neben mehr oder weniger sportartspezifischen Fehltechniken finden sich auch immer wieder wirbelsäulenschädigende Dehntechniken oder Gymnastikteile, die eigentlich der Entspannung und Regeneration dienen sollten.

181

Abbildung 154
Gymnastische Übungen mit ungünstiger Lendenwirbelsäulenbelastung bei forcierter und/oder schneller Bewegungsausführung

Zur Vermeidung einer Wirbelsäulenüberbeweglichkeit sind deshalb, wie bereits früher beschrieben, alle Dehntechniken (Stretching) mit forcierter endgradiger Wirbelsäuleneinstellung (Extension, Flexion, Rotation) zu meiden (z. B. Klappmesserstellung). Insbesondere endgradig wippende Bewegungen »leiern« den Bandapparat der Wirbelsäule aus (z. B. Hürdensitzstretching mit vehementem Vorwippen des Oberkörpers).

Die Abbildung 154 zeigt eine schematisierte Übersicht von Übungen, die bei häufiger und forcierter Anwendung die Lendenwirbelsäule schädigen können. Zu den überflüssigen, da schädlichen Übungen gehört auch das sogenannte Kopfkreisen, das bei schneller Ausführung Bandapparat und Zwischenwirbelgelenke der Halswirbelsäule schädigen kann. In der Abbildung 155 sind die gymnastisch nutzbaren Bewegungsflächen und die gefährlichen Zonen dargestellt.

Abbildung 155
Bewegungsausschläge des Kopfes; die gymnastisch nutzbaren Bewegungsausschläge sind hell, die gefährlichen Zonen schraffiert dargestellt (nach WIRHED)

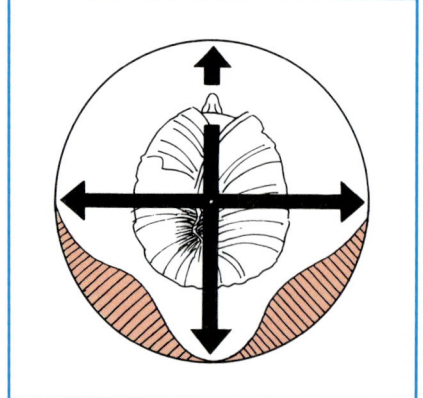

Sportartspezifische Überlastungsschäden

Eine sportartspezifische Überlastung der nicht vorgeschädigten Wirbelsäule wird von einigen Mannschaftsärzten und vielen Trainern verneint. Man beruft sich hierbei meist auf eine technisch saubere Bewegungsausführung, auf eine richtige muskuläre Vorbereitung und eine altersadäquate, z. B. kindgerechte Trainingsbelastung. Vergessen wird allzu oft, daß Technik erst erlernt werden muß, daß dieser Lernprozeß häufig von Fehlbelastungen begleitet ist, daß hierbei schädliche Krafthebel und Drehmomente auftreten, die in ihren Auswirkungen oft nicht bekannt sind, und daß in Unkenntnis der physiologischen Besonderheiten oder aus reinem Leistungsdenken heraus ein Erwachsenentraining gelegentlich bei Kindern Anwendung findet. Gerade auf niedrigem Leistungsniveau und im Breitensportbereich vermitteln häufig Laientrainer »mit dem Herzen«, aber ohne spezifisches Wissen Trainingsinhalte. Auch der sportliche Autodidakt unterliegt hier auf seinem Ruderboot oder im selbstzusammengestellten Kraftraum einer besonderen Gefährdung.

Muskuläre Überlastungsreaktion der Wirbelsäule

Die tonische Wirbelsäulenmuskulatur neigt bei einigen Sportarten häufig zu Verkürzungen und im Extremfall zur Myogelosenbildung (s. a. Kapitel »Schwachstellen im Muskel-, Sehnen-, Gelenksystem« S. 52). Bevorzugt sind dies: M. levator scapulae, M. trapezius, M. erector spinae und M. quadratus lumborum (Abb. 156).
Die diagnostischen Zeichen sind relativ einfach:
- belastungsabhängige Schmerzen im Muskelverlauf
- tastbare Strangbildung
- gelegentlich ansatznahe Myogelosenbildung
Auszuschließen gilt es die streng segmental ausstrahlenden Nervenschmerzen.

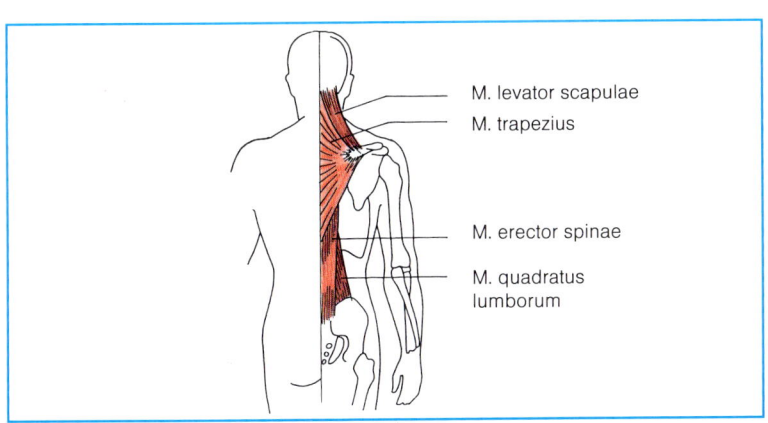

M. levator scapulae

M. trapezius

M. erector spinae

M. quadratus lumborum

Abbildung 156
Häufig verkürzte tonische Wirbelsäulenmuskeln

183

Die Therapie besteht in:
- vorübergehender Muskelentlastung
- Trainingsumstellung
- vorsichtigen Dehnübungen
- Antagonistentraining
- Infiltrationen mit Lokalanästhetika durch den Arzt
- Wärmeanwendung
- Friktionsmassagen (in hartnäckigen Fällen)

> Besonders häufig anzutreffen sind diese Muskelverkürzungen und -härten:
> M. levator scapulae, M. trapezius:
> Kunstturnen, Sportklettern
> M. erector spinae, M. quadratus lumborum:
> Rudern, Gewichtheben, Wurfsportarten, Rückschlagspiele, Golf

Einen besonders wichtigen Sonderfall stellt die Verkürzung des Hüftbeuge-muskels (M. iliopsoas, Abb. 157 A) dar. Eine überlastungsbedingte Verkür-zung dieses stärksten Hüftbeugers wirkt sich insbesondere bei schwacher Bauchmuskulatur ungünstig auf die Lendenwirbelsäule aus: Hohlkreuzbil-dung mit Beckenabkippung nach vorne (Abb. 157 B). Neben einem klinisch auffälligen Lumbalsyndrom findet man auch biomechanisch ungünstigere Ver-hältnisse zur Sportausübung, wie Änderung des Körperschwerpunktes (Vor-verlagerung) und der Hüftgelenkachse (Rückverlagerung), was sich in vielen Sportarten biomechanisch ungünstig auswirken kann.

Klinisch auffällig sind:
- Hohlkreuz
- Überstreckschmerz im Hüftgelenk
- unspezifisches Lendenwirbelsäulensyndrom

Abbildung 157
Ⓐ Hüftbeugemus-kel (M. iliopsoas, von vorne)
Ⓑ Hohlkreuz mit Abkippen des Beckens durch Iliopsoasverkür-zung (seitlich)

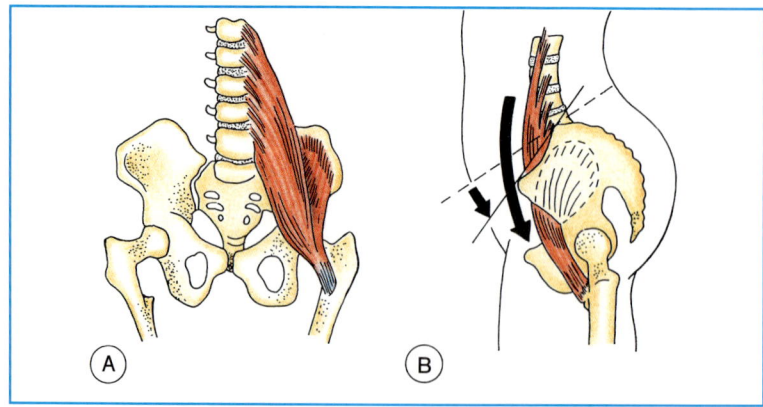

Die Therapie besteht in:
- Iliopsoasstretching
- Kräftigung der Bauchmuskulatur

Besonders provozierend wirkt ein vermeintliches Bauchmuskeltraining in Form von »Sit-ups« mit gestreckten Beinen und schnellkräftigem Rumpfanheben: Hier wird fast ausschließlich der M. iliopsoas be- und überlastet. Richtiges Bauchmuskeltraining beinhaltet eine Entlastung des Hüftbeugers durch Anziehen der Beine mit Beugung im Hüft- und Kniegelenk.

Achtung: Der Hüftbeuger nimmt bei allen Sportarten mit Steuerung der Körperschwerpunktlage eine Schlüsselfunktion ein, z. B. im Skisport jeder Ausprägung. Bei der sportmedizinischen Untersuchung junger und älterer Sportler ist er der am häufigsten verkürzte Muskel.
Besonders oft findet man eine Iliopsoasverkürzung bei folgenden Sportarten:
Leichtathletik: Hürdenlauf, Hochsprung, alle Laufdisziplinen, Speerwurf
Kraftsport: Bodybuilding
Skisport: Ski-Alpin, Skisprung

Ansatzentzündungen der Wirbelsäulenmuskulatur

Auf sie wurde bereits im Kapitel 7 »Schwachstellen im Muskel-, Sehnen-, Gelenksystem« näher eingegangen (s. S. 52).

Frühschaden der Wirbelsäule (Dyschondrose)

Dieser an sich selten gebrauchte Begriff (KAISER) beinhaltet das Frühstadium einer Störung im Bewegungssegment. Rechtzeitig erkannt, sind schwerere Sportschäden der Wirbelsäule zu vermeiden.

Ursächlich liegen zugrunde:
- chronische Wasserverarmung der Zwischenwirbelscheibe mit nachfolgender Höhenminderung
- beginnende Gefügelockerung
- reaktive Verspannung der Rückenmuskulatur

Die Symptome sind in der Regel wenig dramatisch:
- morgendlicher Aufstehschmerz, der nach einer Anlaufzeit wieder verschwindet
- Muskelverspannungen
- Steifheitsgefühl der Wirbelsäule

Die Diagnose gründet sich vorwiegend auf:
- typische Symptomatik (s. oben)

185

- trainingsabhängige Körperhöhenminderung, die die physiologische Abnahme über den Tag deutlich überschreitet (regelmäßige Kontrollen erforderlich)
- Wurzelreizsyndrom (segmentale Anordnung der neurologischen Symptomatik)
- fehlende röntgenologische Zeichen

Die Therapie besteht in:
- Überprüfung der Sporttechnik und gegebenenfalls Änderung derselben
- Umstellung des Trainings oder vorübergehend völlige Entlastung über Sportpause
- Ausgleich muskulärer Dysbalancen durch krankengymnastische Übungsbehandlung
- tägliche, mindestens 20minütige Stufenlagerung zur völligen muskelzugfreien Entlastung der Wirbelsäule (Abb. 158). Neben einer kräftigenden Wirbelsäulengymnastik ist diese Lagerung auch als Prophylaxe gegen Sportschäden bei wirbelsäulenbelastenden Übungen gut einsetzbar, da sie den Rückstrom des ausgepreßten Wassers in die Zwischenwirbelscheibe fördert

Prognose:
Bei frühzeitig einsetzender Therapie ist die Dyschondrose reversibel.

Stärkere Ausprägungsformen der Dyschondrose werden entsprechend ihrer anatomischen Lokalisation als Tortikollis (akuter Schiefhals) oder Lumbago (Hexenschuß) bezeichnet.

> Die Dyschondrose ist immer ein Alarmsignal für ein Mißverhältnis zwischen Belastung und Belastbarkeit der Wirbelsäule.

Abbildung 158
Stufenlagerung zur Therapie und Prophylaxe der Dyschondrose

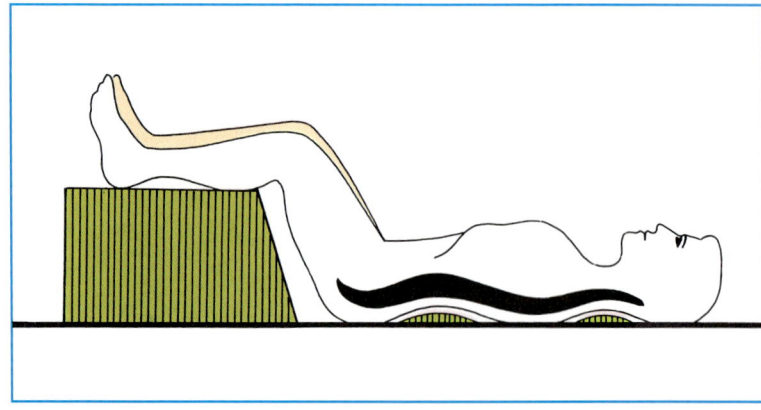

Betroffen sind die sportartspezifisch am meisten belasteten Wirbelsäulenabschnitte bei folgenden Sportarten:

Halswirbelsäule: Ringen, Boxen, Hängegleiterfliegen (liegend)
Brustwirbelsäule/
Lendenwirbelsäule: Rudern, Kraftsport
gesamte Wirbelsäule: Turmspringen, Fallschirmspringen, Skiabfahrtslauf,
                           Skisprunglauf, Langstreckenlauf

Prinzipiell lassen sich alle Sportarten, die die physiologische Belastbarkeit der Wirbelsäule überschreiten können, mit einbeziehen.

Zervikalsyndrom (Halswirbelsäulen-/HWS-Syndrom)

Immer wiederkehrende Mikrotraumatisierung der Halswirbelsäule durch forcierte, teilweise peitschenschlagartige endgradige Bewegungsausschläge, Zwangshaltungen und axiale Krafteinwirkung, wie man sie z.B. bei Kampfsportarten häufig findet, können zu schweren degenerativen Veränderungen in den Bewegungssegmenten führen. Klinisch auffällig sind dann sogenannte (Nerven-)Wurzelkompressionssyndrome, die in 75% von degenerativen Wirbelveränderungen mit Einengung der Zwischenwirbellöcher, in 25% von zervikalen Bandscheibenvorfällen stammen können (s. a. »Das Bewegungssegment« S. 169). Am häufigsten betroffen sind die Segmente C6, C7 und C8.
Die Schmerzsymptomatik durch die arthrotischen Wirbelkörperveränderungen ist typischerweise segmental mit Ausstrahlung vom Hals bis in den Arm (Ramus ventralis) bzw. zwischen die Schulterblätter (Ramus dorsalis) angeordnet. Typisch sind auch der nächtliche Ruheschmerz und ein »Einschlafen« des Armes. Beim lateralen Diskusprolaps herrscht ein Mischbild vor, und beim medialen Prolaps finden sich zusätzlich Rückenmarksymptome (Pyramidenbahnzeichen, dissoziierte Empfindungsstörungen und Reflexstörungen an den Beinen!).

Die klinisch neurologische Diagnostik ist vereinfacht in Abbildung 159 dargestellt (ärztliche Untersuchung).
Durch eine Elektromyographie (EMG) läßt sich ein motorischer Ausfall darstellen (neurologische Untersuchung).
Die Einengung der Zwischenwirbellöcher ist vorwiegend röntgenologisch im schrägen Strahlengang nachweisbar. Weiter finden sich mit unterschiedlicher Häufigkeit die radiologischen Zeichen für eine Bandscheibendegeneration, Wirbelkörperdeformation und Zwischenwirbelgelenksarthrosen.
Ein Bandscheibenprolaps ist in den meisten Fällen durch Computer- oder Kernspintomographie, manchmal auch nur durch eine Myelographie (Kontrastdarstellung) zu überführen.
Die Therapie wird, ausgenommen des operationsbedürftigen sequestrierten Massenprolapses, konservativ mit gutem Erfolg durchgeführt:

187

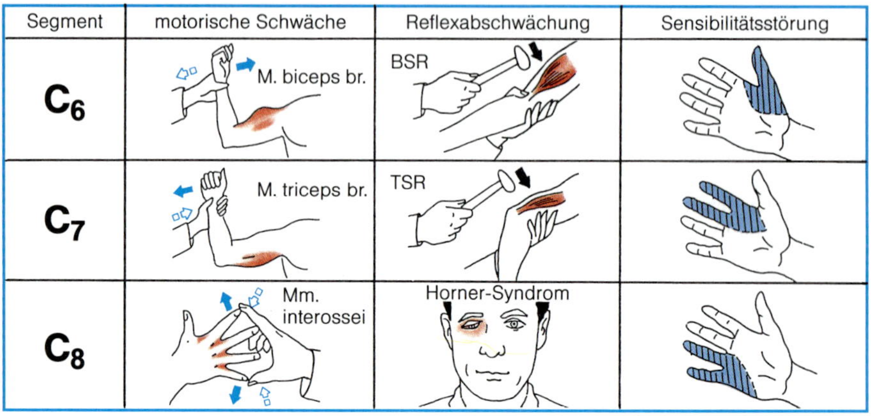

Segment	motorische Schwäche	Reflexabschwächung	Sensibilitätsstörung
C_6	M. biceps br.	BSR	
C_7	M. triceps br.	TSR	
C_8	Mm. interossei	Horner-Syndrom	

Abbildung 159 Neurologische Diagnostik bei den häufigsten zervikalen Nervenwurzelkompressionssyndromen (mod. nach NETTER)

Akut:
- Ruhigstellung mit Schanzschem Kragen
- Wärmeapplikation
- Lokalanästhetikainfiltration, Quaddeln
- Muskelrelaxantien in sinnvoller Kombination mit Analgetika
- vorsichtiger Extensionsversuch (Zug entlang der Wirbelsäulenachse)

Vehemente chiropraktische Manöver ohne vorherige eingehende diagnostische Abklärung sind kontraindiziert, da sie zu einem Massenprolaps oder bei entsprechender Disposition zu einer Kompression der Vertebralarterie führen können.

Postakut:
- krankengymnastische Übungsbehandlung mit muskulärer Stabilisierung hypermobiler Segmente und vorsichtigem Lösen von Blockierungen
- sportärztliche Beratung

Prophylaxe:
- Ein gehäuft auftretender Schiefhals (Torticollis) ist ein erstes Warnsyndrom für zu erwartende schwerere HWS-Veränderungen. Bei halswirbelsäulenbelastenden Sportarten sollte er in jedem Falle Anlaß für eine eingehende Diagnostik, eine Trainingsberatung oder gar eine sportliche Umstellung sein.

Zervikalsyndrome treten gehäuft bei folgenden Sportarten auf:
Kampfsport: Ringen, Boxen
Spielsport: Fußball (Kopfball), Eishockey (Bandencheck), Rugby, American Football
Wassersport: Turmspringen
Motorsport: Autorennsport, Motorradrennsport

Thorakalsyndrom (Brustwirbelsäulen-/BWS-Syndrom)

Primär degenerative Veränderungen der Brustwirbelsäule durch Sport sind selten. Im Zusammenhang mit einem Morbus Scheuermann oder einer skoliotischen Wirbelsäulenveränderung sind radikuläre Brustwirbelsäulensyndrome allerdings als Folge einer sportlichen Betätigung vermehrt anzutreffen.

Morbus Scheuermann
(Adoleszentenkyphose)
Obwohl in der Entstehung der Scheuermannschen Erkrankung eine angeboren konstitutionelle Disposition zu aseptischen Nekrosen im Grund- und Deckplattenbereich der Wirbelkörper und zu Entwicklungsstörungen in der Knorpel-/Knochenzone als wesentlichstes Schädigungsmoment während der Adoleszenz hervorgehoben werden muß, findet sich doch bei jugendlichen Sportlern mit einer erhöhten Wirbelsäulenbelastung diese Entwicklungsstörung überdurchschnittlich oft.

Die klinische Symptomatik ist meist diskret:
- ziehende, wenig dramatische Rückenschmerzen
- gelegentlich segmental zuordenbare stechende Schmerzen im Brustbereich
- Rundrücken

Röntgenologisch finden sich (Abb. 160):
- wellige (»unruhige«) Konturierung der Grund- und Deckplatten
- Schmorlsche Knötchen (Deckplatteneinbrüche)
- Keilwirbelbildung
- Defekte im Randleistenbereich
- Abflachung der Zwischenwirbelscheiben

Hauptlokalisationsort ist die Brustwirbelsäule, seltener die Lendenwirbelsäule (lumbaler Scheuermann).

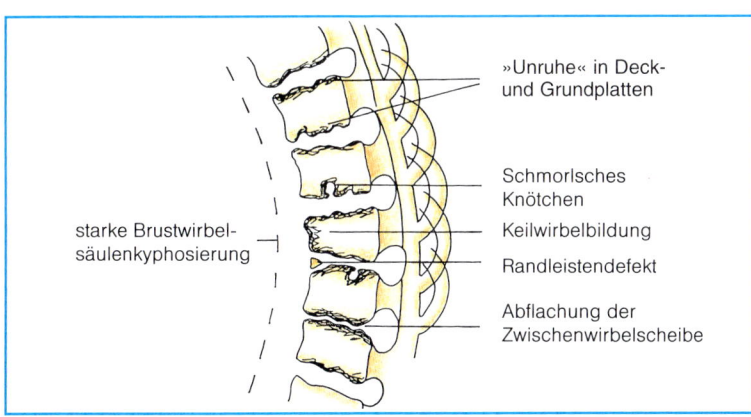

»Unruhe« in Deck- und Grundplatten

Schmorlsches Knötchen

Keilwirbelbildung

Randleistendefekt

Abflachung der Zwischenwirbelscheibe

starke Brustwirbelsäulenkyphosierung

Abbildung 160
Röntgenologische Veränderungen der Wirbelsäule bei M. Scheuermann

189

Die Therapie beinhaltet:

- Entlastung von sportlicher Überbelastung entsprechend der Florizität des Prozesses
- krankengymnastische Übungsbehandlung
- Die Indikation zum passageren Tragen eines Korsetts sollte immer sehr zurückhaltend und nur von Fachorthopäden gestellt werden.
- Eine operative Korrektur stellt immer eine Ausnahme dar.

Betroffen sind vorwiegend jugendliche Leistungssportler:
Turnsport: Geräteturner, Bodenturner, Trampolinturner
Rudersport: Ruderer, Kanuten

Skoliose

Obwohl die Skoliose primär keinen Sportschaden darstellt und hier auch nicht näher auf die Problematik der einzelnen Skolioseformen eingegangen werden soll, sei doch darauf hingewiesen, daß intensives sportliches Training bei bestimmter Disposition, insbesondere im jugendlichen Alter, zur Skolioseentwicklung beitragen kann.

Disponierend wirken:

- Übergangswirbelbildung mit Deformation (z. B. Lumbalisation)
- einseitige Wirbelfehlbildung (Hemivertebra)
- Beckenverdrehung infolge Verwringung durch dysplastische Beckenhälfte (angeboren)
- Beinlängenverkürzung
- Wirbelblockierung
- muskulärer Schiefhals

Ärztliche Aufgabe ist es deshalb, gerade im jugendlichen Alter solche skoliosedisponierenden Faktoren bei der sportmedizinischen Untersuchung aufzudecken und einer entsprechenden stabilisierenden Behandlung zuzuführen. Im Jugendalter besteht einerseits die Chance zur Begradigung, andererseits aber auch die Gefahr der Überbelastung mit Entwicklung einer fixierten Skoliose.

Besondere Beachtung sollte den asymmetrisch angelegten Sportarten geschenkt werden:

Leichtathletik: Stoß-, Wurfdisziplinen, Stabhochsprung
Rudern: Riemenrudern, Kanadier, Kajak
Rückschlagspiele: Tennis, Tischtennis
Schießsport: Gewehrschießen

Lumbalsyndrom (Lendenwirbelsäulen-/LWS-Syndrom)

Die Lendenwirbelsäule ist bei vielen Sportarten höchsten Krafteinwirkungen ausgesetzt, wobei in vorderster Linie unphysiologische Dreh- und starke Beuge- und Streckbewegungen bei gleichzeitiger axialer Druckbelastung zu nennen sind.

Ähnlich dem Zervikalsyndrom stellt die Bezeichnung Lumbalsyndrom keine eigentliche Diagnose dar. Im Hinblick auf den sportinduzierten Überlastungsschaden subsumieren sich hierunter:

- Wurzelkompressionssyndrome auf der Basis degenerativer Wirbelveränderungen oder eines Bandscheibenvorfalles
- Spondylolysen/Spondylolisthesen (Wirbelgleiten)
- pseudoradikuläre Schmerzsyndrome wie Iliosakralgelenkblockierung und Periarthropathia coxae (Dysbalance der hüftgelenkführenden Muskulatur)

Nervenwurzelkompressionssyndrome

Besonders häufig betroffen sind die Segmente L5 und S1. Als anatomisch strukturelle Ursache lassen sich unterscheiden: degenerative Wirbelgelenkveränderungen mit Einengung des Zwischenwirbelloches, z. B. durch knöcherne Wucherungen, Bandscheibenprotrusionen und -prolapse mit direktem seitlichen Druck auf die präganglionäre Nervenwurzel oder seltener mit Kompression der in der Mitte liegenden Nervenbüschel (Cauda equina) und sehr selten spinale Stenosen (knöcherne Einengung des Rückenmarkskanals). Bei letzteren handelt es sich meist um Spätfolgen exzessiver Lendenwirbelsäulenbelastungen mit Entwicklung von knöchernen Randzacken, die den Wirbelkanal einengen (ältere Gewichtheber, Ringer und Rodler).

Die Schmerzsymptomatik ist typischerweise segmental angeordnet (z. B. Ischialgie L5/S1) und von sensiblen Ausfällen begleitet, wobei hier die bereits beim Zervikalsyndrom angesprochene Kompressionslokalisation im Verlauf der Nervenwurzel unterschiedliche Ausfallsbilder ergibt. Eine Schmerzverstärkung beim Pressen, Husten oder Niesen lenkt den Verdacht auf einen Bandscheibenprolaps. Das Caudasyndrom mit Blasen-Mastdarm-Schließmuskel-Insuffizienz, reithosenartiger Gefühlsstörung und eher symmetrischen Lähmungserscheinungen der Fußsenker spricht für einen dramatischen mittelständigen Vorfall.

Die neurologische Diagnostik steht in der Differenzierung von Lumbalsyndromen im Vordergrund. In Abbildung 161 ist sie für das L5- und S1-Syndrom vereinfacht dargestellt. Lasègue- und Bragard-Zeichen können weitere Hinweise liefern: Schmerzen beim passiven Anheben des gestreckten Beines bzw. Überstreckung im Sprunggelenk (= Nervenanspannungsschmerz).

Zur Diagnosesicherung kommen Elektromyographie (EMG), Röntgendiagnostik, Computer-, Kernspintomographie und in zweifelhaften Fällen die Myelographie zum Einsatz.

Das therapeutische Vorgehen entspricht in etwa den beim Zervikalsyndrom aufgeführten Kriterien. Bei sequestriertem Prolaps oder Caudasyndrom mit entsprechender neurologischer Ausfallsymptomatik ist immer eine operative

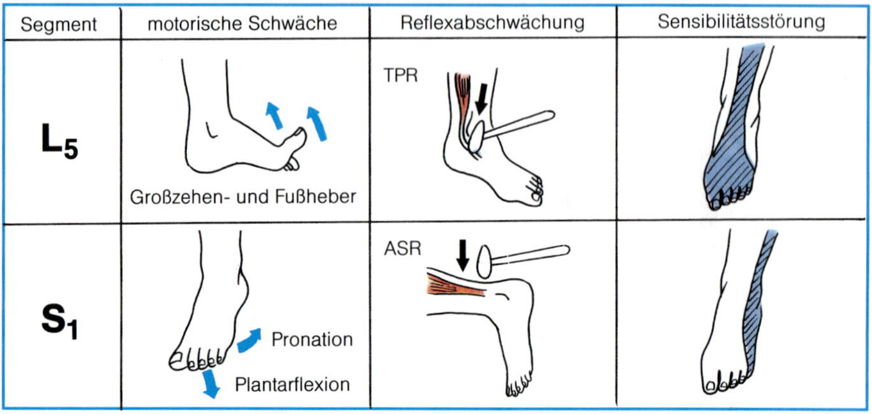

Segment	motorische Schwäche	Reflexabschwächung	Sensibilitätsstörung
L₅	Großzehen- und Fußheber	TPR	
S₁	Pronation / Plantarflexion	ASR	

Abbildung 161
Neurologische
Diagnostik bei
den häufigsten
lumbalen Nerven-
wurzelkompres-
sionssyndromen

Dekompression angezeigt. Bei der degenerativ bedingten, nicht dramatischen Spinalstenose ist ein konservativer Therapieversuch immer vor ein ausgedehntes operatives Verfahren zu stellen.

Prophylaxe: Ein rezidivierender »Hexenschuß« (Lumbago) bei einem Sportler ist in jedem Falle eine Frühwarnung für zu befürchtende ernste Lendenwirbelsäulenschäden und impliziert bereits im Frühstadium eine eingehende Diagnostik, Trainingsberatung und eventuell eine sportliche Umstellung.

Als typisches Beispiel für einen Überlastungsmechanismus der Lendenwirbelsäule seien die häufigen »kontrollierten« Stürze beim Sportklettern angeführt. Durch immer wiederkehrende axiale Krafteinwirkung bei gebeugter Lendenwirbelsäule kommt es zur Mikrotraumatisierung der Zwischenwirbelscheibe mit Wanderung des Gallertkernes nach hinten und der Möglichkeit eines Bandscheibenvorfalles und einer Überdehnung des stabilisierenden Bandapparates (Abb. 162).

Spondylolysen/Spondylolisthesen

Die Spondylolyse, eine Spaltbildung beiderseits im Wirbelbogen, findet sich bei etwa 5% der Normalbevölkerung. Bei gut 50% davon ist eine Spondylolisthesis, also ein Wirbelgleiten, nachweisbar: Die vorderen Wirbelanteile, Wirbelkörper mit Bogenwurzeln, oberen Gelenkfortsätze und Querfortsätze gleiten mitsamt den darüber aufsitzenden Wirbelsäulenanteilen nach vorne, während der hintere Bogenabschnitt, die unteren Gelenkfortsätze und der Dornfortsatz stehenbleiben (Abb. 163).

Bevorzugte Stellen sind das Gleiten des 5. Lendenwirbels über dem Kreuzbein (L5/S1) und seltener des 4. über dem 5. Lendenwirbelkörper.

Während diesen klinisch meist stummen Spondylolisthesen, denen in der Regel wohl eine Bogendysplasie, also eine bereits bei der Geburt vorliegende Fehlbildung, zugrunde liegt, kein überragender Krankheitswert zukommt, finden wir beim jugendlichen Leistungssportler mit hoher Belastung der Wirbelsäule eine starke Häufung (bis zu 32% bei Kunstturnerinnen nach LUTHER/LEGAL)

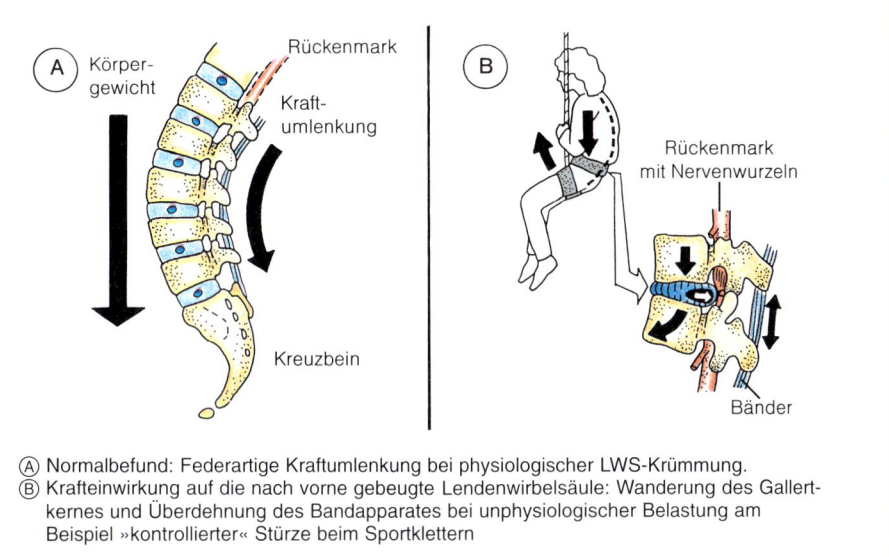

Ⓐ Normalbefund: Federartige Kraftumlenkung bei physiologischer LWS-Krümmung.
Ⓑ Krafteinwirkung auf die nach vorne gebeugte Lendenwirbelsäule: Wanderung des Gallert-
kernes und Überdehnung des Bandapparates bei unphysiologischer Belastung am
Beispiel »kontrollierter« Stürze beim Sportklettern

mit teilweise erheblichen klinischen Symptomen. Die Ursache dürfte hier in
einer mechanischen Überbelastung des Wirbelbogens selbst (Ermüdungsbruch) liegen, also einer direkten sportspezifischen Schädigung (s. »Der Wirbelbogen« S. 168).
Die Symptome bewegen sich zwischen unspezifischen »Kreuzschmerzen« bis
zu ein- oder beidseitigen Ischialgien (Schmerzen im Ischiasnervenverlauf).
An klinischen Zeichen fallen auf:

- Hohlkreuz
- Stufenbildung in der Dorn-
  fortsatzreihe
- verminderte Flexibilität am
  lumbosakralen Übergang
- reflektorische Tonuserhöhung
  der langen Rückenstrecker

Abbildung 162
Sportartenspezi-
fischer Über-
lastungsmechanis-
mus der Lenden-
wirbelsäule am
Beispiel des Sport-
kletterns

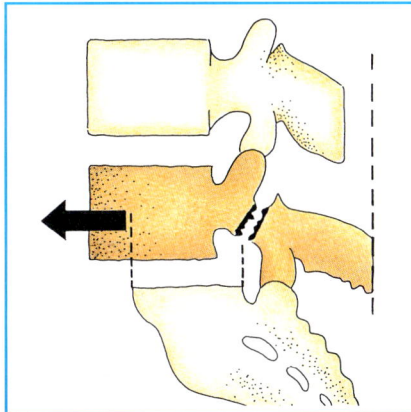

Abbildung 163
Spondylolyse mit
Spondylolisthesis
(hier am Beispiel
des Lendenwirbel-
kreuzbeinüber-
ganges L_5/S_1)

193

Die Diagnose und das Ausmaß der Spondylolisthesis lassen sich röntgenologisch (seitlicher oder schräger Strahlengang) sichern bzw. abschätzen. Auszuschließen gilt es:

- Pseudospondylolisthesis: Fehlstellung der Zwischenwirbelgelenke mit Lockerung der Verzahnung und Vorwärtsgleiten ohne Defekt in den Wirbelbögen (röntgenologisch: Facettenarthrose)
- Diskusprolaps: Computertomographie
- Baastrup-Syndrom: Berührung der Dornfortsätze in Lendenwirbelsäulenüberstreckung (»kissing spine« im Röntgenbild) mit sekundär entzündlicher Reaktion

Bei der Behandlung des Wirbelgleitens steht die krankengymnastische Übungsbehandlung mit Kräftigung der Rücken- und Bauchmuskulatur im Vordergrund. Die Verordnung eines Korsetts (z. B. Überbrückungsmieder mit Kreuzstützpelotte) sollte unter Ruhebedingungen immer einen vorübergehenden Kompromiß darstellen, ist allerdings bei ungenügender Stabilität und auch prophylaktisch in sporttauglicher Form (Neopren, flexible Stützstäbe) dringend während der Sportausübung zu empfehlen. Die Spondylodese (operative Sanierung) ist nur schwersten Fällen vorbehalten, die auf eine konservative Therapie nicht ansprechen, bereits im Alltagsleben erhebliche Beschwerden haben und neurologische Ausfälle aufweisen. Die weitere Sporttauglichkeit ist immer individuell zu beurteilen. Grundsätzlich besteht bei hochgradigen Spondylolisthesen keine Leistungssporttauglichkeit mehr (s. S. 197).

Prophylaxe: Ein wirksamer Schutz vor der Entwicklung einer Spondylolyse/Spondylolisthesis im Sport ist nur durch die Vermeidung stereotyper hoher Belastungsspitzen mit extremer Überstreckung und Verdrehung der Lendenwirbelsäule im Kindes- und Jugendalter möglich. Im Zeitalter des Kinderleistungssports im Kunstturnen, Wasserspringen usw. wird dies für Arzt und Trainer immer schwierig durchzusetzen sein und erfordert ein hohes Maß an »Zivilcourage«.

Pseudoradikuläre Schmerzsyndrome

Nicht selten finden sich im Sport lumbale Schmerzsyndrome mit sogenannter pseudoradikulärer Ausstrahlung ohne echte neurologisch nachweisbare Defizite. Am häufigsten sind: Iliosakralgelenkblockierung und Periarthropathia coxae (Abb. 164).

Die Iliosakralgelenkblockierung (Blockierung des Darmbein-Kreuzbein-Gelenkes) stellt eine funktionelle Diagnose im Sinne einer Bewegungsstörung der Iliosakralgelenke dar. Auslösend spielen fehlstatische Voraussetzungen, wie eine hypermobile Lendenwirbelsäule, Beinlängenverkürzung oder wiederholte Mikrotraumatisierung eine wesentliche Rolle. Die klinische Symptomatik ist ischiasähnlich mit Schmerzausstrahlung bis maximal zur Kniekehle. In der Diagnostik fehlen, wie bereits besprochen, neurologische Ausfälle, der Pseudo-Lasègue-Test ist positiv, das Bragard-Zeichen negativ. Die manuelle Untersuchung (Provokationstests: Federungstest, kraniocaudaler Schubtest usw.) ist sehr komplex, und nur dem erfahrenen Untersucher gelingt hier eine eindeutige Zuordnung. Auch die Röntgendiagnostik läßt keine sichere Aussage zu.

Dagegen gibt eine passagere Schmerzausschaltung durch »ex juvantibus«-Infiltration eines Lokalanästhetikums in den Iliosakralgelenkspalt einen guten diagnostischen Hinweis für den Arzt.

Differentialdiagnostisch ist allerdings ein Morbus Bechterew auszuschließen, der dem rheumatischen Formenkreis zuzurechnen ist (Blutsenkung, HLA-B 27, Rheumafaktoren usw.). Therapeutisch stehen Lokalanästhetikainfiltrationen, die manuelle Lösung mit anschließender krankengymnastischer Übungsbehandlung und der Ausgleich fehlstatischer Bedingungen im Vordergrund.

Die Periarthropathia coxae zeichnet sich als sportbedingter Überlastungsschaden vorwiegend durch eine Fehlfunktion der hüftgelenkführenden Muskulatur aus. Bevorzugt betroffen sind die äußeren und inneren Hüftmuskeln. Die dabei sehr häufig zu findende Piriformis-Myogelose (M. piriformis) zeigt eine dem Ischiassyndrom ähnliche Schmerzsymptomatik, die Schmerzausstrahlung endet aber noch innerhalb der Gesäßregion, neurologische Symptome fehlen. Dagegen ist die myogelotische, stark schmerzhafte Verhärtung des M. piriformis gut tastbar und dient als wichtigster diagnostischer Anhalt. Als Auslöser kommen in Frage: Fehlstatik infolge Beinlängenverkürzung, neurogene Fehlsteuerung bei lumbalem Wurzelreizsyndrom und eine primär muskuläre Überlastung.

Zusammenfassend finden sich Lumbalsyndrome gehäuft bei folgenden Sportarten:

Turnen:	Kunstturnen	Rudersport:	Riemenrudern	Skisport:	Alpiner Rennsport
	Trampolinturnen		Kanusport		Sprunglauf
Kraftsport:	Gewichtheben	Leicht-	Hochsprung		Skilanglauf
	Bodybuilding	athletik:	Stabhochsprung	Schlag-	Golf
Schwimm-	Delphin- u.		Wurf- u.	sport:	Baseball
sport:	Brustschwimmen		Stoßsportarten		
	Wasserspringen		Hürdenlauf		

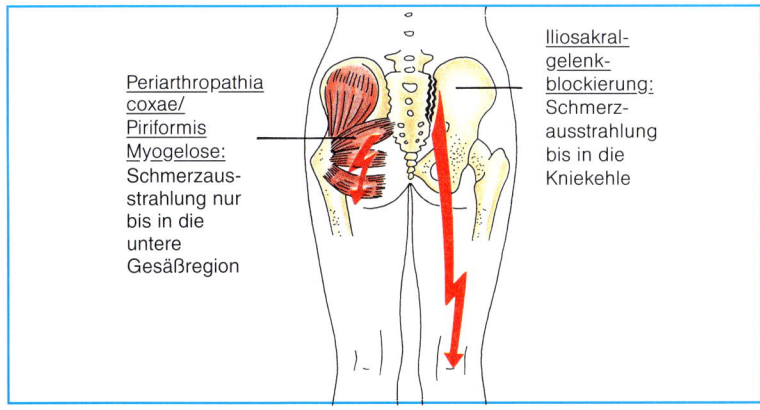

Periarthropathia coxae/
Piriformis Myogelose:
Schmerzausstrahlung nur bis in die untere Gesäßregion

Iliosakralgelenkblockierung:
Schmerzausstrahlung bis in die Kniekehle

Abbildung 164
Pseudoradikuläre Schmerzsyndrome

Sportliche Belastbarkeit bei vorgeschädigter Wirbelsäule

Die nebenstehende Übersicht soll Hinweise und Entscheidungshilfen bezüglich der sportlichen Belastbarkeit bei bereits vorgeschädigter bzw. erkrankter Wirbelsäule geben. Im Einzelfall ist allerdings immer individuell nach den erhobenen Befunden und der Belastungsanforderung der beabsichtigten Sportart zu entscheiden. Die einzelnen Sportarten mit ihrer spezifischen Belastungsanforderung an bestimmte Wirbelsäulenabschnitte wurden bereits beschrieben. Hier soll nun anhand der sportlichen Intensität (Leistungssport, Breitensport, Schulsport) eine Beurteilung der Sportfähigkeit gegeben werden (Tab. 5).

Bei der Beurteilung ist aus ärztlicher Sicht die Sportwilligkeit des Patienten immer mit einzubeziehen und in die richtigen Bahnen zu lenken. Jeden ambitionierten wirbelsäulengeschädigten Sportler zum Schwimmen einzuteilen, ist nicht nur phantasielos, sondern auch problematisch, wie sich am Beispiel der Lendenwirbelsäulenschäden demonstrieren läßt. Auch sollte man dem sportartspezifisch ausgebildeten Athleten nicht eine völlig konträre Sportart als Alternative anbieten, da durch die Belastungsumstellung eine zusätzliche Über- oder Fehlbelastungsschadensproblematik auftreten kann.

Zusammenfassung

Zusammengefaßt wurde am Beispiel des Bewegungssegmentes die Problematik der sportbedingten Wirbelsäulenüberlastung dargestellt. Obwohl die Ursache vieler Sportschäden noch nicht klar durchschaubar ist, stellen doch viele Sportarten so hohe Belastungsanforderungen, daß das Bewegungssegment in seinem schwächsten Teil, der Zwischenwirbelscheibe, dekompensieren kann. Insbesondere unphysiologische Bewegungstechniken, falsches Training, mangelhafte regenerative Maßnahmen und fehlstatische Bedingungen fördern diese Gefügelockerung. Der sportmedizinisch interessierte Arzt sollte es nicht dabei bewenden lassen, sein chirotherapeutisches Können und verschiedene Injektionstechniken anzuwenden; damit würde er nur dem in der Öffentlichkeit häufig dargestellten Sportmedizinerklischee gerecht. Er sollte darüber hinaus beratend in den Trainingsprozeß eingreifen und ohne Angst Verantwortung für die weitere Sportausübung des Patienten übernehmen. Gegebenenfalls muß er auch den Mut besitzen, ein temporäres oder dauerndes Sportverbot zu erteilen. Dies kann er nur guten Gewissens, wenn er ein sportmedizinisches Basiswissen über die häufigsten Überlastungsschäden besitzt. Nicht zuletzt aus diesem Grund wurde dieses Buch konzipiert.

Ähnliches gilt für alle am Sport beteiligten Heilberufe, wie Krankengymnasten, Physiotherapeuten, Sportlehrer im Rehabilitationsbereich usw. Sie sollten durch fundiertes Wissen die Chance nutzen, die ihnen durch die deutlich häufigeren und längeren Kontakte mit den Sporttreibenden geboten ist, eine adäquate Therapie und Prophylaxe zu vermitteln, und sich von der reinen, oft unphysiologischen »Fitmachermentalität« distanzieren. Der Leistungssportler selbst und sein Trainer sollten wohlinformiert die Grenzen der sportlichen

Belastbarkeit bei einem hohen Maß an Gesundheit ausloten können. Aber auch für den, der nur genüßlich und gesund seinem Sport-Hobby nachgehen möchte, wurde dieses Buch geschrieben.

Wirbelsäulenbefund	Beurteilung der Sportfähigkeit		
	Leistungssport	Breitensport	Schulsport
multiple Wirbelmißbildung mit Bewegungseinschränkung	−	+	+
isolierte segmentbelastende Wirbelmißbildung	−	++	++
isolierte Ringschlußfehlbildung ohne neurologische Ausfälle	++	+++	++
höhergradige Spondylolisthesis	−	+	+
muskulär kompensierbare Spondylolisthesis	+	++	++
Übergangswirbelbildung	++	+++	+++
Skoliose − geringgradig − hochgradig	++ −	+++ +	++ +
stärkere Fehlhaltungen wie übermäßige Kyphose, Lordose, hohlrunder oder totalrunder Rücken	+ oder ++	+++	++
Scheuermann-Syndrom − florides Stadium − postakutes Stadium	− ++	+ +++	+ ++
Dyschondrose − akut − nach Ausheilung	− +++	+ +++	+ +++
Hypermobilität/Wirbelblockierung − akut − nach Behandlung	− ++	+ +++	+ ++
Bandscheibenprotrusion, -prolaps − akut − nach Behandlung konservativ oder operativ	− − oder +	− + oder ++	

Tabelle 5
Beurteilung der Sportfähigkeit bei vorgeschädigter Wirbelsäule (modifiziert nach Ehricht)

+++ voll sportfähig
++ sportfähig mit Kontrolle
+ beschränkt sportfähig
− nicht sportfähig

197

Literatur

AIGNER, R./GILLQUIST, I.: Arthroskopie des Kniegelenks. Thieme-Verlag 1990
BADTKE, G.: Sportmedizinische Grundlagen. Harri Deutsch-Verlag 1989
CLASING, D.: Sportärztliche Untersuchung und Beratung. Perimed-Verlag 1990
DIRIX, A. et al.: Olympiabuch der Sportmedizin. Deutscher Ärzte-Verlag 1989
EHRICHT, H.-G.: Die Wirbelsäule in der Sportmedizin. Johann Ambrosius Barth-Verlag 1978
EVJENTH, O./HAMBERG I.: Auto-stretching. Alfta Rehab Förlag 1991
FELDMEIER, CH.: Grundlagen der Sporttraumatologie. Zenon-Medizin-Verlag 1988
GEIGER, L.: Ausdauertraining, Sportinform-Verlag 1991
HOLLMANN, W./HETTINGER, TH.: Sportmedizin. Schattauer-Verlag 1990
KONOPKA, P.: Sporternährung. BLV-Verlag 1985
LASER, T.: Lumbale Bandscheibenleiden. W. Zuckschwerdt-Verlag 1988
McRAE, R.: Klinisch-orthopädische Untersuchung. Gustav Fischer-Verlag 1982
NEUMANN, G./K.-P. SCHÜLER: Sportmedizinische Funktionsdiagnostik. Johann Ambrosius Barth-Verlag 1989
PETERSON, L./P. RENSTRÖM: Verletzungen im Sport. Deutsche Ärzte-Verlag 1987
PFÖRRINGER, W./ROSENMEYER, B./BÄR, H.-W.: Sport, Trauma und Belastung. Perimed-Verlag 1985
SILBERNAGL, S./DESPOPOULOS, A.: Taschenatlas der Physiologie. Thieme-Verlag 1979
SPRING, H. et al.: Dehn- und Kräftigungsgymnastik. Thieme-Verlag 1986
VOLL, J.: Handbuch Sporttraumatologie – Sportorthopädie. Johann Ambrosius Barth-Verlag 1995
WEINECK, I.: Sportanatomie. Perimed-Verlag 1983
WEINECK, I.: Sportbiologie. Perimed-Verlag 1986
WILLIAMS J. G. P.: Farbatlas der Sportverletzungen. Schlütersche Verlagsanstalt 1988
WIRHED, R.: Sportanatomie und Bewegungslehre. Schattauer-Verlag 1984
ZILCH, H./WEBER, U.: Orthopädie. Walter de Gruyter-Verlag 1989

Wichtige Abkürzungen und Stichworte (medizinisches Glossar)

Abduktion – Wegführung eines Körperteils von der Körpermitte

Abduktor – Muskel, der einen Körperteil von der Körpermitte wegbewegt

Achillessehne – die am Fersenbein ansetzende Sehne des M. gastrocnemius und M. soleus

adduzieren – einen Körperteil an die Körpermitte heranbewegen

Adrenalin – Hormon, das im Nebennierenmark gebildet wird; es trägt im Organismus zu Angriffs- und Abwehrreaktionen bei

aerobe Energie – Energiebereitstellung unter Sauerstoffbedingungen

Agonist – ein Muskel, dessen Kontraktion gemeinsam mit einem anderen Muskel eine Bewegung bewirkt, die der des Antagonisten entgegengesetzt ist

Akromion – Knochenfortsatz, der am Beginn des Kamms des Schulterblatts entspringt, er bildet gemeinsam mit dem Schlüsselbein das Akromioklavikulargelenk

akut – rasch einsetzend (im Gegensatz zu chronisch)

alaktazid – ohne Anfall von Milchsäure im Energiebereitstellungsmechanismus

anaerobe Energie – Energie, bei deren Freisetzung der Sauerstoff keine Rolle spielt

Antagonist – ein Muskel, dessen Kontraktion, bezogen auf einen anderen Muskel, einen gegenteiligen Effekt bewirkt

Antirheumatikum (Mehrzahl: Antirheumatika) – entzündungshemmendes Medikament in Gel-, Tabletten-, Zäpfchen- oder Ampullenform, z. B. Diclofenac, Ibuprofen, Indometacin, Naproxen, Piroxicam; Nebenwirkungen im Magen-Darm-Bereich, seltener Blutbild

Apophyse – Knochenvorsprung

Apophysitis calcanei – Entzündung des Archillessehnenansatzes am Fersenbein bei Jugendlichen

Aponeurose – eine dünne bindegewebige Haut, die die Sehne von flachen Muskeln bildet

Arthritis – Entzündung eines oder mehrerer Gelenke

Arthrographie – Röntgentechnik zur Gelenkuntersuchung unter Verwendung von Kontrastmitteln

Arthroskopie – operative Untersuchung eines Gelenks mit Hilfe eines entsprechenden Instruments (Arthroskop), das in das Gelenk eingeführt wird, um es von innen zu besichtigen

Atrophie – Rückbildung eines normal entwickelten Organs oder Gewebes durch die Verkleinerung seiner zellulären Elemente

Azidose – Blut- und Gewebeübersäuerung

A., respiratorische: ungenügende CO_2 (Kohlendioxid)-Abatmung mit Anstieg der Kohlensäure

A., metabolische: stoffwechselinduzierter Anstieg von Milchsäure (Sport), Ketosäuren (Zuckerkrankheit/Nierenerkrankungen)

Bandscheibenvorfall – Diskushernie; durch ein Vordringen des inneren gallertigen Bandscheibenkerns durch den äußeren bindegewebigen Ring wird Druck auf die in der Nähe liegenden Nervenwurzeln etc. ausgeübt

Biomechanik – Lehre von der mechanischen Funktion des menschlichen Körpers

Bizeps – zweiköpfiger Muskel

Bursa – Schleimbeutel; ein kleines Kissen aus bindegewebigem Material, das innen mit Schleimhaut ausgekleidet und mit Flüssigkeit (Synovia) gefüllt ist

Bursitis – Entzündung eines Schleimbeutels

A. Arteria = Arterie
Lig. Ligamentum = Band
M. Musculus = Muskel
N. Nervus = Nerv
V. Gena = Vene

Aa. Arteriae = Arterien
Ligg. Ligamenta = Bänder
Mm. Musculi = Muskeln
Nn. Nervi = Nerven
Vv. Venae = Venen

Calcaneus – Fersenbein

Chondropathia patellae – Zerstörung und Aufweichung des Gelenkknorpels der Kniescheibe

chronisch – lang andauernder, nur von sehr langsam ablaufenden Veränderungen gekennzeichneter Prozeß

Condylus lateralis femoris – Vorwölbung am äußeren unteren Ende des Oberschenkelknochens

Computertomographie – spezielle rechnerunterstützte röntgenologische Querschnitt-Technik für Knochen- und Weichteilgewebe

Cortisol (Cortison) – Nebennierenrindenhormon mit entzündungshemmender, eiweißabbauender Wirkung – synthetische Herstellung als wirkungsvolles Medikament bei entzündlichen, allergischen od. immunologischen Prozessen

Degeneration – Verschleißerscheinung mit Verlust spezifischer Zellfunktionen im Bereich von Geweben oder Organen

Diabetes mellitus – Störung des Kohlenhydratstoffwechsels, bei der als Folge von Mangel an Insulin im Organismus nicht mehr hinreichend Zucker zur Energiebereitstellung verbrannt werden kann

Discus intervertebralis – Bandscheibe; zwischen zwei Wirbelkörpern liegende elastische Verbindung aus Faserknorpel

distal – Körper(zentrum) fern

dorsal – im Rücken bzw. nahe des Rückens gelegen oder rückwärtiger Teil eines Organs

Dysplasie – angeborene Organfehlbildung, z. B. Hüftgelenksdysplasie

Elektrotherapie – schmerzstillende, durchblutungsfördernde und muskelstimulierende Verfahren in der Physiotherapie

Endorphine – Gruppe verschiedener hormonartiger Aminosäureverbindungen (Opioidpeptide) in bestimmten Gehirnabschnitten (Hirnanhangsdrüse, Hypothalamus) mit Beeinflussung von Schmerzverarbeitung (Schmerzminderung), Psyche (»Euphorie«), vegetativem Nervensystem (tonisierend) und Immunsystem

Enzym – Eiweiß, das wie ein Katalysator wirkt, d. h. kleine Mengen beschleunigen die biologische Reaktionsgeschwindigkeit, ohne selbst im Verlauf der Reaktion verbraucht zu werden

Enzympräparate – Medikamente mit hohem Anteil an entzündungsmindernden, wasserausschwemmenden Enzymen, z. B. Bromelain; geringe Nebenwirkungsrate

Epikondylitis – Entzündung von Muskeloder Sehnenansatz des Epikondylus

Epikondylus – Vorwölbung oberhalb des Kondylus, des Gelenkknorrens am gelenkbildenden Knochenende

Epiphyse – Ende eines Röhrenknochens.

Epiphysenfuge – Wachstumsfuge

Epiphysiolyse – Loslösung einer Epiphyse vom Knochenschaft im Bereich der Wachstumsfuge

Erythrozyt – rote Blutzelle, die Hämoglobin enthält; verantwortlich für den Sauerstofftransport

Exostose – gutartiger Knochenauswuchs

Extension – Streckung

Extensor – Muskel, der die Streckung von Gliedmaßen oder anderen Körperteilen bewirkt (Extension)

Facette – kleine, plane Knochenfläche, insbesondere Gelenkfläche

faradischer Strom – rasch wechselnder elektrischer Strom, der benutzt wird, um Nerven oder Muskeln zu stimulieren

Faserknorpel – derbe Knorpelart, in deren Grundsubstanz dichte Bündel von Fasern eingelagert sind

Faszie – aus Bindegewebe gebildete membranöse Schichten unterschiedlicher Dicke

Fasziitis plantaris – Entzündung im Ursprungsbereich der Plantaraponeurose

Femur – Oberschenkelknochen

Fibula – Wadenbein

Flexion – Beugung

Fossa – Vertiefung bzw. Loch

Fraktur – Bruch

freie (Gelenk-)Körper – ein Knorpel- oder Knochenfragment, das sich frei in Gelenken (Gelenkkörpern) oder in Schleimbeuteln bewegt

Gel – kolloidale Suspension von gallertiger Konsistenz (Medikamentenzusatz, z. B. Antirheumatika)

Gelenk – bewegliche Verbindung zwischen einem oder mehreren Knochen, s. a. einachsiges und mehrachsiges Gelenk

Genu valgum – X-Bein

Glukose – Einfachzucker, aufgebaut aus 6 Kohlenstoffatomen

Glykogen – Speicherform der Kohlenhydrate, aufgebaut aus verzweigten Ketten von Glukoseeinheiten

Granulationsgewebe – das körnig aussehende (Granula = Körner) Gewebe auf den Oberflächen von Wunden oder Geschwüren (Ulzera); die Granula bestehen aus Blutgefäßen und Bindegewebe

gutartig – benigne; Beschreibung eines Tumors, der im Gegensatz zum bösartigen (= malignen) Krebsgewebe nicht in das umgebende Gewebe einwächst und keine Tochtergeschwülst (Metastasen) an anderen Stellen bildet

Hämatom – Ansammlung von geronnenem Blut

Hämoglobin – der in den roten Blutzellen enthaltene Farbstoff, verantwortlich für Bindung und Transport von Sauerstoff

Hallux – Großzehe

Hallux rigidus – Verlust der Bewegungsfähigkeit der Großzehe

Hallux valgus – fixierte Verlagerung der Großzehe in Richtung der übrigen Zehen

Hammerzehe – Verformung von Zehen, meist der zweiten Zehe, durch fixierte Beugung im Zehengrundgelenk

Humerus – Oberarmknochen

Hyperextension – kräftige Überstreckung eines Gliedes

Hyperflexion – Beugung einer Gliedmaße über das normale Bewegungsausmaß

Hypertrophie – Wachstum eines Gewebes oder eines Organs durch Größenzunahme seiner einzelnen zellulären Elemente, nicht durch Zunahme der Zellzahl (Hyperplasie)

Immobilisierung – Verfahren zur Ruhigstellung eines normalerweise beweglichen Körperteils

Immunsuppression – Unterdrückung des Immunsystems, z. B. durch Übertraining

Impingement – Einklemmung, z. B. Supraspinatussehne zwischen Oberarmkopf und Schulterdach

Indikation – wichtiger Grund für die Annahme, daß ein spezielles Diagnose- oder Behandlungsverfahren angewandt werden sollte

Insertionstendinose – Sehnenursprungs- oder Ansatzentzündung

Insuffizienz – Unfähigkeit eines Organs oder eines Körperteils, seiner normalen Funktion gerecht zu werden

intermuskulär – zwischen den Muskeln gelegen

Ischialgie – an der Rückseite des Beins bzw. an der Beinaußenseite vom Oberschenkel bis zum Fuß ausstrahlende Schmerzen

Ischiasnerv – siehe: N. ischiadicus

isokinetisches Training – Form des Muskeltrainings, bei der mit konstanter Kontraktionsgeschwindigkeit des Muskels gegen einen einstellbaren Widerstand trainiert wird

isometrisches Training – Form des Muskeltrainings, bei der der Muskel nur angespannt wird, bei gleichbleibender Muskellänge

isotones Training – Form des Muskeltrainings, das unter Muskelverkürzung bei konstanter Muskelspannung und variabler Kontraktionsgeschwindigkeit ausgeführt wird

-itis – Endung zur Bezeichnung von Entzündungen

Kallus – Granulationsgewebe mit knochenbildenden Zellen; entsteht bei Knochenbrüchen in der Bruchlücke

Kapillaren – feine arterielle Blutgefäße

Karpaltunnel – Raum zwischen den Handwurzelknochen und dem über den Beugesehnen liegenden bindegewebigen Band (Retinaculum)

Kernspintomographie – Magnetresonanz-Verfahren zur Beurteilung von sämtlichen anatomischen Strukturen in mehrdimensionalen Schnittbildern

201

Kollagen – relativ unelastisches Eiweiß mit hohem Dehnungswiderstand, das dem fibrösen, weißen Bindegewebe, wie es z. B. in Sehnen vorkommt, seine speziellen Eigenschaften verleiht

konzentrische Kontraktion – Kontraktionsform, bei der sich der Muskel verkürzt

Kondylus – »Gelenkknorren«, Endteil des Knochens, der die Gelenkflächen trägt

Kontraktion – Verkürzung eines Muskels als Reaktion auf einen Nervenimpuls

Kontraindikation – jeder Faktor im Krankheitsverlauf, der die Anwendung bestimmter Behandlungsverfahren als ungünstig erscheinen läßt

Kontrastaufnahme – röntgenologische Darstellung unter Anwendung von kontrastgebenden Mitteln

Kontusion – Verstauchung, im allgemeinen verbunden mit Blutaustritt aus den durch die Verletzung zerrissenen Gefäßen

Koordination – Bewegungsharmonie; die Abstimmung der Funktion verschiedener Organe untereinander zur Erzielung eines angestrebten Effekts

Krafttraining – Trainingsverfahren unter Anwendung von Gewichten zur Steigerung von Kraft und Durchmesser eines Muskels

Krepitation – knirschendes Geräusch oder Gefühl des Reibens bei der Bewegung von Knochenbruchenden gegeneinander oder eines Knochens auf rauhen Knorpeloberflächen

Kyphose – übermäßige Vorwärtsbeugung der Wirbelsäule, im Extrem »Buckel«-bildung

Laktazid – Milchsäureherstellend, z. B. Milchsäure produzierender (laktazider) anaerober Energiestoffwechsel

lateral – in bezug auf ein Organ oder auf den Körper seitlich gelegen

Ligamentum – Band; fibröses Bindegewebe, das z. B. im Bereich eines Gelenkes zwei Knochen miteinander verbindet

Ligamentum acromioclaviculare – Band, das den Akromionfortsatz des Schulterblatts mit dem Schlüsselbein verbindet

Ligamentum calcaneofibulare – das am Außenknöchel gelegene Band zwischen Fersenbein und Wadenbein

Ligamentum coracoclaviculare – Band zwischen dem Rabenschnabelfortsatz und dem Schlüsselbein

Ligamentum patellae – das von der Kniescheibe zum Schienbeinkopf verlaufende Band, gleichzeitig Ansatzsehne des M. quadriceps (Patellarsehne)

Ligamentum talofibulare anterius – das äußere, seitliche Band zwischen Sprungbein und Wadenbein

Limbus – knorpeliger Ring um die Hüftgelenkpfanne

Lokalanästhetika – injezierbare Medikamente zur Nervenbetäubung (-blockade) und zur Durchblutungsverbesserung, z. B. Procain

Lumbago – Schmerzen im unteren Rückenbereich, unabhängig von der jeweiligen Ursache

lumbal – bezogen auf den unteren Rückenbereich

Luxation – Verrenkung

Lymphdrainage – Physiotherapeutisches Verfahren zur Verbesserung des Lymphabflusses bei Schwellungszuständen

Malazie – Erweichung eines Körperteils, Organs oder Gewebes

Malleolus – Knöchel

Membran – dünne Bindegewebsschicht, die Organteile oder ganze Organe umgibt, einen Hohlraum auskleidet oder benachbarte Strukturen bzw. Hohlräume voneinander abgrenzt

Membrana interossea – Membran, die zwei Knochen miteinander verbindet

Meniskus – halbmondförmige, faserknorplige Scheibe, die eine Gelenkhöhle untergliedert

Metabolismus – Stoffwechsel, die Summe aller biochemischen Prozesse

Metatarsalknochen – Mittelfußknochen

Morbus – Krankheit

Mortonsche Metatarsalgie – Schmerzzustand im Bereich der Köpfchen der Mittelfußknochen

Musculus (M.) – Muskel

M. biceps brachii – Bizepsmuskel am Oberarm, der vom Schultergelenk zum Ellenbogen verläuft

M. biceps femoris – zweiköpfiger Muskel an der Rückseite des Oberschenkels

M. deltoideus – kräftiger dreieckförmiger Muskel, der das Schultergelenk bedeckt

M. iliopsoas – Muskel, der aus zwei Anteilen zusammengesetzt ist; seine Funktion besteht in der Hüftgelenksbeugung

M. pectoralis major – der große Brustmuskel; er zieht den Arm nach vorne über den Brustkorb und dreht ihn nach innen

M. quadriceps – großer, vierköpfiger Muskel an der Vorderseite des Oberschenkels

M. rectus abdominis – langer, gerader Muskel, der beidseits der gesamten Mittellinie der vorderen Bauchwand verläuft

M. rectus femoris – gerader Muskel an der Vorderseite des Oberschenkels, Teil des M. quadriceps

M. supraspinatus – oberhalb des Kamms des Schulterblatts gelegener Muskel; er dreht den Arm im Schultergelenk nach außen und hebt ihn in einem Winkel von 80–120° gegenüber dem Oberkörper an

M. tensor fasciae latae – Muskel, der die bindegewebige Haut (Faszie) des Oberschenkels spannt; er verläuft vom Darmbeinkamm zur Außenseite des Oberschenkelknochens

M. tibialis anterior – Muskel an der Vorderseite des Schienbeins, der den Fuß nach innen dreht und den Vorderfuß hebt

M. tibialis posterior – Muskel an der Rückseite des Schienbeins, der den Fuß nach innen dreht und beugt

M. trapezius – Muskel, der von den Halswirbeln und den Brustwirbeln zum Schlüsselbein und zum Schulterblatt verläuft

Muskelbauch – zentraler, vorgewölbter Anteil des Muskels

Myelographie – röntgenologische Untersuchung zur Überprüfung des Spinalkanals unter Injektion eines Kontrastmittels

Myositis – Muskelerkrankung, in deren Verlauf es zu entzündlichen und degenerativen Veränderungen am Muskel kommt

Nekrose – Untergang der Zellen eines Organs oder eines Gewebes

Nervus (N.) – Nerv

N. ischiadicus – der größte Nerv des Beins, der Nerv mit dem größten Durchmesser überhaupt

N. medianus – einer der Hauptnerven des Unterarms und der Hand

N. radialis – Nerv an der radialen (äußeren) Seite des Arms

N. ulnaris – einer der Hauptnerven des Arms

Neuritis – Erkrankung der peripheren Nerven mit entzündlichen Veränderungen

Neurom – gutartiger Tumor, der von den bindegewebigen Hüllen eines peripheren Nervs ausgeht

neuromuskulär – bezogen auf oder zusammengesetzt aus Nerven und Muskeln

Ödem – überschießende Flüssigkeitsansammlung in Körpergeweben

Orthopädie – Lehre und Praxis der Beseitigung von Fehlstellungen des Skelettsystems

Os – Knochen

Os naviculare – Kahnbein; ein nach seiner Form genannter Knochen im Bereich von Fuß- und Handwurzel

Osteoarthrose – degenerative Erkrankung des Gelenkknorpels, häufig verbunden mit sekundären Veränderungen im Bereich des darunterliegenden Knochens

Osteochondritis – schmerzhafte Entzündung von Knorpel und Knochen

Osteochondritis dissecans – Loslösung eines oder mehrerer Fragmente aus Knochen oder Knorpel innerhalb eines Gelenks

Osteomyelitis – infektiöse Entzündung des Knochenmarks

Osteophyt – dornartige Knochenauswucherung

palmar – bezogen auf die Handfläche

Palpation – Untersuchung durch Abtasten

Patella – Kniescheibe

patello-femorales Gelenk – Gelenk zwischen Kniescheibe und Oberschenkelknochen

Periost – Knochenhaut; eine kräftige Schicht von Bindegewebe, die die Knochenoberfläche mit Ausnahme der Gelenkflächen bedeckt

Periostitis – Entzündung der Knochenhaut

peripheres Nervensystem – alle Anteile des Nervensystems, die außerhalb des zentralen Nervensystems, also außerhalb von Gehirn und Rückenmark liegen

Peritendinitis – Entzündung einer Sehnenscheide

Peronealsehnen – Sehnen der Muskeln, die vom Wadenbein entspringen

Phytotherapeutika – pflanzliche Arzneizubereitungen, z. B. Arnika-, Kamille-, Hamamelis-, Echinacin-Gemische zur Injektion, als Tropfen und Salben

plantar – auf die Fußsohle bezogen

Plantaraponeurose – bindegewebige, kräftige Membran, die die Fußsohle überspannt

Plasma – speziell Blutplasma (Blutflüssigkeit)

Processus – anatomischer Ausdruck für einen Knochenfortsatz

Processus coracoideus – Rabenschnabelfortsatz, ein Fortsatz an der Oberseite des Schulterblatts

Processus olecrani – großer Fortsatz der Elle, der sich hinter dem Ellenbogengelenk vorwölbt

Processus spinatus – Dornfortsatz an der Rückseite der Wirbel

Prognose – Bewertung des weiteren Verlaufs einer Erkrankung

Pronation – Drehbewegung von Hand oder Fuß, die dazu führt, daß Handfläche bzw. Fußsohle nach unten zeigt

Prophylaxe – Maßnahme zur Verhinderung der Entstehung einer Erkrankung

Propriozeption – Fähigkeit der Wahrnehmung von Lageänderung von Körperteilen oder des Ausmaßes von Muskelaktivitäten durch Rezeptoren innerhalb des Bewegungsapparats

proximal – nahe am Ursprung bzw. dicht an der Mittellinie des Körpers gelegen

radial – in Richtung des Radius gelegen bzw. mit ihm verbunden

Radius – Speiche; der äußere und kürzere der beiden Unterarmknochen

Rehabilitation – Behandlung mit Hilfe von Massage, Elektrotherapie und dosierten Bewegungsübungen zur Wiederherstellung von Gesundheit und normaler Funktion oder zur Vorbeugung gegenüber einer bleibenden Schädigung

Rotator – Muskel, der die Drehung eines Körperteils um seine Längsachse bewirkt

Rotatorenmanschette – Verschmelzungsbereich der Sehnen von Subscapularis, Supraspinatus, Infraspinatus und Teres minor

Ruptur – Riß eines Organs oder eines Gewebes

Sakrum – Kreuzbein; ein in sich gekrümmter dreieckiger Einzelknochen der Wirbelsäule

Scapula – Schulterblatt; dreieckförmiger Knochen, ein Teil des Schultergürtels

Sesambein – kleine, ovale Knochen, die innerhalb von Sehnen liegen

Sehne – straffer weißer Strang, aufgebaut aus zahlreichen Bündeln von Kollagenfasern, über die der Muskel am Knochen befestigt ist

Sklerose – Gewebsverhärtung, u. a. als Folge einer Narbenbildung nach Entzündungen

Skoliose – Seitabweichung der Wirbelsäule

Somatotropin – Wachstumshormon (STH)

Sphinkter – um Körperöffnungen herum gelegener ringförmiger Muskel: Schließmuskel

Spinalstenose – Einengung des Wirbelkanals

Spondylolisthese – Abgleiten eines Wirbels gegenüber dem daruntergelegenen als Folge eines Defektes der Wirbelbögen

Spondylolyse – Spaltbildung im Wirbelbogen

Spondylose – degenerative Veränderungen der Wirbelsäule

Stenose – abnormale Einengung einer Passage, einer Öffnung oder eines Blutgefäßes

Sternum – Brustbein

Subluxation – teilweise Verschiebung zweier Gelenkflächen gegeneinander

Supination – Einwärtsdrehung von Hand oder Fuß, die dazu führt, daß Handfläche bzw. Fußsohle nach oben zeigen

Syndesmose – Band; feste Verbindung zweier Knochen untereinander durch Bindegewebe, im engeren Sinn die Verbindung zwischen Schien- und Wadenbein

Syndrom – Kombination verschiedener Anzeichen und Symptome, die zusammen ein umschriebenes klinisches Krankheitsbild bilden

Synovia – Flüssigkeit in Gelenken (= »Gelenkschmiere«), Schleimbeuteln und Sehnenscheiden, gebildet von der Synovialmembran

Talus – Sprungbein; ein Knochen, der zur Fußwurzel gehört

Tarsus – Fußwurzel; der proximale Anteil des Fußes, gebildet aus sieben Einzelknochen

Tendinitis – Sehnenentzündung

Tendovaginitis – entzündliche Verdickung der Bindegewebsscheide, die eine oder mehrere Sehnen enthält

Tennisellenbogen – schmerzhafte Sehnenansatzentzündung im Bereich der Außenseite des Ellenbogens

Tensor – Muskel, der einen Körperteil dehnt oder anspannt

Testosteron – männliches (androgenes) Hormon, sog. anaboles (gewebsaufbauendes) Hormon; besondere Bedeutung in der Pubertät

Tibia – Schienbein; der innere und größere der beiden Unterschenkelknochen

Tonus – normaler Kontraktionszustand eines ruhenden Muskels, der durch von der Muskelspindel ausgehende Reflexe aufrechterhalten wird

Torsion – Drehung

Trauma – Verletzung

Trizeps – Bezeichnung für einen Muskel mit drei Köpfen; im besonderen der M. triceps brachii an der Rückseite des Oberarms, dessen Kontraktion zu einer Streckung im Ellenbogengelenk führt

Trochanter major – großer Rollhügel; ein Knochenvorsprung im Bereich des oberen Anteils des Oberschenkelknochens, dicht unterhalb des sog. Knochenhalses

Tuberculum majus – Knochenvorwölbung im Bereich der Außenseite des Oberarmkopfes, an der eine Reihe wichtiger Sehnen ansetzen

Tuberculum minus – kleiner Höcker an der Vorderseite des Oberarmknochens, an dem der M. subscapularis ansetzt

Tuberositas – großer runder Knochenfortsatz

Ulna – Elle; der innen gelegene größere Knochen des Unterarms

Valgus – abnorme Gelenkstellung, bei der Hand oder Fuß von der Körpermitte weg stehen, z. B. X-Beine

Varus – abnorme Gelenkstellung, bei der Hand oder Fuß zur Körpermitte hin stehen, z. B. O-Beine

Wärmebehandlung – überwärmende Salben, feuchte Wärme, Fango-, Moorpackungen

Weichteilgewebe – Muskeln, Sehnen, Bänder, Gelenkkapseln, Nerven etc.

Wirbel – Vertebra; einer von 33 Einzelelementen, die zusammen die Wirbelsäule bilden

Wurzelreizsyndrom – siehe zervikales Wurzelreizsyndrom

zervikale Brachialgie – Schmerzen, die von der Halswirbelsäule ausgehend, in den Arm ausstrahlen

zervikales Wurzelreizsyndrom – Schmerzen, die von der Halswirbelsäule aus spezifisch im Verlauf eines Nervenausbreitungsgebiets in den Arm ausstrahlen

Zyste – abnormaler, flüssigkeitsgefüllter Hohlraum, der mit Epithel ausgekleidet und mit flüssiger oder halbflüssiger Substanz gefüllt ist (z. B. Baker-Zyste in der Kniekehle)

Register

Sportwissen für höchste Ansprüche

Peter Konopka
Sporternährung
Leistungsförderung durch
vollwertige und bedarfs-
angepaßte Ernährung
Die wissenschaftlichen Grundlagen und die große Bedeutung
der Ernährung für Leistung
und Gesundheit – anhand von
Beispielen leicht verständlich
dargestellt.

Hans Ehlenz
Manfred Grosser
Elke Zimmermann
Krafttraining
Grundlagen der Muskelkraft,
Muskelfunktion und Kraft-
übungen, Arten und Methoden
des Krafttrainings, Trainings-
mittel, Trainingssteuerung,
Trainingsbedingungen und
Trainingsprogramme.

Fritz Zintl
Ausdauertraining
Alle theoretischen, praktischen
Aspekte des Ausdauertrainings
für Trainer, Sportlehrer, Gesund-
heits- und Leistungssportler.

Anita Bean / Peggy Wellington
Sporternährung für Frauen
Der Ratgeber für die
spezifischen Bedürfnisse
aktiver Sportlerinnen
Nährstoffbedarf, der weibliche
Zyklus, Osteoporose, Ernährung
beim Mannschaftssport,
Gewichtskontrolle, Strategien
zum Abnehmen, Körperbild
und Eßstörungen, Wettkampf-
vorbereitung, Tagespläne und
Rezepte für Snacks usw.

Martin Engelhardt
Georg Neumann
Sportmedizin
Grundlagen für alle Sportarten
Für Sportmediziner, Trainer
und alle interessierten Sportler:
Reaktion und Anpassung des
Organismus auf sportliche
Belastungen; Prävention und
Sporttherapie bei Erkrankungen.

Hans-Dieter Hermann
Hans Eberspächer
**Psychologisches
Aufbautraining nach
Sportverletzungen**
Umfassendes Wissen über
psychische Probleme, Therapie
in der Verletzungszeit und für
den optimalen Wiedereinstieg
ins Wettkampfgeschehen,
praktische Vorschläge für den
Umgang mit verletzten Sportlern.